教義学要綱

Dogmatik im Grundriß

Karl Barth

カール・バルト 著

天野 有・宮田光雄 訳

新教出版社

Dogmatik im Grundriß

Karl Barth

Evangelischer Verlag Zollikon - Zürich
1947

目次

目次

使徒信条《しとしんじょう》

我《われ》は天地《てんち》の創《つく》り主《ぬし》、全能《ぜんのう》の父《ちち》なる神《かみ》を信《しん》ず。

我《われ》はその独《ひと》り子《ご》、我《われ》らの主《しゅ》、イエス・キリストを信《しん》ず。

主《しゅ》は聖霊《せいれい》によりてやどり、処女《おとめ》マリアより生《う》まれ、ポンティオ・ピラトのもとに苦《くる》しみを受《う》け、十字架《じゅうじか》につけられ、死《し》にて葬《ほうむ》られ、陰府《よみ》にくだり、三日目《みっかめ》に死人《しにん》のうちよりよみがえり、天《てん》に昇《のぼ》り、全能《ぜんのう》の父《ちち》なる神《かみ》の右《みぎ》に坐《ざ》したまえり。かしこより来《き》たりて、生《い》ける者《もの》と死《し》ねる者《もの》とを裁《さば》きたまわん。

我《われ》は聖霊《せいれい》を信《しん》ず。聖《せい》なる公同《こうどう》の教会《きょうかい》、聖徒《せいと》の交《まじ》わり、罪《つみ》の赦《ゆる》し、身体《からだ》のよみがえり、永遠《とこしえ》の生命《いのち》を信《しん》ず。

アーメン

はしがき

　この講義は、昔はあのように壮麗であったボンの選帝侯城の半ば廃墟になったところで行なわれた。大学は、後代にいたって、この選帝侯城の中に設けられてきたのである。講義は、いつも互いに元気づけるため詩編か賛美歌を歌った後で、朝七時に行なわれた。八時になると、中庭では、残骸を細かく砕く機械がガラガラと音をたてて、復旧工事が人びとの注意を引くようになる。（私は瓦礫の中を物めずらしさに駆られて歩いていたときに、無傷のままのシュライエルマッハーの胸像に行き当たったことを、ご報告することができる。この胸像は、その後、保管されて、どこかで再びその名誉を回復されたはずである。）

　聴講者の半ばは神学生だったが、数の上ではこれを超える他の半分は、他学部の学生であった。今日のドイツのたいていの人たちは、いずれも、それぞれの仕方で、またそれぞれの場で、ほとんど限度以上に多くの苦難に耐え、それらを切り抜けてきたのである。そのことは、このボンにおける私の学生たちにも認めることができた。こうして微笑《ほほえ》むことをやっとまた習い覚えたに違いない真剣な面持ちの彼らが、私にとっては印象深かった。それは、彼らにとって、私が古い時代のありとあらゆる噂に取り囲まれている外国人として物珍しかったに違いないのと同様である。この情景は、私にとって、いつまでも忘れ難いものとなるだろう。これは、偶然にも私の五十回目の学期であった。そして、この学期が終わった時、私は、これが自分にとっては、これまでで最もすばらしい学期だった、という印象を受けたのである。

私は、この講義を書物として出版することを非常にためらった。というのも、「使徒信条」に関する私の二つの解説がすでにあるからである。一九三五年の『われ信ず』（Credo）と一九四三年の『教会の信仰告白』（Confession de la Foi de l'Eglise）である。本書の注意深い読者は、この第三の試みの中に、実質的に新しい多くのものを、ほとんど見出すことはないであろう。もっと分厚い『教会教義学』の諸巻を読んでいる方々であれば、なおさらのことである。それに加えて、この機会に、私は、生まれて初めて、厳密に書き起こした下書き原稿なしで講義をした。むしろ、（ここでは各章の冒頭に太字で印刷した）論題《ライトザッツ》について、かなり自由に講述することになった。私は〔敗戦直後の〕ドイツで〔いわば〕原初的な状態に出会っているわけだが、こうした原初的な状態の中へ戻っていくことは、私にとって、《読む》代わりに《語る》ことを、どうしても必要なものとさせたのである。このようにして、速記原稿を僅かばかり推敲・訂正した形で、ここにお見せするようなものができあがった。

私は、これまでも厳密さということのために相当に努力してきたし、もちろん、ここでもその努力をしてはいるのだが、しかし、以下の叙述においては、読者は、所々で、そうした厳密さが欠けていることに気づかれるだろう。とくに終わりの方では私が急がざるをえなかったこと、その上、本講義の他にも、いろいろと多忙だったということに気づかれるだろう。物事の本来の姿にじかに接するのが好きな方々は、こういう欠点を、まさに一つの長所と見てくれるかもしれない。それに、私自身は〔問題となっている〕事柄《ザッヘ》を〈生の声で〉（viva voce）講義した時、喜びをもってそれを行なっていたのである。それが今こうして印刷されてみると、私は、その弱点に気づいているし、また、この弱点をあからさまに非難する書評者が出てきても決して恨んだりはしないだろう。

とくに福音主義出版社ツォリコンの社長が私に加えた圧力に、結局、私は屈服したわけだが、私がそうしたのは、——もしくは私がそれを堪え忍んだのは——私が以下のように考えていたからである。すなわち、私がここで述べたあれこれのことが、まさにこのように、いっそう伸びやかな（aufgelockert）形でこそ、私が他のところではいっそう厳密に、またいっそう隙のない（gedrungen）形で語ってきた——だが、まさにそれゆえに、もしかしたらあまり気づかれないままに、また、比較的少数の方々にしか近づきえない仕方で語ってきた——事どもの説明に役立つかもしれない、と。またその他の方々も、まさにこのような形で、この小さな書物が新たに《時の間》の一時代となった（しかもそれは、ドイツにおいてだけのことではないのだが）この現代の記録染みた性格を持っているからといって、この書物を不愉快な思いで読まれることは恐らくないであろう。——もっとも、読者は、この書物の中に、それほど多くの時事的関連を見出すことはないだろうが。最後に、私が〔本書を出版する理由として〕自分に言って聞かせたのは、こういうことだった。キリスト教の信仰告白は、まさに今ここでなされているような語調とテンポで説明されることを許すばかりか、一度はそれを要求することもありうる、ということである。

もしこの書物を誰かに献呈するとすれば、私は、これを一九四六年夏におけるボンの学生諸君と聴衆の方々とに献呈したい。この方々と共に、私は、――これは明らかに確かなことだが――この講義の間、すばらしい時を持ったのである。

一九四七年二月　バーゼルにて

1　課題

教義学とは次のような学問である。すなわち、この学問においては、教会《キルヒェ》は、自己の認識のその時々の状態に応じて、その宣教の内容に関して、批判的に、すなわち、聖書という基準に即して、また自己の諸信仰告白に導かれながら、教会《キルヒェ》自身に解明を与える。

教義学とは一つの**学問**です。そもそも学問とは何かということについては、すでに無限に多くのことが——またあらゆる時代に——考察され、語られ、書かれてきました。私たちは、そのような議論を、ここで、暗示的な仕方でさえも展開することはできません。私は、皆さんに、ともかく論じる価値があり、また私たちの論述の基礎として役立ちうるような一つの学問概念を提示してみましょう。

私たちは〈学問〉というものを、ある特定の対象と活動領域とに関連して理解し叙述する試み、

〔つまり〕研究と教説の試みと考えましょう。どのような人間的行為も、一つの試み以上のものであることはできません。学問もまた同様です。学問を一つの試みと規定する場合、私たちは、直ちに、学問の暫定性と被制約性とを確認しているわけです。学問が実践的に全く真剣に受けとめられているところでこそ、私たちは、人間のなしうることが最高の知恵や究極の技能の企てではありえないということについて、いかなる錯覚を抱くこともありません。いわば天から落ちて来た学問とか絶対的な学問というようなものは存在しないのです。

キリスト教教義学も、やはり一つの試みです。理解する試み、叙述する試みであり、特定の事実を見て、聞き、確定し、かつ、それらの事実を総括して整理し、一つの教説の形において提供する試みです。いずれの学問においても、そこで扱われているのは、ある対象と、ある活動領域です。いずれの学問においても、そこで扱われているのは、純然たる理論もしくは純然たる実践ではなく、一方では理論、しかし他方では、この理論によって導かれる実践であります。それゆえ、私たちは、教義学においても、一つの対象と活動領域に関連する研究と教説という二重ものを理解します。

教義学の主体はキリスト教会である。ある学問の主体となりうるのは、該当する対象と活動領域がその主体にとって眼前にあって親しいというような者に限られています。それゆえ、私たちがこの教義学の主体は教会《キルヒェ》であると規定する場合、それは、学問としての教義学の概念を、決して制限したり傷つけたりすることを意味するものではありません。教会は、教義学が扱う対象と活動——すなわち、福音の宣教——が委託されている場所であり、共同体なのです。私たちが教会を教義学の主体と呼ぶとき、それによって意味されているのは次のことです。すなわち、教義学に携わるところでは——学ぶときにも教えるときにも——人は教会という空間の中にいるのだ、ということです。教義学に取り組もうとしながら、もしも意識的に教会の外に身を置くような人がいるとしたら、そのような人は、自分には教義学の対象が疎遠なものだ、ということを予想しなければならないでしょう。また、その人が最初の数歩を踏み出すだけで道が分からなくなったり、あるいは行きづまって全く動きがとれなくなっても驚くには当たりません。

対象との親近性ということは、教義学においても存在しなければなりません。それは、まさに教会の生活との親近性ということを意味しています。しかし、そのことは、〈教義学においては、教会的権威によって古今の時代から語られてきたことが講じられるべきであり、したがって、私たちは教会的権威が命じてきたことをただ繰り返すだけでよいのだ〉というようなことを、決して意味するものではありません。カトリックの教義学といえども、自分の課題をそのようには理解していません。私たちが教会を教義学の主体と呼ぶとき、その意味は、端的に、ただ次のことだけです。すなわち、この学問に携わる者は、学ぶときにも教えるときにも、キリスト教会とその働きという地盤の上に責任をもって立たなければならないということです。これが〈必須要件〉（conditio sine qua non）です。けれども、十分に理解していただきたいのですが、重要なのは教会の生活に対して自由に参与するということであり、キリスト者がこの事柄においても責任を引き受けなければならないということです。

教会は、教義学という学問において、**自己の認識のその時々の状態に応じて**解明を与える。人は、あるいはこう言うかもしれません。そのようなことは、先に述べた〈学問〉概念に従うなら自明のことだ、と。けれども、これは、多くの人びとの頭の中にある〈教義学〉についての或る種のイメージに従うなら、自明のことではないのです。繰り返して申しますが、教義学は、天から地上に落ちて来たようなものではありません。そして、もしも誰かが「そういう天から落ちて来た絶対的な教義学のようなものがあるなら、実にすばらしいだろうな」とでも言おうとするなら、それに対しては、ただこう答えるよりほかありません。「そうだ、もしも私たちが天使ならばね！」と。ところが、私たちは神の御心《みこころ》によって天使ではないのですから、私たちも、ただ人間的で地上的な教義学を持っているだけだ、というのは良いことでしょう。キリスト教会は、天上にではなく地上に、そして時間の中に、現に存在《エクシスティーレン》しているのです。また、教会は神の賜物ではありますけれども、神は、その賜物を地上的・人間的な状況の中へと与え給うたのです。教会において起こる一切のことは、それで、全くこの事実にふさわしいのです。

キリスト教会は地上に生き、キリスト教会は歴史の中に生きています、——神から託された高貴なる〈宝《グート》〉と共に。この高貴なる〈宝《グート》〉を所有しつつ、また保管しつつ、教会は、歴史を貫いて自分の道を歩んで行きます。強く、また弱く。誠実に、また不誠実に。従順に、また不従順に。自分に向かって語られたことを理解しつつ、また理解しないままに。自然史や文化史として、風俗史や宗教史として、芸術史や学問史として、社会史や国家史として、地上で繰り広げられる歴史の只中に、教会史というものもまた存在しています。教会史も、一つの人間的・地上的な歴史であります。したがって、ゲーテが教会史について次のように言うとき、それを全面的に否認するわけにはいきません。すなわち、教会史は、いつの時代にも誤謬と権力との混淆物だった、と。私たちキリスト者がもし正直であるなら、このゲーテの言葉が、世界史に妥当するのと同様に、教会史にもまた妥当することを承認せざるをえません。このような事情なので、私たちは、教会がなしうることについて、したがってまた、私たちがここで行なっている教義学という教会の業《わざ》についても、当然、控え目に、かつ、謙遜に語らなければならないのです。

教義学は、いつもただ教会のその時々の状態に応じて、自分の課題を果たすことができるだけでしょう。教会は、自分の諸制約を意識しながら、自分が管理し保護しなければならない〈宝《グート》〉に対して、そしてまた、この〈宝《グート》〉を教会に託し給うた〈善き方《デア・グーテ》〉に対して、弁明しなければならないし、また責任を負うているのです。この弁明と責任とが完全に果たされることは決してないでしょう。むしろ、キリスト教教義学は、いつも相対的な、また誤りうる思考・研究・叙述であり続けるでしょう。教義学といえども、いつもただ最善の知識と良心とに従って、いっそう良いものを尋ね求めることしかできません。そして、自分たちの後には、他の人びと、後輩たちが続いて来るのだ、ということを意識するしかないのです。そして、この業《わざ》に忠実な人は、そのような他の人びと、後輩たちが私たちの考え、また語ろうと試みたことを、いっそう良く・いっそう深く考え、また語ってくれることに希望を持つでしょう。このようにして、私たちは、平静な醒めた態度で、そしてまた醒めた平静な態度で、自分たちの仕事をしていくでしょう。

私たちは、私たちの認識を、それが今日私たちに与えられているがままに用いることを許されています。私たちに与えられているより以上のものが、私たちから要求されることはありえないのです。そして、ちょうど小事に忠実な僕〔マタイ福音書二五・二一〕のように、私たちも、この小事について後悔する必要はありません。このような忠実さ（Treue）以上のものは、私たちに要求されていないのです。

教義学は、学問として、「キリスト教会の宣教の内容に関して解明を与える」。仮に教会の課題が、その中心において福音の宣教ではなく、神によって語られた御言葉《みことば》の証しではないとしたら、いかなる教義学も存在せず、また、おそらく一般に神学というものも存在しないでしょう。いつも繰り返し出されるこの課題、〔つまり〕教会に対して最初から課せられているこの問題――教育と教説と証しと宣教という問題――すなわち、〈私たちは、キリスト者として、そもそも何を語るべきなのか〉という問題は、実に神学者・牧師の問題としてだけではなく、いつも繰り返し、全教会の前に提出されているのです。なぜかと言えば、疑いもなく、教会は、一つの言葉がこの世の只中に向かって響き渡る場所であるべきだからです。神によって語られている御言葉の宣教、しかも同時に、じっさい、人間的な業で〔も〕ある宣教が教会の課題を形づくっているのです。こうした事情から、神学の必然性、そしてまた、今日――およそ十七世紀以来――私たちが教義学と名づけるものの必然性は、当初から生じていたのです。

神学においては起源に関する問い、〔神の〕御言葉がどこから（Woher）由来しているかという問いが存在します。そして、この第一の問いに対する答えは、私たちが釈義（Exxgese）と呼ぶあの部門において、いつも繰り返し与えられねばならないでしょう。しかし、他方では、どのようにして（Wie）という問い、〔つまり〕教会に委任されている宣教の方式と形態に関する問いもまた出てきます。そして、ここでは、私たちは、実践神学（praktische Theologie）と呼ばれる分野にいるわけです。釈義と実践神学とのちょうど真中に、教義学（Dogmatik）――いっそう包括的に言えば、組織神学（systematische Theologie）――が立っています。

教義学においては、私たちは、〈教会の宣教は、どこに由来するのか〉というようなことを問題にしません。また、〈教会の宣教は、どのように形づくられるのか〉ということも問題にしません。むしろ、教義学において問題にするのは、何を（Was）私たちが考え、また語らねばならないかということです。よく理解していただきたいのですが、それは、私たちが、この〈何〉をどこから得てこなければならないかということを、聖書から教えられた上で〔＝釈義〕のことでありますしかもさらに、それは、私たちが単に理論的に何かを語らなければならないというだけではなく、この世の只中に向けて何事かを呼びかけねばならないということを視野に入れながら〔＝実践神学〕なされるのです。

神学全体が、一方では、単なる〈史的研究〉（Historik）ではないということが、まさしく教義学からこそ明らかにされなければなりません。〔たしかに〕〈歴史〉（Geschichte）は力を持つものですが、ただし〈今ここで〉（hic et nunc）という今日的現在へ浸透する歴史が力を持つのです。他方では、〈説教〉（Predigt）が単なる技術に堕してはならないことは言うまでもありません。まさしく今日のような危急の時代においてこそ、これまで以上に、〈キリスト教宣教の内容とは何であるべきか〉という問いが重大です。この〈何を〉という問題のもとに、皆さんをしばらく引きとめておくことを許していただきたい。私たちが単に釈義だけではなく、また実践神学だけではなく、まさしく教義学を行なうのは、この問題のゆえであります。教会史（Kirchengeschichte）を無視することのないために、私は、教会史には百科事典的任務があるということだけ付言しておきたいと思います。教会史の栄誉というものは特別なものです。それは、いわば至るところに必ず姿を現わすという栄誉ですが、したがってまた、キリスト教教育においても必然的にその席を占めるという栄誉であります。

教義学は**批判的**な**学問**である。したがって、教義学においては——人びとが時にそう考えるように——あたかも何か文書にして家に持ち帰ることのできるような、新旧さまざまな命題の確定などが問題なのではありません。むしろ、いつも繰り返し、第一歩から始めねばならない批判的な学問というものがあるとしたら、それこそ、まさに教義学でしょう。じっさい、外見的には、教義学は、教会の宣教が過ちを犯す危険にさらされているという事実から生まれたものです。教義学は、教会の教理と宣教の検討です。〔ただし〕それは、何か自由に選んだ立脚点からなされる恣意的な検討ではありません。この場合、事柄に最も相応《ふさわ》しい唯一の立脚点、〔つまり〕教会という立脚点からなされる検討です。

このことは、具体的には、〔第一に〕教義学が教会の宣教を、旧新約**聖書の基準に従って**測るということを意味しています。聖書とは、教会の根拠の記録であり、教会の最も内的な生活の記録です。それは、イエス・キリストという人格における〈神の御言葉の顕現〉の記録であります。私たちは、これ以外に、そのような教会生活の根拠について、何の記録も持っていません。そして、教会が活きている場合には、教会は、いつも繰り返し、この基準によって自分自身を測らねばならないでしょう。この基準が目に見えているのでなければ、教義学に携わることは不可能です。〈証しとは何か〉というあの問いが、いつも繰り返し発せられていなければなりません。ただし、それは、私の思想の証し、私の心の証しではなく、神の自己証言の証しとしての預言者および使徒たちの証しであります。この基準を見失うような教義学があるなら、事の本質から外れた教義学ということでしょう。

冒頭の論題《ライトザッツ》で、私たちは第二のこととして、教会の諸信仰告白に導かれながらと述べました。聖書と信仰告白とは、同じ平面の上に立ってはいません。私たちは、聖書と伝統とを――たとえその伝統が最も尊敬の念を引き起こす場合でも――同じ畏敬と愛とをもって尊敬しなければならないということではありません。宗教改革の信仰告白にしても、現代の信仰告白にしても、聖書がその唯一性において尊敬を受けるに値するのと同じ程度に、その時々の教会に向かって尊敬を要求することはできません。しかし、だからと言って、教会において父祖たちの証言が聞かれ尊敬されるということには何の変わりもありません。

私たちは、〔父祖たちの〕この証言の中に、神の御言葉をエレミヤやパウロ〔の証言〕におけるようには聞くことはありません。しかし、私たちにとっては、その証言は、やはり高く、かつ重要な意義を持っています。そして、「父と母とを敬え」というあの戒め（Gebot）に従って、私たちは、父祖たちが語ってきたところのことを、宣教の課題において――それゆえまた教義学の学問的課題においても――尊敬するのを拒まないでしょう。聖書は拘束力のある権威を持っていますが、私たちは、それと同じことを諸信仰告白については言うことができません。しかし、拘束力はなくても、やはり真剣に受け取るべき権威というものもまたあるのです。ちょうど私たちの肉の両親が、神と同じように私たちの前に立っているのではないが、やはり私たちに対して権威を持っているように、この場合にも、相対的権威が問題になっているのです。

以上のような基準によって測りながら、また、以上のような意味において批判的に、教義学は、その課題に取り組むのです。すなわち、宣教の内容に関して解明するという課題。〔つまり〕実際になされている宣教と、教会に〔その時々に〕語られたことの忠実な再現として教会において妥当すべきところの事柄との関係について解明するという課題です。神の御言葉の再現として教会において妥当すべきところの事柄、これを、私たちは教義（das Dogma）と名づけます。教会は、〈教会の宣教において生じている事柄が、この教義にどの程度一致しているのか〉ということを自問します。また、たえず自問し続けなければなりません。その目的は、端的に言って、教会の宣教をいっそう良く形づくるということです。私たちの教会において教えられるところの事柄〔＝宣教の内容〕の訂正・深化・精密化は、ただ神御自身の御業《みわざ》でしかありえませんが、しかし、それは、人間の側の努力抜きのものではありません。この努力の一部分が教義学であります。

私たちは、ここで、教義学要綱に取り組みたいと思います。すなわち、この短い夏学期においては、ただ見取り図を素描するだけだということです。私たちは、教義学を一つの古典的なテキストである使徒信条（das apostolische Glaubensbekenntnis）に関連させ、その手引きに従って取り組みたいと思います。

キリスト教教義学の全く必然的な方法、絶対的な仕方で規定された方法というようなものは存在しません。すなわち、個々の点で歩まねばならない道は、その時々に、それに従事する人の最善の知識と良心とに委ねられています。幾世紀かの流れの間に、いわば慣習となった一つの道筋が形づくられてきたことは確かです。それは、父・御子《みこ》・聖霊なる神というキリスト教の神思想の輪郭に大筋において従っているものです。しかし、その際、あらゆる個々の点では無限に多くの道が歩まれてきたし、また、そのような道が可能なのです。私たちは最も単純な道を選びます。すなわち、私たちの礼拝において日曜日ごとに語られる、皆さんがよく知っている信仰告白を選びましょう。

歴史的《ヒストーリッシュ》な問題は、いま私たちの関心事ではありません。使徒信条という名称は、ご存じの通り、引用符号の中に入れられるべきものです。この信仰告白を語ったのは使徒たちではありません。今日あるような文言では、おそらく三世紀に由来し、さらにはローマの教会《ゲマインデ》において告白され承認されていた、ある原形にまで遡るものです。この原形は、やがてキリスト教会において根本形式として貫徹され、私たちは、これを正当にも古典的形式として選ぶことが許されているわけです。

2　信仰とは信頼することを意味する

使徒信条は、「われ信ず」という意味深い言葉で始まります。これは、私たちの前に提出された〔教義学という〕課題の基礎づけとして語られねばならないすべてのことを、使徒信条のこの単純な冒頭句に結びつけるように指示するものです。信仰の本質を言い表わしている三つの論題《ライトザッツ》で始めることにしましょう。

キリスト教信仰は出会いの贈物である。この出会いにおいて、人びとは、神がイエス・キリストにおいて語り給うた恵みの御言葉を聞くように解放される。すなわち、人びとは、この恵みの御言葉に反対するすべての事柄に抗して、最後決定的に・専心的に・全面的に、神の約束と指示とに依り頼むことを許されるという仕方で、この御言葉を聞くように解放される。

キリスト教信仰の主眼とするもの。すなわち、私たちが規定したように教義学の動機であり根本的な意味である、教会の宣教の主眼とするもの。そうです、この主眼とするものとは、いったい、何でしょうか。それは、〈キリスト者が信じる〉という事実でしょうか。また、〈どのようにキリスト者が信じるのか〉ということでしょうか。じっさい、私たちは、この事実、信仰のこの主体的形式、〔つまり〕「それによって信じられる信仰〔の行為〕」（fides qua creditur）[1]を、宣教から完全に除外することはできないでしょう。福音が宣教される場合には、そこには福音を聞いて受け容れた人びとがいるという事実もまた、かならず同時に宣べ伝えられるのです。

しかしながら、私たちが信じるというこの事実は、キリスト教宣教において重要な、あの〈卓越したもの〉・〈本来的なるもの〉に対しては、実に当初から、つねに後景に退くべき小さな軽い事実でしかありません。キリスト者が信じている当のもの、キリスト者の信仰の内容および対象として実証されるべき当のもの、私たちが宣べ伝えねばならない当のもの、〔すなわち〕「われは父・御子・聖霊なる神を信ず」というように使徒信条が扱っているところの対象（das Objekt）に対しては、つねに後景に退くべき小さな軽い事実でしかない、ということです。

通常、信仰告白（Bekenntnis）は〈信仰〉（Glauben）と呼ばれています。そして、この〈信仰〉という言葉においては、〈私たちが信じる〉という事実は、ただ最小限に理解されなければなりません。キリスト教信仰において決定的に重要なのは、実に**出会い**なのです。「われは〜を信ず」

（Ich glaube *an* ...）と、使徒信条は語ります。そして、一切は、この「～を」（この an、この eis、この in）[2]にかかっています。使徒信条は、この「～を」（an）について、私たちの主体的信仰がそれによって生きる、信仰のこの対象について説明するものです。

「われ信ず」というこの最初の言葉を除いては、使徒信条が信仰の主体的事実について沈黙しているということ、これは注目に値します。そして、この関係が逆になった場合、〔すなわち〕キリスト者が自分たちの行為について雄弁になり、人間において生起したこの事実の体験の興奮や感動について雄弁になり、私たちが信じることを許されている当のものについて沈黙した場合、――それは、何ら良き時代ではなかったのです。信仰の告白が主体的なものについては沈黙し、徹頭徹尾（ganz und gar）、ただ客観的な使徒信条についてだけ語るとき、それによって信仰の告白は、同時に、私たち人間に関してその際に起こること、私たちが存在し、行動し、体験するのを許されるということについても、最も良く、最も深く、最も完全に語ることができるのです。ここでもまた「自分の命を保とうとする者はそれを失うであろう。だが、わたしのために自分の命を失う者はそれを得るであろう」〔マタイ福音書一六・二五〕、という御言葉が妥当します。主体的なものを救い保とうとする者は、それを失い、それを客観的なもの（das Objektive）のために引き渡す者は、これを救うでしょう。

われ信ず。――もちろん、それは、私の経験であり行為です。一つの人間的な経験と行為です。すなわち、一つの人間的な存在形式です。しかし、この「われ信ず」という行為は、徹頭徹尾、ある一人の方、すなわち、人間ではない、父・御子・聖霊なる神であり給う方との出会いにおいて起こる出来事です。そして、私が信じるとき、私は、自分の信仰のこの対象によって、徹頭徹尾、自分が満たされ規定されているのを見出します。そして、私の関心を引きつけるのは、信仰を持っている私自身ではなく、私が信じているその方なのです。しかも、その際、私は、この方のことを思い、この方を仰ぐときに、自分のためにも最善の仕方で配慮されているのだ、ということを知ることが許されています。

「われ〜を信ず」(Ich glaube *an*, credo *in*) とは、まさに〈私は独りぼっちではない〉ということにほかならないのです。わが身の栄光とわが身の悲惨との只中にある人間――この私たち人間――が独りぼっちではないのです。神は、私たちに向かって歩み寄ってくださいます。そして、神は、私たちの主また師として、徹頭徹尾、私たちを守ってくださいます。私たちは、良き日々にも悪しき日々にも、間違った行ないにおいても正しい行ないにおいても、このような〔神と〕対面しながら存在し、行動し、苦しむのです。私は独りぼっちではありません。否、神が私に出会ってくださいます。私は、いついかなる状況のもとでも、つまるところ、神と共にあるのです。これこそが、「われは、父・御子・聖霊なる神を信ず」ということの意味であります。

このような神との出会いは、神がイエス・キリストにおいて語り給うた恵みの御言葉との出会いです。信仰は、私たちに出会い給う方――信仰の対象――としての父・御子・聖霊なる神について語ります。また、この神について〈神は、御自身において一者であり給うということ、われわれのために御自身において一つになり給うた〉ということを語ります。そしてまた神が人間に対する――すべての人間に対する――その自由な、何らの負い目もない無条件の愛、永遠の――かつ時間の只中において遂行された――この愛の決定、〔すなわち〕御自身の恵みの決意において、〔つねに〕新しく一つになり給うたということを語ります。神は私たちに恵み深くあり給うということ。これが父・御子・聖霊について使徒信条の語っていることです。

このことは、以下のような事実を内包しています。すなわち、〈神と共にある〉ということを、私たちは、私たち自身から創り出すことはできないし、これまで創り出してきたこともなければ、これから創り出すこともないであろう、ということ。私たちは〈この方が私たちの神である〉ということに値するものではなかった、ということ。私たちは、この方を意のままにしたり、この方に要求したりする何らの権利も持たない、ということ。しかし、神は、何らの負い目もない慈しみにおいて、その主権的な自由において、御自身から、人間の神・私たちの神であろうと欲し給うた、ということ。事実がまさにその通りであるということを、神は私たちに語り給い**ま**す。神が私たちに〈われは汝らに対し恵み深し〉と語り給うということ。これが、神の御言葉であり、あらゆるキリスト教的思考のまさに中心概念なのです。

神の御言葉とは、神の恵みの御言葉です。そして、もしも皆さんが私に、「その神の御言葉を私たちはどこで聞くのだろうか」と問われるなら、私はただ、この御言葉を聞かしめ給う方御自身を指し示すことができるだけです。そして、使徒信条のあの大いなる中心をもって、あの第二項をもって、こう答えることしかできません。「神がそこで私たちに出会い給うその恵みの御言葉は、イエス・キリストと呼ばれる。すなわち、神の御子にして人の子、真《まこと》の神にして真《まこと》の人、インマヌエル、このただひとりの方における〈私たちと共なる神〉である」と。キリスト教信仰は、この《インマヌエル》との出会いであります。イエス・キリストとの出会いであり、この方において神の活ける御言葉と出会うことであります。

私たちが聖書を神の御言葉（das Wort Gottes）と呼ぶとき（聖書がまさに神の御言葉であるゆえに、私たちはそのように呼ぶのですが）、それによって私たちが意味しているのは、次のことです。すなわち、〈聖書とは、神のこの唯一の御言葉について、イエスについて――神のキリストで在《いま》し永遠にわたって私たちの主にして王で在《いま》すイスラエルから出たこの人について――預言者たちと使徒たちによって証言されたものである〉と。そして、私たちがそのことを公に告白する場合、〔つまり〕私たちが教会の宣教をあえて神の言葉（Wort Gottes）と呼ぶ場合、そこでは、イエス・キリスト――私たちに益となるために真《まこと》の神にして真《まこと》の人であり給う方――についての宣教である、ということを理解していなければなりません。このイエス・キリストにおいて、神は、私たちに出会い給うのです。そして、私たちが〈われ、神を信ず〉と言うとき、それは、具体的には〈われ、主イエス・キリストを信ず〉ということを意味しています。

私は、この出会いを、**贈物**と言い表わしました。それは、そこにおいて人間が神の御言葉を聞くように**解放される**という出会いのことです。この贈物ということと〈解放されること〉（Freiwerden）とは一体を成しています。この贈物とは〈自由〉（Freiheit）という贈物なのです。すなわち、他のすべての自由がその中に含まれている、あの大いなる自由という贈物です。私が願っているのは、この〈自由〉という、非常に誤用されてはいますが、しかし、きわめて気高い言葉が、この学期中に、皆さんにとって今一度、愛すべきものになっていただきたいということです。しかも、この中心部から、この中心点から愛すべきものになっていただきたいのです。

自由は、神の大いなる贈物です。神との出会いの贈物です。なぜ、それは贈物なのでしょうか、また、なぜ、まさに自由の贈物なのでしょうか。それが言おうとしているのは、使徒信条が語っているこの出会いは空しく起こるのではないということです。それは、何ら人間的な可能性や人間的なイニシアチブに基づくものではありません。それは、〈私たち人間が神に出会い神の御言葉を聞く能力を自分の内に持っている〉ということに基づくものではありません。もしも私たちが、私たち人間に可能なものについて解明しようとするなら、どのように探し回ってみても、いわば神の御言葉にふさわしい素質と呼ばれうるようなものを何か見出すことは徒労に終わるでしょう。私たちの側からの何らの可能性もなしに、神の大いなる可能性が現われて、私たちからは不可能なことを可能ならしめるのです。私たちが神に出会い、この神との出会いにおいて神の御言葉を聞くことを許される場合、それは、神の贈物です。私たちの側からはいかなるものによっても準備されることのない、神の自由な贈物です。

父・御子・聖霊に関するこの使徒信条は、三つの条項すべてにおいて、私たち人間にとって絶対に新しい、私たちには到達できず、把握しえないような本質と業《わざ》とについて語っています。そして、父・御子・聖霊なる神のそのような本質と業とが私たちに対して神の自由な恵みであるのと同様に、この恵みに対して私たちの眼と耳が開かれる場合には、それもまた恵みなのです。使徒信条が語っているのが神の秘義についてであるのと同様に、この秘義が私たちに対して開かれる場合には、〔すなわち〕私たちがこの秘義を認識し、かつ、この秘義の中に生きるべく解放される場合には、私たちは、この秘義の真只中に立っているのです。ルターはこう言っています。「私は、自分の理性によっても、力によっても、わが主イエスを信じることはできず、またこの方の御許《みもと》に来ることはできない、と信じる」と。

「われ、信ず」というのです。したがって、神は、ただ神御自身を通してのみ認識されうるということを知る場合、それは、そのこと自身が一つの信仰認識なのです。そして、このルターの言葉を私たちが信仰において復唱することが許されるなら、それは、次のような事実に直面して私は賛美し感謝するということです。すなわち、私は、〈父・御子・聖霊なる神が、そのあり給う如き方であり、そのなし給う如く事をなし、御自身を私に開き、啓示し、御自身を私のものと定め、私を御自身のものと定め給うた〉ということ。〈私は選ばれており、私は召されており、私の主が私を御自身に対して自由な者としてくださった〉ということ。こうした事実に直面して私は賛美し感謝するのです。この事実に基づいて、私は信じるのです。私が信じながら行なうということ、それが私に残されているところのことなのです。そのために私は招かれているのであり、そのために私は、自分からは開始することも完成することもできないことをなしえ給う方によって自由とされているのです。私は、神がそれにおいて御自身を私に与え給うた贈物を用います。私は呼吸します。今や、私は、喜びをもって呼吸します。また自由にあって自由に呼吸します。自分で獲得した自由ではなく、自分で探し求めて発見した自由でもなく、そこにおいて神が私のもとに来たり給い、私を受け容れ給うた、その自由の中で呼吸します。

ここで重要なのは恵みの御言葉を聞く自由ということです。この御言葉に人間が依り頼むことを許されているような仕方で聞く自由です。人がある言葉に依り頼むとき、それは、この言葉が私にとって信頼に値するものとなっていることを意味します。この世は、さまざまの言葉に満ちています。そして、私たちは、言葉のインフレーションが起こる場合、すなわち、一切の古い言葉がその価値を失い、もはや全く信用されなくなる場合、それがどのようなことを意味するかを、今日、体験しています。福音が信じられる場合には、御言葉が信頼されているのです。その場合には、御言葉が聞かせられると、聞く者は、そこから逃れられなくなります。そこでは、御言葉は御言葉としてその意味を獲得し、自己を貫徹したのです。信仰が信じるところのこの独特の言葉が神の御言葉であり、イエス・キリストであります。この方において神が人間に対して一回限り語り給うたイエス・キリストです。こうして、信仰とは信頼を意味します。信頼とは、その中で人間がある他者の信実を頼りにすることを許され、その結果として生まれる行為（Akt）です。

その他者の約束が力を持ち、その他者の要求が必然的な要求となる、ということです。〈われ信ず〉とは、〈われ信頼す〉ということです。私は、もはや自分自身を信頼しようとする必要はありません。もはや自分自身を義とし、自己弁護し、自分自身を救い、守ろうとする必要はありません。自分自身に依り頼み、自己を正しいとする、こうした人間の最大の努力全体が無意味なものになってしまったのです。われ信ず、――私をではなく――父・御子・聖霊なる神を信ず。そして、それと同時に、信頼すべきものとして、依り頼むべき錨として、私に差し出されていたと思われる何らかの権威《インスタンツ》も、余計な不要なものとなったのです。神々に対する信頼は、何であれ不要なもの、無力なものになってしまったのです。

それは、昔も今も人間によって立てられ、崇められ、拝まれてきた神々のことです。すなわち、人が頼りにするさまざまの権威《インスタンツ》は、――それらが、さまざまの理念という姿をとるか何らかの運命の諸力という姿をとるか――何と呼ばれようとも問題ではありません。信仰は、そのような神々に対する信頼から私たちを解放します。それと同時に、そのような神々に対する恐れからも解放します。すなわち、それらの神々が私たちに、いつも繰り返し必ず引き起こす、さまざまの幻滅に対する恐れからも解放するのです。私たちは、私たちの信頼に値する方に対する信頼において自由であることを許されています。他のすべての権威《インスタンツ》とは異なり、信実であり、いつまでも信実であり続けるであろう方に依り頼むことによって、自由であることを許されています。私たち自身は、自分に対して決して信実であることはないでしょう。私たちの人間的な道そのものは、ある不信実から別の不信実へと向かう道であり、この世の神々の道もまた同様です。この世の神々は、彼らが約束したことを守りはしません。したがって、そこには、真の安らぎも真の明るさもありません。信実はただ神の御許《みもと》にのみあり、信仰とは、神に――神の**約束と指示**に――依り頼むことを許されている信頼のことです。神に依り頼むとは、神が私のために在《いま》し給うことに頼り、この確かさの中に生きるということです。〈われは汝のために存在する〉ということが神の私たちに与え給う約束です。

しかし、この約束は、とりも直さず〔行動への〕指示をも意味しています。私は、自分の恣意や自分の抱くさまざまの理念のままに行動するように任されているのではありません。そうではなく、私は神の戒め（Gebot）を持っているのです。私は、すべてにおいて、私の地上的な存在全体において、この戒めに依り頼むことを許されています。使徒信条は、福音、人間に対する神の喜ばしい使信、つまり、〈神われらと共に在《いま》す〉という、私たちに対するこのインマヌエルの使信です。しかし、いつも同時に、そのような使信として必然的に〈律法〉（Gesetz）でもあるのです。

福音と律法とは、決して分離されてはなりません。〔3〕むしろ両者は、福音が根源的なものであるという仕方で、つまり、喜ばしい使信がまず登場し、そのようなものとして律法を内包している、という仕方において一つなのです。神が私たちのために在《いま》し給うゆえに、私たちもまた神のために存在することを許されています。神が御自身を私たちに贈り給うたゆえに、私たちもまた、私たちが捧げうる僅かなものを感謝して神に捧げることを許されているのです。したがって、神に依り頼むということは、つねに次のことを意味しています。すなわち、一切のものを、徹頭徹尾、神から受け取り、そうして徹頭徹尾、神のために働くということです。

さて、〔論題《ライトザッツ》では〕こう言われています。「**この御言葉に反対する一切の事柄に抗して、最後決定的に・専心的に・全面的に**」と。この四つのカテゴリーにおいて、信仰は、今一度、信頼することとして特徴づけられています。〔しかし〕ここで私たちが、信仰においては最後決定的に、専心的に、全面的に抵抗することが問われていると言う場合、信仰することが〈**許されている**〉（Dürfen）のであって〈ねばならない〉（Müssen）ではないということを、しっかり肝に銘じておかなければなりません。

事柄が理想的ケースをめぐる問題となるや否や、私たちは、すぐさま信仰の光栄から再び転落してしまいます。信仰の光栄とは、私たちが、何かをするように召し出されているとか、私たちの力を越えることを課せられているとか、という点にあるのではありません。むしろ、信仰とは、一つの自由であり、一つの許可なのです。神の御言葉を信じる者は、この御言葉に反対するすべての事柄に抗して、この御言葉に依り頼むことを許されている、ということです。じじつ、私たちは、何事かの《ゆえに》信じるのでもないし、何事かに《基づいて》信じるのでもありません。むしろ、私たちは、あらゆる事柄にもかかわらず、信仰に目覚めるのです。聖書の中の人びとのことを考えてみてください。彼らは、何らかの証明に基づいて信仰に至ったのではありません。そうではなく、彼らは、ある日〔突然〕、信じることを許されるようになり、さらにまた、一切の事柄に抗して信じざるをえなくなったのです。

神は、御自身の御言葉の外では私たちには隠されています。しかし、神は、イエス・キリストにおいて、私たちに明らかにされておられるのです。私たちがイエス・キリストを見過ごしてしまうなら、私たちは神を見出すことなく、錯誤と幻滅とを体験し、この世が私たちにとって暗黒と思われるようになるとしても、驚いてはなりません。私たちが信じるとき、私たちは、神の隠蔽性にもかかわらず信じるのでなければなりません。この神の隠蔽性は、私たちに、必然的に、私たちの人間的な限界を想起させてくれます。私たちは、自分の理性や力によって信じるのではありません。真実に信じている人は、このことを知っています。

信仰の最大の障害は、端的に言って、いつも私たち人間の心の高慢と不安であります。私たちは〔神の〕恵みによって生きることを願わないのです。それに対しては、私たちの中にある〈何ものか〉が強力に反抗するのです。私たちは恵みを受けることを願いません。せいぜいのところ、自分自身を恵もうとします。このように高慢と不安との間を行きつ戻りつするのが人間の生であります。〔しかし〕信仰は、この二つのものを通り抜け突破します。そのようなことをすることは、人間には自分自身の力ではできません。私たちは、自分自身では、高慢と生の不安とから解放されることは不可能です。

むしろ、そこで〈ものをいう〉のは、つねに抵抗する運動（Trotz-Bewegung）です。もとより、私たち自身に抗しての運動です。それに反対するすべてのものを総括して〈異議〉（Widerspruch）の力と言うならば、聖書が悪魔という言葉で意味していることを漠然と感じとることができるでしょう。「神は本当にそうお語りになったのですか……」〔創世記三・一〕。神の御言葉は真実なのだろうか。もしも人が信仰を持つなら、このような悪魔のトリックの裏をかくことが見事にできるでしょう。

しかしながら、信じるということは、何ら人間の英雄的な行為というようなものではありません。ルターを一人の英雄に仕立ようとするようなことには用心するがいいでしょう。ルター自身、自分のことを英雄などとは感じていませんでした。むしろ、彼は知っているのです。私たちが抵抗する（trotzen）ことができるときには、それは、まさに最も深い謙遜においてのみ受け取りうる一つの許可（Dürfen）、一つの認容（Erlaubnia）、一つの自由なのだ、ということを。

さらに、信仰において問われているのは、一つの**最後決定的な**（ein für allemal）決断です。信仰は、別の見解と取り換えができるような一つの見解というものではありません。ひとときのあいだ信じる人は、信仰とは何であるかを知らないのです。信じるとは、ある最終的な関係を意味します。じっさい、信仰においては、**神**が問題となっているからです。神が私たちのために最後決定的に〔＝ただ一度限り〕なし給うたということが問題となっているのです。このことは、信仰の動揺というものが存在することを排除するものではありません。しかし、信仰は、その対象に目をとめる場合、一つの最終的な事柄なのです。一度信じた人は、決定的に信じるのです。この事実に驚かないでいただきたい。むしろ、そのことを、一つの招きとして受けとめていただきたい。私たちは、たしかに、当惑させられたり疑ったりすることがありうるでしょう。しかし、一度信じた人は〈消えざる印章〉（character indelebilis）のようなものを持ちます[4]。信じる人は、自分が支えられているという事実に依り頼むことを許されています。不信仰と格闘しなければならないすべての人に対して、〈あなたは己れの不信仰をあまり深刻に受けとるべきではない〉と忠告してあげねばなりません。ただ信仰だけが重大視されるべきです。そして、もしも私たちに芥子種《からし》一粒ほどの信仰があるなら、悪魔が敗北するには十分なのです。

そして第三に問題となるのは、そこでは、私たちが**専心的に**（ausschliesslich）神に依り頼むことを許されているということです。専心的に〔＝他のものには目もくれず〕というのは、神が信実な唯一の方だからです。〔ただし〕人間的な信実というものもあります。神の被造物から出た私たち〔自身を〕を再び眺め、喜び、励ますことを許して下さる神の信実です。しかし、このような信実が存在する場合には、その根拠は、つねに神の信実でしょう。信じるということは、ただこの神にのみ信頼する自由です。〈恵みのみ〉（sola gratia）であり、〈信仰のみ〉（sola fide）であります。それは、人間的な生を貧困にするということを意味しません。むしろ、それは、神の富全体が私たちに帰せられるということを意味するものです。

そして最後に、私たちは**全面的**に（gänzlich）神の御言葉に依り頼むことを許されています。信仰において問題なのは、特殊な或る領域――たとえば宗教的領域――に関わるものではなく、現実の生のすべてに関わるものです。内面的問題と同じく外面的問題にも関わり、精神的なものと同じく肉体的なものにも関わり、私たちの生の暗さと同じくその明るさにも関わります。問題は、私たちが自分自身について――また、私たちを他の人びとのために、〔さらに〕全人類のために動かすものについても――神を頼りにすることを許されている、という事実に関わっています。問題は、生死全体に関わっているのです。

このように包括的に理解されうる信頼することへの自由が信仰です。

〔1〕fides quae creditur（信じられているところの信仰＝信仰内容）と対比して用いられる。
〔2〕an, eis, in は、それぞれドイツ語、ギリシャ語、ラテン語で信仰の対象を示すために用いられる。
〔3〕バルト『福音と律法』（一九三五年、『バルト・セレクション5』天野有訳、所収）参照。
〔4〕たとえばトリエント公会議の秘跡に関する教令（一五四七年）では、有効に授けられた三つの秘跡（洗礼、堅振、品級）においては、「霊魂の中に印章、すなわち、霊なる、消えざる徴《しるし》――そのため、これらの秘跡は反復されえない――が刻まれる」と定められていた。

3　信仰とは認識することを意味する

キリスト教信仰は理性の照明である。この理性の照明において、人びとは、イエス・キリストの真理の中に生きるように解放され、また、まさにそのことによって、自分自身の存在の意味とあらゆる出来事の根拠と目標を確信するように解放される。

おそらく皆さんは、**理性**という概念が出てきたことで奇異な感じを受けたでしょう。私は、この概念をわざと用いているのです。「理性とか知識とかいう、人間にさずかった最高の力を、ただ軽蔑するがよい〔1〕」という主張は、誰かある預言者というのではなく、ゲーテのメフィストの口から出たものでした。キリスト教界と神学界が、何かの熱狂主義か何かの神学的な思いつきから、〈理性に敵対する陣営に属さなければならない〉などと考えた場合には、それは、いつも思慮のないことだったのです。

キリスト教会の上には、神の啓示の本質として、また教会の基礎を形づくる神の御業《みわざ》の本質として、この〈言葉〉（das Wort）、「言は肉体となり……」〔ヨハネ福音書一・一四〕が立っています。ロゴスが人間となったのです。教会の宣教は、語られる言葉です。しかも、偶然的・恣意的に語られるのではなく、混沌とした不可解な言葉でもありません。それは、真実であるという要求をもって――虚偽に抗して、自らを真理として貫徹しようとする要求をもって――語られる言葉であります。私たちは、このような明快な立ち位置から押しのけられないようにしようではありませんか！

教会が宣べ伝えなければならない言葉においては、暫定的・第二義的な意味の真理が問題ではありません。そうではなく、この〔真理という〕言葉自身のもつ第一義的な意味の真理が問われているのです。人間の理性――人間の nous〔理性〕――において、ロゴスとして、すなわち、意味として、認識されるべき真理として、自己を明示し・啓示するロゴスが問われています。キリスト教宣教の言葉において問題となるのは、〔神の〕ratio（理性）であり、この〔神の〕ratio において、やがて人間の ratio もまた自分を映し出され、再び見出されることを許されるのです。

教会の宣教、また神学は、おしゃべりや冗談ではなく、また、宣伝《プロパガンダ》でもありません。〈そこで言われていることは、いったい、真実なのだろうか。本当にそうなのだろうか〉と問い直されたときに責任を負いえないようなものではありません。皆さんは、すでにこれまでも或る種の説教や建徳的な講話などに、きっと悩まされてきた経験があるでしょう。なるほど、そこでは語られてはいる、――力をこめて、ふんだんに修辞《レトリック》を使って語られてはいる。けれども、〈言っていることは真実ですか〉という単純な問いに出合うと、たちまち立ち往生してしまうようなお話でしかないのです。

〔これに反して〕キリスト教信仰の使徒信条《クレドー》は、認識に基づいています。そして逆に、この信条《クレドー》が表明され・告白される場合には、認識が生じなければなりません。また、認識が生じることを欲しています。キリスト教信仰は、非理性的でもなければ、反理性的でもなく、超理性的でもありません。むしろ、それは、正しく理解されれば理性的なものなのです。この信条を言い表わす教会、〔すなわち〕説教し、喜びの使信を宣べ伝えるという、とてつもない要求をもって登場する教会は、自分が何事かをすでに聞きとったという事実から出発します。――〈理性〉（Vernunft）という言葉は、〈聞きとる〉（vernehmen）という言葉に由来しています。――そして、教会は、その聞きとったものを再び人びとに聞きとらせようとするのです。キリスト教の教義史と神学の歴史が知識（gnosis）と信仰（pistis）とを分離したときには、それは、いつも、キリスト教会において悪い時代でした。正しく理解された〈信仰〉（pistis）は〈知識〉（gnosis）であり、正しく理解された信仰という行為は、同時に認識の行為でもあります。信仰とは、認識することを意味しています。

しかし、以上のことを確認した上で、今や、キリスト教信仰における問題は理性の**照明**であるということを、むろん、説明しなければなりません。キリスト教信仰は、使徒信条が語っている対象――すなわち、父・御子・聖霊なる神と関わっています。ところが、この対象の特質、本質、〔つまり〕父・御子・聖霊なる神の本性には、むろん、この神が人間の認識能力に基づいては認識されえないということ、ただ神御自身の自由と決断と行動とに基づいてのみ聞きとられうるのであり、また実際にも聞きとられる、ということが属しているのです。人間が自分自身の力によって、自然的な能力・その悟性・その感情に応じて認識しうるもの、それは、せいぜいのところ、最高の実在といったもの、絶対的存在のようなもの、絶対に自由な力の総体、万物を超越する存在の総体でしょう。このような絶対・最高の存在、このような究極・最深のもの、このような《物自体》は、神とは何の関わりもありません。それらは、直観に属するもので、人間的思考や人間的構想の極限的な可能性の内部にあるものです。このような存在を人間は考えることはできますが、それによって人間が神のことを考えたということにはなりません。

神が考えられ、また認識されるのは、神が御自身の自由において御自身を聞きとらしめ給うときだけであります。私たちは、神については、その本質とその本性とについて、後で語らなければならないでしょう。しかし、すでにここでも、こう言うことができます。神は、つねに御自身を啓示することによって人間に御自身を知らしめ給う方である、ということ。そして、神は、人間が考え出して神と呼ぶような方ではない、ということです。すでに認識問題において、真の神と偽りの神々とは、全く明瞭に区別されます。神認識は、議論の対象になりうるような何らかの可能性の事柄ではありません。

神は、すべての現実性の総体であり、しかも、御自身を私たちに啓示し給う現実性の総体なのです。神認識が起こるのは、まさに次のような出来事が生ずるときであります。すなわち、神が語り給うということ、神が人間に対して御自身を現わし、その結果、人間が神を見過ごし・聞き流すことができなくなる、ということ。さらにまた、人間が、自分自身にとって不可解なものとなり、自分が引き起こしたのではない状況の只中で、神がそれを良しとし給うゆえに自分が神と共に生き、神が自分と共に在《いま》すのだという事実の前に立たされているのを知ること。――そのようなときであります。神の啓示が起こり、神による人間の照明が起こり、人間の認識の転換が起こり、この唯一無二の教師による人間の啓蒙が起こるとき、そのときに、神認識は起こるのです。

私たちは、キリスト教信仰とは一つの出会いの事実である、ということから出発しました。キリスト教信仰とキリスト教信仰の認識が起こるのは、神の理性・神のロゴスが、人間の理性という空間《ラウム》の中に、人間の理性――この被造物の理性――が従わざるをえないような神の法則〔=律法〕(Gesetz)を打ち立て給うときであります。このようなことが出来事として生ずるとき、人間は、認識するに至るのです。なぜなら、神がその法則を人間の考えること、見ること、聞くこと、感じることの中に打ち立て給うときには、人間の真理も、人間理性の真理もまた明示されるからです。すなわち、今や神御自身によってもたらされたものを自らもたらしえない人間の姿が明示されるからです。

神が認識されることは可能でしょうか。そうです、神は認識されることが可能です。神御自身を通して〔私たち人間に〕神が認識されうるものとなられるということが、事実として真実であり、本当であるゆえに、神は認識されうるのです。これが出来事として生じると、人間は神を認識できるように解放され、権能を与えられるのです。それは、人間自身にとっては一つの秘義にほかなりません。神認識は、全面的に、その対象から、〔つまり〕神から引き起こされ、規定されている認識です。しかし、まさにそれゆえにこそ、それは正真正銘の（echt）認識であり、まさにこのようにしてこそ、それは、最も深い意味で自由な認識なのです。

もとより、この認識は、依然として相対的な認識であり、被造物の制限の中に閉じこめられた認識です。また、もとより、このような認識についてこそ、私たちは〈天の宝を土の器に持っている〉〔IIコリントの信徒への手紙四・七〕のだ、ということが妥当します。この宝を把握することなどは、私たちの概念をもってしては、到底、及びえないことです。このような正真正銘の神認識が生じるところでは、何かの高慢の入ってくる余地など存在しないということも、全く明らかでしょう。私たちは、依然として無力な人間であり続け、限界を持った被造物の理性しかもっていないのです。しかし、この被造物の空間《ラウム》において――この充ち足らぬものの空間において――神は、御自身を啓示し給うことを良しとされたのです。そして、この〔認識問題という〕点においても、人間が愚かであるときに、神は賢きものであり続けるでしょう。人間が小さき者であるときに、神は大いなる方となられます。人間が充ち足らぬ者であるときに、神は充ち足りた者であられます。「わたしの恵みはあなたに十分である。力は弱さの中でこそ十分に発揮されるのだ」〔IIコリントの信徒への手紙一二・九〕。この御言葉は、認識問題についても妥当します。

私たちは、論題《ライトザッツ》でこう述べました。「キリスト教信仰は理性の照明であり、この理性の照明において、人間は、イエス・キリストの真理の中に**生きる**ように解放される」と。イエス・キリストの真理が〈生の真理〉〈Lebenswahrheit〉であり、この真理の認識が生の認識だと理解することは、キリスト教的信仰認識をとらえる上で基本的なことです。〔しかし〕そのことは、私たちが〈結局、この場合に問題なのは、認識とは少しも関わりがない〉というような見解に、またもや逆戻りすることを意味するのではありません。キリスト教信仰は、何か曖昧な感情だったり、非論理的《アローギッシュ》な意識や体験、経験だったりするようなものではありません。信仰は認識することであります。それは、神のロゴスに関することであり、したがって、全く論理的《ローギッシュ》な事柄です。また、イエス・キリストの真理は、最も素朴な意味において事実に関する真理でもあります。その出発点であるイエス・キリストの死人の中からの復活は、新約聖書が記しているように、空間と時間の中で起こった一つの事実です。使徒たちは、何か内面的な事実を心にとどめておくということでは満足しませんでした。彼らは、見たこと、聞いたこと、自分の手で触れたことについて語ったのです。そしてまたイエス・キリストの真理は、全く明瞭で整然とした、まさに拘束されている中でこそ自由な、人間的思考の事柄でもあります。

しかし、私たちは〔二つの〕事柄を切り離してはなりません。問題は、生の真理であります。知〔識〕（Wissen）という概念、scientia〔知識〕という概念は、キリスト教的認識の意味するものを言い表わすには不十分です。むしろ、私たちが神学における知〔識〕というものを十分な豊かさにおいてに把握するためには、旧約聖書において智恵と呼ばれているもの、またギリシャ人が sophia と呼び、ラテン民族が sapientia と呼んだものにまで遡らなければなりません。sapientia が、いっそう狭い概念である scientia から区別され、智恵が知識から区別されるのは、智恵が自分の中に知識を含んでいない、ということによるのではありません。むしろ、それどころか、この〔智恵という〕概念は、実践的な知識であるような知識、人間の現存《エクシステンツ》全体を包含するような一つの知識について語るものです。

智恵とは、私たちが実際に、それによって実践的に生きることを許されている知識であります。智恵とは経験《エンピリー》的知識であり、直ちに実践的であることにおいて強力な理論、私たちの生を支配し、現実に私たちの道を照らす光となる知識であることによって強力な理論であります。驚嘆したり鑑賞したりするための光ではなく、また、さまざまの種類の花火に点火するための光でもありません。たとえそれが最も深遠な哲学的思弁であったとしてもです！　そうではなく、それは、私たちの道を照らす光、私たちの行為や言動の上に立っている光であります。私たちの健康な日々における光、また、私たちの病める日々の中での光であり、私たちの貧しさにおける光、また、私たちの豊かさの中での光であります。私たちに洞察のためのさまざまのチャンスがあるように思われるときにだけ輝く光ではなく、私たちの愚かさの中においても私たちに随伴してくれる光であります。すべてのものが消え失せるとき、私たちの生の目標が死であることが明らかになるときにも、消え去ることのない光です。この光によって生きること、この真理によって生きること、それが、すなわち、キリスト教的な認識というものです。

キリスト教的認識とは、**イエス・キリストの真理の中に**生きるということです。私たちは、この真理の光の中に「生き、動き、存在している」（使徒言行録、第一七章〔二八節〕）のです。ローマの信徒への手紙、第一一章〔三六節〕に述べられているように、私たちは「神から出で、神によって保たれ、神に向かう」ことを許されています。したがって、キリスト教的認識は、最も深い根底においては、私たちが神の御言葉に対する人間の信頼と呼んだもの〔第2講〕と同一です。誰かが皆さんに、この問題《ザッヘ》に関して、別の見方へ誘い込もうとしても、そんなことに関わりあってはいけません。神の真理に根ざさないような、神の御言葉に対する真実の信頼はなく、神の御言葉に対する本当に確固とした勝利に満ちた信頼もありません。そしてまた、他方では、それが直ちに生の真理という性格を持たないような認識も神学もなく、〔信仰〕告白もなければ、聖書の真理もありません。いつも一方のものは他方のものによって、測られ、吟味され、確証されなければならないでしょう。

そして、私たちがキリスト者として、イエス・キリストの真理の中に生き、したがって神認識の光の中に生き、したがってまた、理性の照明をもって生きることを許されているということ、まさにそのことによって、私たちはまた、自分自身の存在《ダーザイン》の意味を確信し、あらゆる出来事の根拠と目標を確信するようになるでしょう。このことによって、もう一度、視野の途方もないほどの拡大が暗示されています。すなわち、この対象を、その真理において認識するということは、実は、あらゆる事物を認識するということに他ならないのです。人間をも、自分自身をも、宇宙《コスモス》と世界をも、認識するということなのです。イエス・キリストの真理は、他のもろもろの真理の中の一つの真理ではありません。それが究極の真理（ultima veritas）でもある第一真理（prima veritas）、神の真理である限り、それは、真理そのもの、普遍的な真理、すべての真理を創造するところの真理であります。なぜなら、神は、イエス・キリストにおいて、あらゆる物を創造し、私たちすべてのものを創造し給うたからであります。私たちは、イエス・キリストなしには、現実に存在しないのです。否、私たちは、自らそれを知ると否とに関わらず、イエス・キリストの内に存在しているのです。そして、宇宙全体は、イエス・キリストなしには現実に存在しません。否、宇宙《コスモス》全体は、全能の御言葉であるイエス・キリストによって支えられて、この方の内に現実に存在しているのです〔ヘブライ人への手紙一・二―三〕。この方を認識するということは、すべてを認識するということです。この〔広大な〕領域において、聖霊によって心を動かされ、捕らえられるということは、すべての真理の中に導き入れられる、ということであります。

信じて神を認識する人は、もはや〈私の生の意味は何だろうか〉などと、自問するようなことはありえません。むしろ、彼は信じることによって、じっさい、自分の生の意味を生きるのです。自分の被造性と個人性の意味を生きるのです。すなわち、自分の被造性と個人性のさまざまな限界の中で、また、その現存《エクシステンツ》の過ちうる可能性の中で――〔つまり〕彼が日毎に時々刻々に犯す罪の只中に立ちつつも――しかし同時に、そのような彼〔の現実〕にもかかわらず、また彼にとっては身に余る仕方で神が彼のために執《と》り成《な》してくださることによって、日毎に時々刻々に彼に与えられる助けと共に、彼は、自分の被造性と個人性との意味を生きるのです。彼は、このような一切合切の中で自分に与えられている課題を認識します。そして彼は、このような課題において、また、このような課題と共に与えられている希望を――彼がそこから生きることを許されている恵みに基づいて与えられている希望を――認識します。そしてまた、彼は、自分に約束されている栄光の誉れを認識します。彼が、窮乏の極みの中にありながらも、すでに今ここで、ひそかに取り囲まれている栄光の誉れを認識します。

　信じる人は、自分の存在《ダーザイン》のもつこのような意味を告白するのです。使徒信条《クレドー》は、存在するすべてのものの根拠および目標としての神について語っています。宇宙《コスモス》全体の根拠および目標は、イエス・キリストと呼ばれます。そして、私たちは、次のような前代未聞の事柄を語ることが許されており、また語らなければなりません。すなわち、キリスト教信仰があるところでは、――そこでは、神が信頼されていることによって――あらゆる出来事、あらゆる事物の根拠および目標に対する最も深い信頼もまた存在するのだ、ということ。また、そこでは、人間は、それに反対してもち出されるあらゆる事実にもかかわらず、すべての理性よりもいっそう高いあの平和の中に生き、また、まさにそのようにして、私たちの理性を照明する光である、あの平和の中に生きるのだということです〔フィリピの信徒への手紙四・七〕。

〔1〕ゲーテ『ファウスト』第一部「書斎の場」に出てくる。訪ねてきた学生に向かって、ファウストに化けたメフィストが発した言葉。

4　信仰とは告白することを意味する

キリスト教信仰は決断である。すなわち、この決断において、人びとは、神の御言葉に対する自分たちの信頼とイエス・キリストの真理に対する自分たちの認識を、教会の言葉において、しかしまた、この世に関わる態度決定において、そして何よりもそれらに相応《ふさわ》しい行動と振舞い方においても、公共的に責任をとるという自由を持つ。

キリスト教信仰は、一つの**決断**である。この命題をもって、私たちは始めなければならないし、また、始めたいと思います。もとより、キリスト教信仰は、神と人間との間の秘義における出来事です。神がこの人間に向かって行為し給う自由の出来事であり、神がこの人間に与え給う自由の出来事であります。しかし、そのことは、使徒信条《クレドー》の意味において信じられる場合には、歴史が出来事として生ずるのだということ、すなわち、その場合には、時間の中において何事かが人間によって企てられ、遂行され、成就されるのだという事実を排除するものではなく、むしろ、それを包含しているのです。信仰とは、突如として出現する神の秘義であります。信仰とは、行為において示される神の自由であり、また人間の自由であります。何事も起こらないようなところでは、――よく理解していただきたい、時間の中で（！）、目に見え、耳に聞こえるものとして起こらないときには――そこでは、信じられるということも、やはり起こらないでしょう。

なぜかと言えば、キリスト教信仰は神に対する信仰であり、キリスト教の信仰告白が父・御子・聖霊なる神と言うとき、この信仰告白は、そのことによって、次のことを指示しているからです。すなわち、〈神御自身は、その内的な生命と本質とにおいて、死せるものではなく、受動的なものではなく、何事もなさらないものではないということ。むしろ、父・御子・聖霊なる神は、ある内的な関連と内的な運動とにおいて実在し給うのであり、それを私たちが一つの歴史として、一つの出来事として非常に良く言い表わすことができるということ〉を。

神御自身は超歴史的ではなく、むしろ歴史的なのです。そして、この神が、御自身において一つの決意を――永遠の決意をなし給うたのです。使徒信条の語っているすべてのことは、この決意に基づいています。私たちの父祖たちは、これを創造と契約と救済との〈決定〉（Dekret）と呼びました。神のこの決定が、時間の中において遂行されたのです。すなわち、使徒信条の第二項が「ポンティオ・ピラトのもとに苦しみを受け、十字架につけられ、死にて葬られ……」と具体的に証ししている、イエス・キリストの御業《みわざ》と御言葉とにおいて、最後決定的に実行されたのです。信仰とは、このような神の歴史的存在・本質・行動に対する人間の〈対応〉（Entsprechung）であります。

信仰とは、この神、すなわち、御自身において歴史的であり、歴史を目指すことを決意し給い、この歴史を遂行し、それを完成し給うた神と関わっています。それ自身が歴史でないようなキリスト教信仰は、キリスト教信仰ではないでしょうし、〔いわんや〕〈……に対する信仰〉（Glaube an ...）ではないでしょう。キリスト教的意味において信じられるときには、一つの歴史的な形が成立し、成長します。そこでは、人びとの間で――同時代の人びとの間でも、時代を異にする人びとの間でも――一つの交わり、一つの共存、一つの兄弟関係が成立するのです。しかし、それだけでなく、キリスト教的意味で信じられるとき、そこでは、この交わりという手段を通して、必然的に、この交わりや兄弟関係の外部にある世に対しても、人間による宣教と使信の伝達が行なわれるようになるのです。そこでは、家の中に住むすべての者を照らす一つの光が灯《とも》されます。一言でいうなら、キリスト教信仰があるところには、そこに神の教会《ゲマインデ》〔＝信仰者の交わり〕が、この世の中で、この世のために、成立し生きているのです。そこでは、この世の民たちとは別にイスラエルが結集され、そして、教会《キルヒェ》が独自に結集され、聖徒の交わりが結集されます。しかも、それは、自己目的としてではなく、神がすべての者のために定め給うた神の僕《しもべ》の顕現として――キリストの肢体《からだ》として――であります。

そして、このような歴史は――今や、神の恵みの選びにおける神の御業《みわざ》と神の存在とに対応する人間の業《わざ》にたどりついたわけですが——服従（Gehorsam）という対応において生起します。信仰は服従であります。したがって、それは、単に受動的な順応ではありません。聞き従うということが起こるとき、そこでは、人間によってもまた選択がなされます。信仰がその反対の不信仰の代わりに選ばれ、信頼が不信頼の代わりに選ばれ、認識が無知の代わりに選ばれるのです。信仰とは、信仰と不信仰・誤った信仰・迷信との間における選択を意味しています。信仰とは、神にふさわしい仕方で人間が神に関わる行為であります。なぜなら、この〔信仰という〕業《わざ》は、私たちが、神に対する局外中立性から踏み出し、神に対する私たちの存在と態度の非拘束性という関係から踏み出し、私的領域から踏み出し、断固たる態度、責任を引き受ける態度、公共的に生きる態度へと踏み込むことから生まれるものだからです。このような公共性を志向することのない信仰、すなわち、このような困難を回避する信仰は、それ自体として、すでに不信仰・誤った信仰・迷信なのです。なぜなら、父・御子・聖霊なる神を信じる信仰は、公共的になることを拒むことができないからです。

論題《ライトザッツ》には、こう記されていました。「キリスト教信仰とは決断である。すなわち、この決断において、人びとは、……という自由を持つ」と。公共的に応答する責任（Verantwortung）においても重要なのは、人間に与えられている許可、開かれている扉です。すなわち、まさに**自由**であります。信頼の自由と認識の自由との上に、今や必然的に、応答する責任の自由が加わってきます。ここでは、どれか一つの自由が他の自由から分離されることはありません。神に信頼する自由だけを持とうと願い、その際、認識は断念できるなどと考える者は、本当のところ、信頼してもいないのです。また、あらゆる信頼とあらゆる認識を持っていながら、自分のもつ信頼と認識において公共的に応答する責任を持つ自由を持たない者に対しては、「君（Du）の信頼も、君の認識も、おかしいぞ！」と、面と向かって言わなくてはならないでしょう。キリスト教会が神について告白するところによれば、神御自身が、じっさい、隠れたままでいることを欲し給わなかった方であり、御自身のみで神たろうとは欲し給わなかった方、また今も欲してい給わない方なのです。むしろ、神は、その王的主権性において、秘義の中から――その神的存在の高みから――歩み出て、御自身によって創造された世界《コスモス》の卑賤の只中へ降りて来給う方なのです。神御自身が、神として啓示される方であります。

このような神を信じる者は、この神の贈物、この神の愛、この神の慰めと光、この神の御言葉に対する自分の信頼と自分の認識を隠そうとすることはできません。信仰している者の言葉や業《わざ》が、局外中立的で・拘束力を持たない言葉や業に止《とど》まるなどということは不可能です。信じられるとき、そこでは、必然的に神の栄光（doxa, gloria）〔すなわち〕誉れ、神の光の輝きが地上で知られるようになるのです。そしてこの神の栄光は――たとえ私たちの遣《や》り方の巧拙によって、ひどく曇らされたり損《そこ》なわれたりするとしても――いずれにせよ、この栄光が輝くのでなければ信仰もまた存在しないでしょう。そのときには、私たちが神から受けとる慰めも、光も、〔人びとの間で〕受け容れられているとは言えないでしょう。人間が信じることを許されるとき――神の民・神の教会《ゲマインデ》が結集されて行動を起こすとき――神の栄光は世界《コスモス》の中で崇められ、聖なる方の御名は地の上で崇められます。信仰があるところ、そこでは、人間は、自分が全く制限された無力さの中にありながらも、また、全く失われた状態と愚かさの中にありながらも、神の栄光（doxa, gloria）のこの光を輝かしめる自由を持つのです。あらゆる卑賤さの只中においても、王者のような自由を持つのです。それ以上のことは、私たちに要求されてはいません。しかし、まさにそのことは、私たちに要求されています。神の御言葉に対する私たちの信頼と、イエス・キリストの真理に対する私たちの認識とに対して、このように公共的に応答する責任。これこそ、キリスト教的意味において、信仰を告白する行為、信仰告白と呼ばれるべきものの一般概念です。

問われているのは、〔一〕教会《キルヒェ》の言葉（Sprache）において、しかしまた、〔二〕この世に関わる態度決定において、そして何よりも〔三〕それらに相応《ふさわ》しい行動と振舞い方においても、公共的に責任をとることであります。公共的責任という概念についての、この三つの規定で重要なのは――もし私の理解が正しければ――それ自体がキリスト教信仰の一つの必然的な本質形式であるキリスト教信仰を告白する行為の三つの形態だということです。これらは、互いに分離されたり対立し合ったりするものではありません。むしろ、必然的に互いにつながり合うものとして考えるべきものです。したがって、次のような説明は、総合的に理解されなければなりません。

（１）信仰において、私たちは、私たちの信頼と私たちの認識とを、**教会《キルヒェ》の言葉において**、公共的に責任をとるという自由を持つ。――これは、どういう意味でしょうか。神の教会《ゲマインデ》は、あらゆる時代に、それ自身の言葉を持っていたし、今も持っています。この点では、いかなる変更もありえません。教会《ゲマインデ》は、歴史の只中にあって、実に独自の歴史を、独自の道を持っています。教会《ゲマインデ》が信仰を告白するときには、このような教会《ゲマインデ》独自の歴史に目を注ぎつつ語るのです。教会《ゲマインデ》は、昔からその言葉を形成してきたし、また将来もたえず形成し続ける、全く独自の具体的な歴史的連関の中に立っています。

したがって、私たちがキリスト者として語らざるをえない信仰の言葉、公共的な責任をとる言葉は、いずれにせよ、全く端的に聖書の言葉――ヘブライ語聖書とギリシャ語聖書の言葉、またそのさまざまの翻訳の言葉でしょう。さらにキリスト教的伝統の言葉――さまざまの思想・概念・理念という形における言葉――であるより他はないでしょう。すなわち、そのような言葉において、キリスト教会《キルヒェ》は、幾世紀にもわたり、自らの認識を獲得し、弁護し、説明してきたのです。特別に教会的な言葉というものがあるのです。それは当然のことです。広く知られている名称を用いるなら、「カナンの言葉」〔イザヤ書一九・一八〉というものがあるのです。そして、キリスト者が自分の信仰を告白するとき――私たちの中に灯《とも》された光を輝かせることが問われるとき――何びとも、そのような自分の言葉で語るのを避けることはできないし、避けることは許されないでしょう。それは、何といっても、このような事実が厳としてあるからです。すなわち、キリスト教信仰の事柄が――神とその御言葉に対する私たちの信頼が――厳密に、いわばその本来性において語られなければならないとすれば――そして、そのように厳密に語られることは、信仰の事柄が明瞭になるためには、いつでも絶対に必要なことですが――そのときには、何ら怯《ひる》むことなく、このカナンの言葉が発せられるということは避けられないでしょう。なぜなら、もろもろの確実な光と〔行動への〕指示と慰め深い警告とは、直接的には、ただこの言葉によってだけ語られうるからです。

たとえば、あまりに細やかな気づかいをしようと望む人。自分の魂をあまりに優しく取り扱おうと望む人。「私は、信じます。しかし、私の信仰は、あまりに深く内面的なので、とにかく聖書の言葉を口の端《は》に上せることができないのです。神の御名を語ることさえ、私には容易ではありません。まして、キリストの御名を語ったり、イエス・キリストの血とか、聖霊とかいうことを口にするのは困難です」などと言いたがる人。そういう人に向かって、私は、こう言うでしょう。「友よ、君は大いに内面的な人なのかもしれません。しかし、御注意ください。君は、自分の信仰に対して公に責任をとるべき者と見なされているのです。それとも、もしかしたら、君のいわゆる畏れというのは、何の拘束もされない自分の私的領域から踏み出すことに対する畏れではありませんか。君自身に聞いてみなさい」と。

キリスト教会《キルヒェ》が自分の言葉であえて信仰を告白しようとしないとき、そこでは、実際には告白という行為もされていないのが常だ、ということは確実です。その場合には、教会《キルヒェ》は、〔いわゆる〕〈穏やかに生きる人びと〉（die Stillen）〔1〕の共同体になるのです。その際、私たちは、それが〈押し黙った犬〉〔2〕の教会《ゲマインデ》にならないことを、大いに願わざるをえません。信じられるときは、切実にこう問われているのです。〈そこでは、喜ばしく平然として語られているかどうか――聖書が語ってきたように、また教会《キルヒェ》が古今を通じて語ってきたし、また語らざるをえないように――まさにそれと同じように喜ばしく平然として語られているかどうか〉と。信仰がその自由と喜びの中で登場するとき、神に対する賛美もまた、真実に、この言葉に和して歌われるのです。

（2）しかし、これをもってしても、なお証しの全体だということはできません。告白するという概念を完全に理解するには、これより以上の事柄が含まれています。私たちは、告白する行為が《教会《キルヒェ》という空間》においてだけなされればよいし、またそこでだけなされるべき信仰の事柄だ、というような考え方には用心しましょう。また告白する行為においては、せいぜいのところ、この教会の空間を目立つようにしたり、あるいは、それをほんの少しばかり、この世の中へ拡張したりすることだ、などという考え方にも用心しましょう。教会《キルヒェ》の空間は、この世の只中に存在しているのです。ちょうど教会《キルヒェ》がすでに外形的に、どこかの村や町の中でも学校や映画館や停車場と並んで建っているのと同じように。教会《キルヒェ》の言葉が自己目的であろうとすることなど不可能な願いです。教会《キルヒェ》は世のために存在しなければならないのだということ、光は闇の中で輝くのだということ、このことが、目に見えるものとならなければなりません。キリストが来たり給うたのは御自身に奉仕させるためではありませんでした。同じように、キリスト者にとっても、自分たちがあたかも自分自身のために存在しているかのように、その信仰の中に安住していることは、ふさわしいものではありません。

しかし、そのことは次のような事実を意味しています。すなわち、信仰というものは、この信頼と認識とを公共的に示す過程の中で、**この世に関わる特定の態度決定**を必然的に条件づけているということです。信仰を告白することが真剣で明確に行なわれるときには、そこでは、信仰告白は、原則として、どんな人の言葉にも――街中でお見かけする男女いずれの各氏にも――翻訳可能なものでなければならないのです。すなわち、聖書を読んだり賛美歌を歌ったりすることに慣れていないで、全く違った用語を持ち、全く違った関心領域を持っている人びとの言葉に、翻訳されなければなりません。これこそ、キリストがその弟子たちを遣わし給うたこの世なのであり、私たち皆もまた生きている世なのです。私たちのうち誰一人として、単にキリスト者であるだけの人はいません。私たちは〔キリスト者であると〕同時に、みな、自分でも、この世の一部なのです。そうだとすれば、必然的にまた、この世に関わる態度決定――私たちがこの領域へ応答する責任を翻訳すること――もまた重要な問題となります。なぜなら、信仰の告白は、私たちすべての者が生きている生活――つまり、日常生活の理論的・実際的な諸問題に包まれた私たちの現存の諸課題――に適用されることによって、実行されることを欲しているからです。私たちの信仰がリアルなものである場合には、その信仰の告白は、私たちの生活の中へ切り込んでいかなければなりません。

キリスト教の信仰告白は、その教会的な原音〔＝カナンの言葉〕のままでなされると、いつも次のような誤解にさらされることでしょう。すなわち、〈キリスト者は、使徒信条《クレドー》を良心や心情の事柄と見なしているが、しかし、この地上とこの世においては、〔実際には〕別の真理が妥当しているのだ〉と。この世は、そのように誤解しながら生きています。この世は、キリスト教全体を、敬意を払うべき、侵害してはならない《宗教的領域》に属する、快い《魔術》だとみなしています。そして、それでおしまいというわけです！　しかし、このような誤解は、内部からも起こってくるかもしれません。キリスト者がこの宗教的領域自体をよく守ろうと願い、「私に触るな！」という可愛い「キツリフネ」の花〔3〕を持つように、信仰を守ろうとすることもあるかもしれません。教会《キルヒェ》とこの世との関係は、長い間、或る種の境界処理の問題として理解されてきました。時には、この境界沿いに小競合《こぜりあい》の起こることがあったとしても、それぞれが境界の背後に身をおいて守っていたわけです。しかし、教会《キルヒェ》の方から眺めると、そのような境界処理では、教会の課題は決して汲み尽くされることがありません。

キリスト教会《キルヒェ》の本質からすれば、むしろ、ただ一つのことだけが存在するのです。すなわち、信仰告白がこの世の領域の中でも響きわたるということです。しかも、それは、〈カナンの言葉〉によって繰り返されるのではなく、むしろ、教会の壁の《外で》語られている、全く即物的

〈nüchtern〉な、全く非建徳的〈unerbaulich〉な言葉によってなされるのであります。重要なのは翻訳です。たとえば、新聞の言葉への翻訳です。必要なのは、私たちが教会《キルヒェ》の言葉という形式で語っているのと同じことを、この世において世俗的〈profan〉に語るということです。キリスト者は、〈非建徳的〉にも語るべきだということを恐れてはならないでしょう。それができない人は、自分が教会《キルヒェ》においても、本当に建徳的に〔＝敬虔な気持ちを起こさせるように〕語るすべを心得ているかどうか、注意してみるべきでしょう。私たちは、教会《キルヒェ》という空間の外側では〈中国語〉のようにしか聞こえない、説教壇の言葉や祭壇の言葉を知っています。私たちは、立ち往生してしまい、この世に関わる態度決定へ向かっては進もうとしていないのではないのか、用心しましょう。

一例を挙げます。一九三三年のドイツでは、極めて真剣で・深遠で・生き生きとしたキリスト教と信仰告白が存在していました。――神に賛美と感謝あれ！――しかし、残念なことには、このようなドイツの教会《キルヒェ》の信仰と告白の行動は、教会《キルヒェ》の言葉の中で立ち往生したままだったのです。この教会《キルヒェ》の言葉によってすばらしく語られたのと同一のことを、当時、求められていた政治的態度決定へ翻訳することがなかったのです。その態度決定において、福音主義教会はナチズム〔＝国家社会主義〕に対して〈否〉と言うべきであり、しかも、その根本から〈否〉と言うべきであることが明らかになっていたと思われるのですが。しかし、キリスト教界の信仰告白は、当時、この形においては聞かれることがありませんでした。よく考えてみて下さい。当時、もし福音主義教会が、この世に関わる政治的態度決定という形で、その教会的認識を発言していたならば何が起こったでしょうか。〔しかし〕そうすることは、福音主義教会には不可能でした。そしてその結果、どうなったかは明々白々です。

さらに、第二の例を挙げましょう。今日もまた、真剣な生き生きとしたキリスト教が存在しています。さまざまな出来事の成り行きによって、多くの人びとの中に、神の御言葉に対する飢えと渇きが呼び起こされ、教会《キルヒェ》の大いなる時が明け始めたということを、私は確信しています。〔しかし〕願わくは、単に教会《キルヒェ》という空間が建てられ堅固にされ、そしてキリスト者が自分たちだけで集う、というようなことに再びならないように。もちろん、大いに真剣に神学がなされなければなりません。しかし、その際、私たちの眼に明らかであってほしいことは――十二年前よりも、いっそう明らかであってほしいことは――教会《キルヒェ》の中で起こらねばならない事柄が、この世に関わる態度決定という形にまで向かっていくということです。たとえば、私たち〔の現在〕がそこから由来する、さまざまの出来事に関わりのある罪責問題〔4〕に対して、もしも福音主義教会が、今日、沈黙しようと考えているのであれば、――将来のために真実に答えねばならないこの問題を聞き流そうなどと考えているのであれば――そのような教会は、当初から不毛であるという有罪宣告を受けています。

〈自分たちには、困窮の中にあるこの国民に対して一つの課題が与えられている。しかも、その課題は、単にキリスト教的な教えを直接的な形で与えるという課題だけではなく、このキリスト教的な教えを日常問題の中にまで切り込んでいく言葉で目にみえるものにしていく課題が与えられているのだ〉ということが明らかでないような教会。この言葉を発見したいという願いに心を労することのないような教会《キルヒェ》。そのような教会《キルヒェ》は、当初から墓場の片隅に行くしかないでしょう。

望むらくは、一人一人のキリスト者が、自分の信仰とともに、次の事実について明らかであってほしいものです。すなわち、その人の信仰が居心地のよい蝸牛《かたつむり》の殻であり、自分の同胞の生活を気にかけることのないような信仰である限りは、――したがって、一人一人のキリスト者が二元論の中に生きている限りは――その人は、まだ本当には信じていないのだということです。そのような蝸牛《かたつむり》の殻は、何ら望ましい滞在場所ではありません。そこに住みつくのは、良いことではありません。人間は、一個の全体性としての存在（das Gannze）であり、ただそのような全体性としてだけ、現実に生きていくことができるのです。

（3）最後に、この論題《ライトザッツ》の末尾には、「**それら**〔教会の言葉や世に関わる態度決定〕**に相応《ふさわ》しい行動と振舞い方において**」と記されています。私は、これを、わざと第三のものとして、もう一度、第二のものから区別しました。人間が最高に力強い言葉で語り、また信仰を告白したとしても、愛を持っていなければその人にとって何の助けになるでしょうか。告白とは、生の告白です。信仰する人は、その人格を賭ける、すなわち、《体を張る》（payer de sa personne）ように呼びかけられているのです。これこそが、そこに一切のものが掛けらるべき釘であります。

〔1〕〈穏やかに生きる人びと〉という言葉は、元来は詩編（三五・二〇）に由来している。テルシュテーゲンやユンク・シュティリングなどに代表される十八世紀ドイツの敬虔主義者のサークルにおける愛用句であり、バルトはそれを風刺的に用いているのであろう。彼らは、当時、盛んになりつつあった合理主義的な神学思想から〈離れて、祈りと黙想に〉生きることをモットーとしていたことで知られる。

〔2〕〈押し黙っている犬〉（stummer Hund）というのは、政治的な批判的責任を回避する教会を風刺するバルトの愛用句。たとえばバルト「教会と今日の政治問題」（一九三八年、前掲『バルト・セレクション5』所収）参照。

〔3〕これは、ツリフネソウ科に属する草花で、和名〈黄釣船〉。花の果実が熟するとホウセンカなどと同様に、触れると弾けて種子が飛び散る性質を持つ。学名（impatiens noli tangere）、ドイツ語名〈私に触るな〉（Rühr-mich-nicht-an）。

〔4〕戦後におけるドイツ教会のナチ政権への関わりや戦争責任をめぐる反省の問題。代表的な議論としては、一九四五年三月にバルトがE・フリートレンダーとのあいだに交わした「往復書簡」（『バルト・セレクション6』天野有訳、所収）参照。

5　高きに在《いま》す神

神は、聖書によれば――イエス・キリストにおいて決意され成就された――その自由な愛の御業《みわざ》において、そこに在《いま》し、生き、行動し、われわれに御自身を知らしめ給う方である。すなわち、あの独一なる神である。

私たちがこの講義の基礎としている使徒信条は、「我は神を信ず」という言葉で始まっています。それによって、私たちは、この大いなる単語を口にしたのです。すなわち、それを展開したものがこの使徒信条である、この言葉を。神こそは、私たちがこれまで数回の講義で論じてきた信仰の対象であります。神――それは、総括的に眺めまた語るならば、キリスト教会《ゲマインデ》の宣教の内容です。ところが今、私たちは、次のような事実の前に立っています。すなわち、この〈神〉という単語、神という概念、神という理念は、あらゆる宗教史やあらゆる哲学史にとって、何らかの仕方で知られている一つの現実のように見えるという事実です。

そこで、私たちは、さらに先に進む前に、ちょっと立ち止まって自問してみなければなりません。〈キリスト教信仰が語る意味でのこの《神》という言葉は、あらゆる時代とあらゆる民族とにおいて、宗教史や哲学史の中で、神と呼ばれてきたものに対して、どのような関係があるのだろうか〉と。私たちは、キリスト教信仰の外部において、どういうものが《神》と呼ばれがちであるのかということについて、はっきりさせておこうではありませんか。

人が神について語る場合には――神性とか神的本質とかについて、あるいは、ずばり言って、神について語るときには――その人は、それによって、普遍的に存在して働いている憧憬の対象について考えているのです。つまり、自分の存在《ダーザイン》の固有性、根拠、意味、さらにこの世の意味などに対する、人間的郷愁や人間的希望の足がかりとなるものについて考えているのです。〔別の言い方をすれば〕それによって、人は――自分とは異なるさまざまの現実性《レアリテート》との関係がどのようなものであれ――ともかく存在しているあらゆるものを規定し支配する最高の本質（das Wesen）として理解されうる、ある本質〔的存在〕の現存《エクシステンツ》と本性とを考えているのです。

そして、私たちがこのような本質〔的存在〕に対する人間の憧憬の歴史や人間の主張の歴史を眺めるとき、私たちが受ける最初の、そしてまた、最も強い印象は、人間の〔虚構を〕でっち上げる技術が、実にあらゆる方向に向かって活動し、多種多様な道をとるものだ、ということです。しかしまた、同時に、この神という概念、神という理念を弄《もてあそ》ぶ人間の気まま勝手さ、人間のしたい放題の遣《や》り方です。そして、そこから、人間の手許にあるように見える、さまざまの成果が示す無限の違い、大きな不確実さ、大きな矛盾した姿が出てくるのです。

はっきりさせておかなければならないのは、私たちがキリスト教信仰の意味での〈神〉について語る場合には、そこで神と呼ばれるものは、宗教的思考が一般に神について抱きがちな、もろもろの概念や理念を延長したり豊かにしたものとして理解するべきではない、ということです。キリスト教信仰の意味での神は、神々の系列の中には入りません。神は、人間的敬虔と宗教的な〔虚構を〕でっち上げる技術の万神殿《パンテオン》の中には入らないのです。したがって、人間性の中にある何か普遍的な素質といったようなもの、〔あるいは〕〈神的なもの〉についての普遍的な観念があり、やがてこの観念が一定の地点で私たちキリスト者が神と呼び、神として信じ・告白するものをも包摂して、その結果、キリスト教信仰が他のもろもろの信仰の一つとなり、一般的に規定されるものの中の一つのケースとなる――というような次第ではないのです。ある教会教父が、かつて正当にも、こう言ったことがあります。「神は種属の中にはおられない」(Deus non est in genere)、と。すなわち、神はある種類(Art)の中における一つの特例ではないのです!

私たちキリスト者が〈神〉について語るときには、私たちは、この言葉が、その当初から根本的に別のものを意味していること、〔つまり〕あの人間的な探求・推測・妄想・虚構・思弁の世界全体からの根本的な解放を意味するということを、はっきり知ることを許されており、また知っていなければなりません。〈神的なもの〉に対する人間の探求と思慕の長い道を歩んで、最後にキリスト教信仰告白という形で、ついに特定の停車駅に辿り着いた、というような次第ではないのです。

キリスト教信仰告白の神は、あらゆる神々とは異なって、手に入れられたり、でっち上げられたりした神ではありません。最終的・究極的に人間によって発見された神ではありません。何かが実現されるというようなものでもありません。ともかく人間が探し求めようとしていたものの、もしかしたら究極的で最高の・最善のものの実現というのでもありません。そうではなく、私たちキリスト者が語るのは、通常、《神》と呼び慣わされているすべてのものから、全く取って代わって登場し、それゆえ、それらすべてのものを押しのけ、締め出して、ただ独り真理たることを要求し給う方のことであります。これが理解されないなら、そこでは、キリスト教会が「我は神を信ず」と告白するときに何が問題になっているのかということが、まだ理解されてはいないのです。

そこで問題なのは、人間が自分から探し求め、やっと発見したというようなものでは決してない実在（Wirklichkeit）との出会いであります。パウロは、このことについて、「目が見もせず、耳が聞きもせず、人の心に思い浮びもしなかったことを、神は、ご自分を愛する者たちに準備された」〔Iコリントの信徒への手紙二・九〕と語りました。そして、このことについては、それ以外に語りようがありません。キリスト教信仰告白の意味での神は、他の時に〈神的〉と呼ばれているものとは全く違った仕方で実在し給う方なのです。したがって、神の本性・神の本質は、すべての〈神々〉と呼ばれているものの本性・本質とは違っています。

私たちは、キリスト教信仰告白の意味での神について言わなければならないことを、〈高きに在す神〉(Gott in der Höhe) という言葉で総括します。私がこの観念をどこからとり出してきたか、みなさんはご存じでしょう。それは、ルカによる福音書二章一四節の言葉に記されています。「いと高きところには栄光、神にあれ」と。それゆえ、私たちは、「高きに在《いま》す神にのみ、み栄えあれ」〔クリスマス賛美歌の一節〕と歌うのです。この「高きに在《いま》す」(in excelsis) という言葉について、私は今、説明を試みたいと思います。

これまで述べたところによれば、この「高きに在す」という言葉は、全く端的に次のことを意味しています。すなわち、この方は、私たちを超えておられる方である。私たちの最高で最深の感情・追求・直観をも超えられ、また人間精神の所産をも——それらの所産がたとえどんなに崇高なものであろうとも——超えておられる方である、と。高きに在《いま》す神。——その意味するところは、第一に——これまで述べたことを振り返ってみれば——私たちの中に断じて根拠を持たない方、人間の素質や可能性の単なる対応では断じてない方、あらゆる意味で全く御自身の中に根拠を持ち、そのような仕方で実在される方ということです。さらにまた、私たち人間に対して、私たちの探求や発見、感情や思考に基づいてではなく、つねに繰り返し、ただ御自身を通してのみ啓示され、将来も啓示される方ということです。まさにこのような高きに在《いま》す神が、そのような方として、人間に身を向けて下さり、人間に御自身を贈って下さり、人間に御自身を認識しうるようにして下さったのです。

高きに在《いま》す神とは、私たちとはいかなる関係も持たず、私たちに何ひとつ与《あずか》り知ることもない、永遠に疎遠な、ある〈絶対他者〉(ein ganz Anderer)というような方ではありません。むしろ、キリスト教信仰の意味での高きに在《いま》す神とは、高きより私たちの方に身を屈めて私たちのもとに到来し、私たちのものと成り給うた方のことです。高きに在《いま》す神――それは、御自身を真《まこと》の神として示し給う方であります。それゆえに私たちの手の中には断じておられない方であり、しかも、それにもかかわらず、またそれゆえにこそ、私たちを御自身に引き受け給う神であります。神は、ただ独り、神と呼ばれるに値し給う方であります。他のあらゆる神々とは違って、またその他のすべてのものとは異なり、しかも、私たちを御自身と結合し給うた方であります。私たちが使徒信条によって「我は神を信ず」(Ich glaube an Gott oder Ich glaube in Gott)と言う場合、私たちは、このような方と関わっているのです。

以上によって差しあたり特徴づけたことを、二、三、具体的にパラフレーズして、もう少し詳しく述べてみましょう。「神は、**聖書によれば**……**そこに**在《いま》**し**、生き、行動し、われわれに御自身を知らしめ給う方である」と、私は〔論題《ライトザッツ》に〕書きました。この定義によって生じているのは、私が何か〈ある無限の最高の本質〉についての観念を、概念的に構成して、皆さんに向かって示そうと試みるのとは、根本的に違っています。そのように試みる場合には、私は、思弁していることになるでしょう。しかし、私は、皆さんに思弁するようにと勧誘しているのではありません。むしろ、私は、こう言いたいのです。〈それは、根本的に誤った道である。そのような道は、決して神に辿りつくことはなく、誤った意味で神と呼ばれる一つの現実に辿りつくことができるだけだ〉と。

神とは、神について語っている旧新約聖書の中に在《いま》す方であります。そして、神についてのキリスト教的定義は、単純に次のことを確認することです。すなわち、〈神については、ここ〔旧新約聖書の中〕に語られている。だから、私たちは、神について、そこに語られていることを聞こうではないか〉と。その中で見られ、また聞かれる方が、神なのです。よく注意していただきたい。旧新約聖書全体において神を証明しようとする試みなど、いささかもなされてはいません。そのような試みは、いつも、ただ聖書的な神観の外部においてだけなされてきました。そして神について口にする場合、どのような方を相手にしているのかを忘れてしまったときにだけ、そのような試みが、いつも、なされてきたのです。たとえば、さまざまの不完全な本質に並んで、ある完全な本質を証明したり、あるいは、この世の現存《エクシステンツ》から、その究極・最高の原因である神を証明したり、あるいは、この世の名目的に思い込まされている秩序といったものから、この秩序をもたらす力を証明しようと試みたり、あるいは、人間の良心という事実にもとづいて道徳的な神証明を行なったりする場合、それらは、すでに何という〔不毛な〕試みだったことでしょう。

これらの神《証明》に、私は立ち入ろうとは思いません。これらの証明のもつ滑稽《ユーモア》さと脆さとを、皆さんが即座に素《す》早く認識できるかどうか、私には判りません。これらの証明は、いわゆる神々に対しては有効かもしれません。そして、もしも私の任務が皆さんにこうしたいわゆる最高の本質を教えることであるなら、私は、あの有名な五つの神証明を論じるでしょう〔1〕。

〔しかし〕聖書においては、そのような論議はなされていません。聖書においては、端的に、いかなる証明をも必要とはしない方としての神について語られているのです。そこでは、いたるところで、御自身を証明し給う神について語られています。すなわち、〈ここに、私はいる。そして、私がここにおり、生き、行動するときに、私がなおも証明されるなどということは無用のことになる〉と。このような神の自己証明に基づいて、預言者と使徒たちは語るのです。キリスト教会においては、これ以外の仕方で、神について語ることは不可能です。神は、私たちの証明を、断じて必要とはし給いません。聖書において神と呼ばれている方は、究めがたい方なのです。それは、すなわち、この方は、何びとによっても発見されたのではなかったということです。

むしろ、この方について、もしも――あらゆる他の現実以上に、いっそうよく私たちに知られており、いっそうリアルであり、私たちにとって、私たち自身がそうである以上に、自分たちにいっそう近い――ある既知の存在のように口にされることがあるとしても、それは、この本質〔的存在〕を究めることに成功した特別に敬虔な人びとが存在したから、というのではありません。そうではなく、それは、私たちに隠されておられた方が御自身を現わして下さった、ということに基づいているからであります。

そして、このことと関連して、次のような事実があります。すなわち、神は、証明することができず・究めることができない方というだけではなく、神は、同時にまた、把握しえない方でもあります。聖書においては、神を定義しようとする試み、つまり、神を私たちの概念によって把えようとする、どのような試みもなされていません。むしろ、聖書においては、神の御名があげられています。しかし、それは、哲学者たちがするように、何か無時間的な、この世を超えて、疎遠な、最高の本質というような名称ではなく、むしろ、生きて、行動し、働き、自分を知らしめる一つの主体の名称として呼ばれているのです。聖書は、神について物語ります。神のもろもろの行為について、そしてこの地上で人間の領域において生起している、この〈高きに在《いま》す神〉の歴史について報告しています。聖書は、この神の活動と行動――この神の歴史――の意味と射程とを伝え、そのようにして神の現存《エクシステンツ》を証明し、神の本質と神の本性とを特徴づけています。聖書と信仰告白の意味での神認識とは、神の御業《みわざ》におけるその存在《ダーザイン》・その生・その行動・その啓示の認識であります。したがって、聖書は、いかなる哲学書でもなく、一つの歴史書なのです。すなわち、それは、神の大いなるもろもろの行為の書物であり、それらの行為によって神が私たちに認識しうるものとなるのです。

聖書は、一つの御業《みわざ》を叙述していますが、しかも、それは、第一には、創造の御業《みわざ》としてであります。神は、御自身の傍らに、一つの別のものを――御自身とは異なった一つのものを、すなわち、被造物を――置き給うのです。〔しかし〕それは、神が被造物を必要とし給うからではなく、その全能の御力において、その聖なる溢《あふ》れる愛においてのことであります。――第二に、一つの契約が、神とその被造物の一つとの間に、すなわち、神と人間との間に立てられたのです。またしても、一つの不可解な事実であります。なぜ、まさしく神と〔他ならぬ〕人間との間に契約が立てられたのでしょうか。〔創世記の〕初めから、人間は、神に対して感謝することなく向かいあい、罪人である、と報じられているのですから。この罪にもかかわらず、主権を持つ方として、〔神は〕この罪を見過ごし、この罪の償《つぐな》いを御自身に引き受けられ、神の自己犠牲（Selbsthingabe）が起こるのです。神は、近東の一つの侮られた小民族であるイスラエルの神となるために、御自身を引き渡し給います。自らこの民の一つの肢《えだ》となり、一人の幼児となり、やがて死ぬために、御自身を引き渡し給うのです。――さらに、第三には――ただし、全体が〔ただ〕一つの御業《みわざ》なのですが――救済（Erlösung）の御業《みわざ》であります。人間とこの世に対する神の自由な愛の計画の顕現であり、この意図を妨げようとする一切のものの絶滅であり、新しい天と新しい地との啓示と出現であります。

こうした全体が一つの道なのです。イエス・キリストの御名という徴《しるし》の下における、人間イエス・キリストという徴《しるし》の下における道であります。その方において神御自身が地上において目に見えるものとなり、働き給うたのです。この方がイスラエルの民の歴史の目標であると同時に、教会の発端・出発点であり、同時に救済――全体の完成――の啓示でもあります。この唯一の人格において、神の御業《みわざ》全体が活動しているのです。聖書の意味で神を語る人は、必然的に、イエス・キリストについて繰り返し語らざるをえないでしょう。

この創造と契約と救済の御業《みわざ》こそ、それによって神がここに在《いま》し・生き・行動し・御自身を〔私たちに〕知らしめ給う現実性であります。私たちが神の本質と現存《エクシステンツ》を認識しようと望むなら、この御業《みわざ》を度外視することは許されません。ここでこそ、この御業《みわざ》においてこそ、神は、御自身を表現するところの人格――したがって、この御業《みわざ》の主体たる人格なのです。それは、**神の自由なる愛の**御業《みわざ》です。この御業《みわざ》が表現している神の現実性、神の本性と本質を、私たちは、あえて、この自由と愛という二つの概念によって示すことができます。しかし、その際、私たちは、具体的なものから抽象的なものへ――歴史から理念の領域へ――と、またまた転落してしまわないように用心しなければなりません。私は、「神は自由である」とか、「神は愛である」とかいう言い方はしないでおきましょう。たとえ、この後の方の言い方が、聖書のものだとしても〔Iヨハネの手紙四・八〕。

私たちは、愛とは何であるかを知りません。さらに自由とは何であるかを知りません。そうではなく、神が愛なのであり、神が自由なのです。愛とは何であり、自由とは何であるかということ。このことを、私たちは、この神から学ばなければならないのです。この主語の述語としてなら、こう言うこともできるでしょう。「この方が自由な愛の神である」と。創造と契約と救済という、この方の御業《みわざ》において、この方は、このような〔自由な愛の〕神として御自身を示し給うのであります。そこで〔神の御業《みわざ》において〕こそ、私たちは、愛とは何かということを知るのです。すなわち、〈愛とは、他者を、この他者自身のために追い求め、そうして独一なる方〔神〕がもはやただ独りでおられるのではなく、徹頭徹尾、この他者と共におられるということである〉と。これが愛なのです。これが神の自由なる愛なのです。神は孤独な方ではありません。たとえこの世なしであっても、孤独ではありません。神は、他者〔の存在〕を必要とはし給いません。にもかかわらず、神は愛し給うのです。このような愛は、神の自由な尊厳さなしには理解されえないことです。神が——父であられる方が、御子——御自身でも神であられる方——を愛し給うということ。これが神の愛であります。神の御業《みわざ》において目に見えるものとなるのは、このような神の内的本質——そこでは、すべてのことが自由であり、すべてのことが愛である——の秘義を覆う蓋《ふた》が取られる（Aufdeckung）のです。

さて今や、〈高きに在《いま》す神〉というあの表題の意味するところが、恐らく理解されるでしょう。イエス・キリストにおけるその御業《みわざ》によって、神が父・御子・聖霊なる神であるという事実においてこそ、まさに神は高きに在すのです。深みに降《くだ》るということが、その本性であり本質である神。深みに降《くだ》るということにおいて、その現存《エクシステンツ》が示される神。その被造物のために、その被造物の現存《エクシステンツ》の全き深みにまで御自身を捧げ尽くされる神。それが、高きに在《いま》す神なのです。神がそのように降《くだ》り給うたにもかかわらず、というのではありません。それと奇妙に逆説的に対立して、というのではありません。むしろ、神がそのように降《くだ》り給うたことこそ、神の高みなのです。これこそ、この神の自由なる愛、神の崇高な〔高みの〕本質なのです。これとは別の高みに目を向けようとする者は、神における〈全く他なるもの〉(das ganz Andere)〔＝絶対他者性〕を未だ理解していなかったのでしょう。[2] そのような人は、神をある無限なものの中に求める異教徒の途上に依然としていることになるでしょう。しかし、神は、私たちが私たちの神々を思い描くのとは、全く異なる仕方で在《いま》し給います。

神は、アブラハムを召し出され、あの哀れな民を砂漠の中を通って導かれ、この民の幾世紀にもわたる不信実や、幾世紀にもわたる不従順によって惑わされることのない方、ベツレヘムの家畜小舎の中に幼児として生まれ、ゴルゴタにおいて死に給う方であります。この方が栄光に満ち、神的なのです。皆さんは、キリスト教信仰において一神論とはどのようなものか知っていますか。それは、決して一という数に対する愚かな喜びなどではありません。問題は、一という数ではなくて、人間がでっち上げたあらゆる笑うべき神々とは異なり、他のすべてのものに対立して、その絶対的な独一性と異質性を持った、この主体こそが問題なのです。私たちが一度この事実を見ぬいてしまったなら、私たちは、笑うよりほかありません。そして、聖書を貫いて、そのような〔神々の〕影像に対する一つの哄笑が響きわたっているのです〔詩編二・四、参照〕。

真の神が一度見分けられたときには、〈神々〉は塵の中に転落します。そして、神が独一なる方として残るのです。「わたしは主、あなたの神であって……あなたには、私のほかに、神々があってはならない」（出エジプト記二〇・二、三。申命記五・六、七）。この「してはならない」は「することができない」という力を持っています。自分を神と並んで神と呼ぶ人は、人間のとてつもない憧憬――そして、そのような憧憬は悪い結果を生み出すのですが――の影法師となり果てるだけでしょう。さらに、そのときには、あの第二戒も、全く明瞭になるでしょう。「あなたは自分のために、刻んだ像を造ってはならない。いかなる形をも造ってはならない。それにひれ伏し、それに仕えてはならない」（出エジプト記二〇・四、五。申命記五・八、九）。

これもまた、イスラエル的な思考の仕方の一特徴というようなものでもなければ、その背後に不可視性をめぐる哲学的観念がひそんでいるわけでもありません。そうではなく、神は、御自身を表現するために、すでに自らすべてのことをなし給うておられるのです。神がその〈像〉(eikon) を自ら表現し給うた以上、どうして人間が、この神の模像を造るべきだということになるでしょうか。キリスト教芸術のすべての《壮大な見せもの《スペクタクル》》は、善意をもってなされたものではありますが、無力です。それと言うのも、神御自身が、すでにご自分を造形し給うたのですから。このことを――すなわち〈高きに在《いま》す神〉――を理解した人にとっては、思考によるにせよ、他の何によるにせよ、すべて神を造形しようと意欲することは恐らく不可能でしょう。

〔1〕ここで、バルトが有名な「五つの証明」として何を考えているかは明らかではない。おそらく伝統的な証明法としてカントが批判していた、目的論的証明（自然界における合目的性の根拠）、存在論的証明（神の完全性という属性に含まれる存在）、宇宙論的証明（因果系列の究極的原因）に加えて、カント自身の道徳論的証明、その他さらに、たとえばキケロに代表される歴史的証明（古来、宗教を持たない種族は存在しなかった事実にもとづく推論）、あるいは、シュライエルマッハーに代表される宗教的感情にもとづく神証明などもある。

〔2〕こうした方向で、バルトの『ローマ書』における〈絶対他者〉としての神認識を、それ以後、一九五六年秋、いっそう明確にした有名な講演「神の人間性」（『カール・バルト戦後神学論集』井上良雄編訳、所収）参照。

6　父なる神

唯一なる神は、その本性から、かつ永遠にわたって、父、〔すなわち〕御子の根源であり、御子と一つでありつつ聖霊の根源であり給う。このような仕方で存在する御自身の力において、唯一なる神は、恵みから、すべての人間の父であり給う。〔すなわち〕父なる神は、時間の中で御自身の御子において、かつ御自身の霊を通して、すべての人間を神の子らとなるために召し給う。

〈唯一なる神、高きに在《いま》す神、独一なる神は、父であり給う〉。私たちがこの言葉を語り、使徒信条の第一項とともに〈父〉と言うとき、私たちは、直ちに、第二項、すなわち、この神は御子であり給うということ、さらにまた、この神は聖霊であり給うという第三項にも、眼を向けなければなりません。神は、唯一の神であり、この方について使徒信条の三つの項目は語っているのです。それは、三人の神々と言うのではありません。それ自身において分裂して、ばらばらになる神と言うのではありません。三位一体とは、三人の神々について語っているのではありません。そうではなく、まさにこの三位一体は――キリスト教会は、これまでもつねに、このように理解してきましたし、また聖書の中でも、これとは別の事柄を見出すことはできませんでしたが――今一度、そして今こそ、唯一なる独一の神について語るのです。

これは、或る種の理論的な関心事ではありません。むしろ、これら三つの信仰箇条の内容は、互いに分離されえないということ、〔つまり〕これら三つの箇条――創造者なる神〔第一項〕、イエス・キリストにおけるその行為の中での神〔第二項〕、聖霊としてのその活動の中での神〔第三項〕――について言われていることで問題となっているのは、それぞれに一人の〈管理者《ディレクトール》〉を持つ三つの神的な行政部門《デパルトマン》のようなことを考えているのではありません。この事実に一切はかかっています。それは、唯一なる神の唯一なる御業《みわざ》なのですが、ただ、御自身の内部において動いている唯一なる御業《みわざ》なのです。なぜなら、私たちキリスト者が信じることを許されている神は、死んだ神ではなく、また孤独な神ではないからです。むしろ、神が独一なる神であり給うことによって、御自身において――高きに在《いま》すその神的尊厳性において――一なる方でありながら、しかも独りぼっちではないのであります。こうして、この神の御業《みわざ》は――その御業《みわざ》において神は私たちに出会い給い、また、その御業《みわざ》によって私たちは神を認識することを許されているわけですが――それ自身の内部において動いている・活きた御業《みわざ》なのです。〔こうしてまた〕神は、御自身において——その本性から、かつ永遠に——そしてまた私たちのために——時間の中で——存在の三つの仕方において唯一なる方なのであります。

古代教会の用語で言えば、〈神は三つの位格（Person）において在《いま》す〉のです。この位格《ペルゾーン》という概念について古代教会が理解したところに従えば、この概念は、争う余地のないものです。なぜなら、位格《ペルゾーン》という言葉は、ラテン語およびギリシャ語の用法では、いま私が《存在の仕方》（**Weise zu sein**）という言葉で示したものを正確に意味していたからです。しかしながら、私たちが今日、位格《ペルゾーン》について語るときには、知らず知らずのうちに、また、ほとんど不可抗的に、〈私たち人間が人格《ペルゾーン》である〉といった類《たぐ》いのイメージを思い浮かべてしまいます。そして、まさにこのようなイメージこそ、父・御子・聖霊なる神とは何かということを言いあらわすのに、この上もなく不適切なものなのです。カルヴァンは、かつて嫌みたっぷりにこう言いました。「われわれは、画家たちがみな描くように、三位一体の神を三人の小男——《侏儒《マルムーゼ》》——だというように思い浮かべてはならない」と。そのようなものが三位一体なのではありません。キリスト教会が三位一体の神について語るとき、それが意味しているのは、〈神は、単に一つの仕方でだけではなく、父でも、御子でもあり、聖霊でもあり給う〉ということです。三度、唯一の方にして同一の方であり、三重でありながら、しかし、とりわけ三位一体的（*dreieinig*）に、神は、御自身において、また高みにおいて、またその啓示において、父・御子・聖霊なのです。

それゆえ、私たちが、何よりもまず確認しておかなければならないのは、《父》なる神が「われらの父」と呼ばれるとき、それによって、私たちは、神について、ある重要なこと、真実なこと、しかも、その本性の最深の深みにおいて真実であり、永遠にわたって真実なことを語っているのだ、ということです。神は、父であり給います。そして、これと全く同じことが、御子についても、聖霊についても妥当するのです。それゆえ、神の〈父〉という名前は、単に私たち人間が神に添えて口にするだけの別名ではありません。[1] そんな場合には、こんなふうに考えていることになるでしょう。〈人間は、父性のようなもの――自分の肉の父親に対する関係のようなもの――を、知っていると考えている。そこで人間は、この関係を神に転用する。もっとも、その際には、神の本質が究極的には全く別のものであり、われわれが父性と呼ぶものとは何の関係もない、ということが予期されている。神が父であるということ、このことは、神の啓示に関しては――われわれに関しては――妥当する。しかし、神が何であるかということ――神御自身において、またその本性から、さらに永遠において何であるか――については、われわれには分からない。しかし、神は、このような御自身の秘義の中から歩み出てこられ、その上で、またこのようにして、われわれのために父であり給うのだ〉というような具合に。〔しかし〕そのような考え方は、ここで真に問題とされている事態を述べるためには十分ではありません。

　聖書が、また聖書とともに教会の信仰告白が、神を父と呼ぶとき、そこで意味されているのは、〈神が何よりも先に父であり給う〉ということです。神は、御自身において父であり、その本性から、また永遠にわたって父であり給います。そして、その上で、またそれに基づいて、その被造物である私たちのためにも父であり給うのです。

それゆえ、まず第一に人間的父性があって、その上で、いわゆる神的父性といったものが存在するのではありません。むしろ、全く逆です。すなわち、真の父性、本来的な父性は、神の御《み》許《もと》にあり、そうしてこの神の父性から、ようやく、私たち人間の間で父性として知られているものが導き出されてくるのです。神的父性は、すべての自然的父性の源泉です。エフェソの信徒への手紙に記されているように〔三・一四―一五〕、天と地にあるすべての父性は、彼から生まれます。私たちが神を父と呼ぶとき、私たちは、真理を、しかも第一の真理、本来の真理を考えているのです。神が永遠から在《いま》し給うところのもの、それは、私たちにとっても同じものです〔2〕。私たちが神を父として認識し、神の子らと呼ぶことを許されるとき、私たちは〈究極的なもの〉（das Letzte）をのぞき見ているのであります。

父なる神。このことによって、私たちは、もう一つ別の神的な〈存在の仕方〉、源泉および根源としての神の〈存在の仕方〉について語っているわけです。それは、第一の存在の仕方とは異なりながら、しかも神の〈存在の仕方〉であり、それゆえ、その神性において神に等しい第二の〈存在の仕方〉のことであります。神は、御自身が父――すなわち、御自身の御子の父――であり給うという仕方で神であられるのです。御自身を〔その座に〕定められ、御自身を通して、もう一度、神〔の御子〕であるという仕方で、神であられるのです。〔ただし〕御自身を通して定められてということであり、御自身を通して創造されてというのではありません。——御子は創造され給うたのではありません！

しかし、父と御子のこのような関係は、まだ神の現実性、神の本性を汲み尽くしてはいないのです。このように神が〈定め給うこと〉と〈定められていること〉が、神の統一性〔＝一つであること〕を脅かすというのではありません。神の統一性を——三度にわたり——聖霊において強めるのは、父と御子とが相ともに〔という仕方を通して〕であります。父なる神と子なる神は、相ともに聖霊の根源であります。〈父と子とより出ずる御霊〉（Spiritus qui procedit a Patre Filioque）〔3〕。これこそ——すなわち、〈生む方〉と〈生み出された方〉とが、相ともに〔という仕方を通して〕聖霊の根源であり、したがって、その〔父と御子の〕統一性の根源であるということ——は、東方教会の哀れな人びとが、全面的には理解しなかったことでした。聖霊は〈愛の絆《きずな》〉（vinculum caritatis）と呼ばれました。神が父と御子であるにもかかわらずというのではなく、むしろ、神は父と御子であり給うゆえに、そこに統一性があるのです。

こうして、神は、御自身を定め給う方として、御自身を通して在《いま》し給う方として、御自身の神性における神として、御自身において相異なりながら、しかも御自身において同一であり給います。そしてまさにそのようにして、神は、御自身において孤独ではあり給わないのです。神はこの世を必要とはし給いません。神が三位一体であり給うことによって、生命のあらゆる富、行為と交わりのあらゆる豊かさは、神御自身の内にあります。神は、運動であり、また安息であります。

そこから、以下のことが私たちに洞察できるものとなります。すなわち、神が私たちのためにあり給うすべてのこと――神が創造者であり給うこと〔第一項〕、神がイエス・キリストにおいて御自身を私たちに与え給うたこと〔第二項〕、神が聖霊において私たちを御自身と結びつけ給うこと〔第三項〕は、神の自由な恵みであり、その豊かさが充溢することであります。神が私たちに対して何らかの負い目を持っておられるというのではなく、慈愛に満ち溢れてい給うということです。神は、神が御自身としてあり給うところのものであることを、単に御自身のために欲し給うのではないのです。そうではなく、神は、私たちのためにも、永遠にわたってそのあるが如き方であろうと欲し給うのです。

この真理、すなわち、神がその永遠の父としての存在の力において――自由な恵みからして――〔さらには〕それが御自身の〈職務〉（métie）だからというのではなくして――私たちの父でもあろうと欲し給うのだ、という真理を把握する手掛かりを私たちとしては何一つもっていません。神は、〔御自身としては〕そのあるが如きものであり給うがゆえに、〔私たちのための〕その御《み》業《わざ》も、その父としての御業《みわざ》でしかありえないのです。〔こうして〕神が、御子とは異なり、神からは区別される他者の創造者となり給うということ。神が、この他者のために存在しようと欲し給うということ。それが意味しているのは、神が私たちを御自身に関与させ給うということに他なりません。「それは、あなたがたが……神の本性にあずかせていただくようになるためです」（Ⅱペトロの手紙一・四）。

私たちが神を〈われらの父〉と呼ぶとき、これ以上のことももこれ以下のことも言っているのではありません。私たちは、神が御子において御自身を呼び給うように、神を〔父と〕呼ぶことを許されているのです。人間それ自身は神の子ではなく、神の被造物です。〈創造されたもの〉（factus）であって〈生み出されたもの〉（genitus）ではありません！　この被造物である人間は、目の届く限りは神に対する叛逆の中にあり〈神無きもの〉ですが、にもかかわらず神の子なのです。私たちが神の子らであることを許されているのは、神の自由な御業《みわざ》であり、神が御自身を低くされた憐れみに基づくものです。私たちは、〈にもかかわらず〉神の子らなのです。神が父であり、私たちを神の子らとし給うゆえに、神の子らなのです。

私たちは、御子において・かつ聖霊を通して、神の子らなのであります。それゆえ、私たちと神との間における何か直接的な関係に基づいてではなく、神が御自身を通して、私たちをその本性に、〔つまり〕その生命と本質とに、あずからせ給うことに基づいて、神の子らなのです。神の本質の中に――御子を生み給うという事実の中に――私たちに対する神の関係がすでに含まれているということ。これは、神の善き意志であり決意です。私たちは、神において、すなわち、御子において、聖霊を通して――父と御子を一つにしているあの〈愛の絆《きずな》〉（vinculum caritatis）を通して――神の子らと呼ばれることを許されているのです。

このような聖霊としての神の〈存在の仕方〉の中に、私たちの召命は含まれています。そして、このことが再び、神の永遠の決意《デクレート》なのです。君（Du）〔自身〕のことが考えられているのです。〔すなわち〕神が御子においてあり給い、行ない給うことは、君に関わっているのであり、君のためなのです。そして、神の本性において真実であることが、時間の中において真実なものとなるのです。それゆえ、これは神の生命の反復であり、それ以上のものでもなければそれ以下のものでもありません。私たちが引き起こすことはできないし、また私たちから失《な》くしてしまうこともできない反復。しかし、神が被造物の領域において、それゆえ神性の外部において生起せしめようとし給う神の生命の反復なのです。

「いと高きところには、栄光、神にあれ！」〔ルカ福音書二・一四〕。この御言葉を、私たちは、神を〈われらの父〉と呼ぶときに、第一のこととして言い表わします。そして、神は御子なしには父ではあり給わず、父も御子も私たちのために在《いま》し給うゆえに――「地の上には平和」――「御心に適う人びとに」と言い表わすのであります。

〔1〕以下は、たとえば古代教会で異端とされたサベリウス主義の議論を指しているのかもしれない。すなわち、父・御子・聖霊は、唯一の神の態様の違いであり、旧約時代には〈父〉として、イエスの受肉から昇天までは〈子〉として、それ以後は〈聖霊〉として、人間に対しては顕現される、

と説かれた。

〔2〕この前後の文章における脱落は加筆・補正した。「呼ぶ」から「神が永遠から……私たち」まで。井上訳では、原本テキストとしてチューリヒの〈福音主義出版社ツォリコン〉による一九四七年版が用いられているが、本訳書は、同じ年にミュンヒェンの〈クリスチャン・カイザー出版社〉から刊行された初版テキストによる。（補正した事情については「訳者あとがき」参照）。

〔3〕ニカイア・コンスタンティノポリス信条（三八一年）の西方教会における表現。西方の伝統では聖霊はキリストの霊でもあるとされた。

7　全能なる神

神の力は、次の事実において、無力さとは異なり、他のもろもろの力に優越し、《力それ自体》に対して勝利に満ちて対峙している。それは、神の力が正義の力であること、すなわち、イエス・キリストにおいて活動し啓示された神の愛の力であり、こうして一切の〈可能的なもの〉の総体・規定・限界であり、それゆえ一切の〈現実的なもの〉を越え、一切の〈現実的なもの〉の内に存在する力である、という事実である。

使徒信条は、この《全能の》（allmächtig）という概念によって、神の一つの属性、すなわち、先に〈父なる神〉と呼ばれた方の一つの〈完全性〉（Vollkommenheit）――を表わしています。使徒信条は、ただこの一つの属性だけを知っています。

後代になって、神について体系的に語ったり、神の本質を叙述したりすることが試みられるようになると、人びとは、いっそう多弁になりました。神の自足性（Aseität）、すなわち、神が御自身の内に根拠づけられて存在するという神の在り方について語り、時間と空間の中における神の無限性について語り、それゆえ神の永遠性について語りました。そして、他方では、神の聖と義、憐れみと忍耐について語りました。

私たちは、はっきり知っていなければなりません。すなわち、そのような、さまざまの人間的概念において、神についてどんなことが語られていようと、それが、いつでも神御自身に対する一つのヒントでしかありえないし、この種のどんな概念も神の本質を本当には把握しえないということです。神を把握することは不可能です。神の慈しみが何を意味するのか、神の聖性が何を意味するのかということ。それを私たち人間の抱いている慈しみや聖性についての何らかの見解によって規定するのは、不可能です。そうではなく、神の慈しみや聖性は、神があり給うところのものから規定されるのです。神は主であり、神は真理であり給います。私たちは、ただ派生的にのみ、ただ二次的にのみ、その御言葉をあえて口にすることができるだけです。使徒信条には、神の本質について可能なあらゆる特徴づけに代えて、このただ一つの言葉が記されています。〈神は全能である〉と。しかも、特徴的なことには、《父》という表現との結びつきにおいて記されているのです。これら二つの言葉の一方は、他方を解釈するのです。すなわち、父とは全能のことであり、全能とは父のことである、と。

神が全能であるということ――それは、差しあたり、〈神は**力**である〉ということも意味します。そして、力とは、有能性（Können）を意味しています。力とは能力（Vermögen）――ある現実に関わる可能性（Möglichkeit）――を意味しています。現実が創造され、規定され、保持されるところ、そこでは、この現実性の根底をなしている、ある可能性が存在しているのです。そして今や、神について、こう言い表わされています。〈神は御自身に可能性を持ち給う。神は、この有能性――現実を基礎づけ、規定し、保持する有能性――を、しかも全能の力を持ち給う。すなわち、神は一切を持ち給う。神は、一切の現実的なものと一切の可能的なものとの根本的規準であり給う〉と。いかなる現実も、その可能性としての神に基づかないようなものは存在しません。いかなる可能性も――いかなる現実性の根拠も――神を限界づけたり、神にとって障害を意味するようなものはありません。神には、御自身が欲し給うすべてのことが可能であります。それゆえ、神の力を、神の自由と特徴づけることもできるでしょう。神は、徹頭徹尾、自由であり給うのです。永遠性、遍在性、無限性といった概念は、この中に含まれています。神は、空間と時間の中で可能である一切のものに対して、力を持ち給います。神は時間・空間の規準であり、根拠であり給うのです。神にはいかなる限界もありません。

しかし、以上すべてのことは、かなり哲学的な響きを持っています。そして、このようなことでは、私たちは、神の属性としての全能が意味するところのものに、いささかも近づいたことにはなりません。〈力〉と呼ばれているもの、〈全能〉と呼ばれたいと望んでいるものでありながら、神の全能とは全く何の関わりもない多くのものが存在しています。私たちは、一般的な概念を構成することに対しては、警戒しなければならないでしょう。

論題《ライトザッツ》では、三段階にわたって、限界が設けられています。すなわち、神の力は、無力さとは異なるということ。神の力は、他のもろもろの力に優越しているということ。また、神の力は、《力それ自体》に対して勝利に満ちて対峙しているということ。

〔一〕神の力は、あらゆる**無力さと異なる**ものです。〔世の中には〕無力さという力――不可能なものの可能性――というものもあります。しかも、全面的にそうであるものもあれば、部分的にそうであるものもあります。しかし、神は、全面的にも部分的にも無力さではありません。そうではなく、神は、本当に力であり給うのです。神は何事をもなしえないというような方ではありません。そしてまた、神は、必ずしもすべてのことをなしうるわけではない、というような方でもありません。神が、御自身を他のすべての力から区別してい給うのは、神が欲し給うことをなしえ給うということによってであります。無力さが問題になるところ、そこでは、私たちは、ともかく神とは何の関わりも持たないのです。神が何かかけ離れたものとして――はるかに遠いものとして――思い浮かべられているところでは、私たちは、神のことを考えているのではなく、根本的には何か弱い存在のことを考えているのです。神は影《かげ》（Schatten）のような性質を持ち給うのではありません。神はあらゆる無力さに対峙してい給うのです。

〔二〕 神は、あらゆる**他のもろもろの力に優越し**給います。これらの他の諸力は、神とは全く違った仕方で、私たちに殺到してきます。それらは、まさしく現実的《レアル》なものであるかのように見えます。神は、このようなこの世的な諸力と肩を並べてい給うのではありません。たとえば、それらの諸力の中の最高の力でもありません。そうではなく、神は、他のすべての諸力に優越してい給うのです。それらの諸力によって限界づけられることなく、制約されることもありません。すべての主の主であり、すべての王の王であり給います。そうして、これらすべての諸力は——それ自身、たしかに力ではあるのですが——神の力であるあの力の足下に、当初から置かれています。これらの力は、神との関係においては、何ら神に競合するような力ではありません。

〔三〕 そして、最後の段階、最も重大な段階です。なぜなら、ここにこそ、たいていの思い違いの危険があるからです。すなわち、神は《**力それ自体**》ではあり給わないのです。あらゆる力の総体、すなわち、有能性、可能性、不偏不党の存在である自由、絶対的自由、抽象的な有能性、力それ自体。それは、人の心をうっとりさせる考えです。神とは、あらゆる主権の総体、端的に〔剥《む》き出しの〕〈力〉(potentia) なのでしょうか。神は、しばしば、そのように理解されてきました。そして、このような〈力〉を、すなわち、力それ自体を、神的なもの・最も深遠なもの・最も真実なもの・最も美しいものと思い浮かべること、この力それ自体を存在《ダーザイン》の秘義として驚嘆し、尊敬し、崇拝し、賛美するということ。それは、いかにもありそうなことです。皆さんは、よく記憶しているでしょう。ヒトラーが、神について語るときには、いつも神を《全能者》と呼んでいたことを。しかし、《全能者》が神なのではありません。神とはいかなる方なのかということは、何かある力の最高の総体といったものからは理解されえないのです。そして、《全能者》を神と呼ぶ者は、肝心な点には触れないままに、最も恐るべき仕方で、神について語っているのです。〔1〕なぜなら、《全能者》とは、《力それ自体》が悪であるのと同じく、悪だからです。

《全能者》――それは、混沌《カオス》であり、悪であります。それは、悪魔なのです。まさしく悪魔というものを最も良く特徴づけ・定義するためには、そのように自らの中に基礎づけられた、自由で主権的な、ある〈有能性〉といったイメージを思い浮かべようと試みることに優るものはありません。力についての、このように人をうっとりさせる考え。それこそが〈混沌〉、あの「形なく虚しく」（tohu wabohu）なのです。〔2〕それは、神がその創造において背後にされたもの、天地を創造されたときに神が欲し給わなかったものなのです。これこそ、神と《対立するもの》であり、神によって創造されたこの世界をたえず脅かしている危険です。すなわち、あの自由な恣意――〈力〉（potentia）それ自体であり、それを貫徹し、そのようなものとして支配しようとする自由な恣意――という不可能な可能性の侵入であり、攻撃なのです。

力それ自体が尊重され、崇敬されるところ――力それ自体が権威であろうとし、〈正義〉（＝法）

〈Recht〉を立てようと欲するところ、そこでは、私たちは、《ニヒリズムの革命〔3〕》と関わっているのです。力それ自体は、虚無的《ニヒル》なものです。そして、力それ自体が登場して支配しようとするときには、秩序は創造されません。そこでは革命が勃発します。力それ自体は悪であり、万物の終わりです。神の力、本当の力は、そのような力それ自体と対峙しています。それは、力それ自体に対しても優越した力ですが、それ以上に、力それ自体に対立するものなのです。神は、この〈ニヒリズムの革命〉に対して、〈否〉を語り給います。さらに、神の力は、この〈ニヒリズムの革命〉に対して、勝利に満ちて対立してい給います。すなわち、神が登場し給うときには、太陽が霧を突き破る際に生じるようなことが起こるのです。そこでは、この力それ自体の力は失墜します。そのとき、この概念は、その厭わしい姿で暴露されます。そのとき、この概念は、人びとがそれに捧げる尊敬を失います。そのとき、悪霊《デーモン》たちは逃げ出さざるをえません。神と力それ自体は、互いに他を排除します。神は〈可能的なもの〉の総体であられますが、力それ自体は〈不可能なもの〉の総体なのです。

どうして神の力は、力それ自体に対峙しているのでしょうか。どうして神の力は、あらゆる諸力に対して優越し、またすべての無力さと異なっているのでしょうか。

聖書が、神の力やその表われ、その勝利について語る場合、決して〈**正義**〉（Recht）という概念から切り離されていることはありません。すなわち、神の力は、もともと正義の力なのです。

それは、単にpotentiaではなく、potestas〔正当な力〕です。それゆえ、〈正当に〉（im Recht）根拠づけられている力なのです。

正義とは何でしょうか。私たちは、先に述べたことに立ち返って、次のように言わなければなりません。〈神の力とは、それが父なる神の全能であるという点で正義の力なのであり、また、正義の力であることによって父なる神の全能なのである〉と。ここで、私たちは、御子の父としての父なる神の生命《いのち》と記されてきたものについて、考えてみなければなりません。すなわち、御自身においては孤独ではあり給わない神、御子の父として永遠に生きて統治し給う神、その最も内的な本質においてこのような交わりの中に実在し給う神――そのような神の生命《いのち》のことを考えなければなりません。それゆえ、正義の力（Rechtsmacht）としての神の全能とは、御自身において**愛**であるところの神の力なのです。この愛に対して反抗するもの。孤独であり、かつ孤独な自己主張であるようなもの。そのようなものは、それ自体として、不正であり、それゆえにまた本当の力でもありません。それは、神によって否定されています。ところが、神の肯定し給うもの、それは、神御自身において――〔父なる〕神とその御子と聖霊との間に――秩序が存立しているという意味での秩序です。神の力とは、秩序の力（Ordnungsmacht）です。それは、神の愛の秩序の力であり、この力は、秩序のもろもろの道で働き、そして秩序のもろもろの目標に至るのです。神の力とは、聖にして義であり、憐れみ深く、忍耐強く、慈み深い力です。そのこと、つまり、神が三位一体の神であり給うということが、神の力を無力さから区別するのです。

このような神の力が、イエス・キリストにおいて活動し啓示された、イエス・キリストにおける**神**の自由な**愛の力**なのです。それゆえ、私たちは、今一度、一切の〈可能的なもの〉と一切の〈現実的なもの〉の総体としての神の御業に、注目しなければなりません。神がその恵みにおいてあり給い、また働き給うところのもの。それが、〈有能性〉と呼ばれ、自由および可能性と呼ばれる一切のものの総体です。神の力は、無性格な力ではありません。したがって、〈神様は、たとえば、二×二＝五にすることができるの？〉というような、あの子どもっぽい問いや、またはそれに類するようなものは、すべて無意味な問いなのです。なぜかと言えば、そうした問いの背後にひそんでいるのは、《有能性《できる》ということ》（Können）についての抽象的概念だからです。〔たとえば〕嘘をつくことができる力などは、本当の力ではないでしょう。そのような力は、何でも主張できるし指令できると信じている無力さであり、虚無的な力（Nihils-Macht）でしょう。そのような力は、神とは——それゆえ本当の力とは——何の関わりもありません。神の力は、正真正銘の力（echte Macht）であり、そのようにして、それは、一切のものを超えて立っています。「私は全能の神である。私の前に歩み、全き〔ドイツ語原文ではfromm（＝敬虔な、誠実な）〕者でありなさい」〔創世記一七・一〕。この〈私〉から、全能の神とはどんな方であり、したがってまた全能とは何かということが、確証されるのです。あるいは、こう語られています。「私には、天においても地においても、いっさいの権能が授けられている」〔マタイ福音書二八・一八〕と。この方に、イエス・キリストに、一切の権能が与えられているのです。神のこのような御業の中に、神の全能は、救いに満ちた正しい力として目に見えるものとなり、また生き生きしたものとなるのです。このようにして、神は、一切の〈可能的なもの〉の総体であり、限界であられます。また、このようにして、神は、一切の〈現実的なもの〉を超えて、超越的な神として立たれ、また一切の〈現実的なもの〉の内にあって、内在的な神として在《いま》し給うのです。――この方こそ、そのように聖にして良き御言葉を語り給い、御自身の聖にして良き御業《みわざ》を行ない給う、主体（Subjekt）なる神なのです。

〔1〕代表的な一例のみ引いてみよう。「ユダヤ人がマルクス主義的信条を借りて、この世界の諸民族に勝利するなら、彼らの冠は人類の死の花冠となるであろう。そのときには、この遊星は、ふたたび何百万年前のように、住む人間もなくエーテルの中を回転するだろう。永遠の自然は、その戒めに対する違反を仮借することなく罰する。だから、私は、今日、全能の創造主の御旨のままに行動していると信じる。すなわち、私はユダヤ人〔の脅威〕を防ぐことによって主の御業のために闘っているのだ、と」（ヒトラー『わが闘争』）。この最後の一節は隔字体で強調されている。ヒトラーにとって〈創造者の意志〉は、実体的には人種闘争に彩られた〈自然法則〉であり、社会ダーウィン主義による力の論理を意味していた（宮田光雄『ナチ・ドイツと言語』岩波新書）。

〔2〕バルト「創造と契約」（『創造論』（Ⅰ／1、吉永正義訳、所収）における創世記一・二の神学的釈義、参照。

〔3〕H・ラウシュニングによる世界的ベストセラーの書名。当時、ナチ支配の極秘の内幕を暴露した文書として評判になった。副題は「第三帝国における舞台背景と現実」。バルト自身も前掲「教会と今日の政治問題」で援用していた。

8　創造者なる神

神が人となり給うたことによって、以下のことが啓示され、信じるに値するものとなった。すなわち、〈神は、単に御自身のみでいること、それゆえ孤立していることを欲し給うのではない。神は、御自身とは異なった世界に、世界自身の現実性と性質と自由を恵み与え給う。神の御言葉は、被造物として世界が存在する力である。神は、世界を、舞台として創造し、保ち、統御し給い――さらに世界の中心において、人間を、御自身の栄光の証人として創造し、保ち、統御し給うのである〉。

「我は父なる神、全能なる神、天地の創造者なる神を信ず」。

キリスト教会が「創造者」という言葉によって告白するところの真理に、私たちが近づく場合、何よりも重要なのは、私たちが次のことを理解しているということです。すなわち、私たちは、すでにここで、そしてここでもまた、信仰の秘義（Geheimnis）に向かいあっているということ、この秘義に対しては、ただ神の啓示によってのみ認識しているのだということです。この父なる神とその御業《みわざ》とに関する信条の第一項は、異教徒たちの《前庭》（Vorhof）というようなものではありません。つまり、それは、キリスト者もユダヤ教徒も異教徒も――信仰する者も信仰なき者も――そこに一緒にいて、いわば互いにある現実性の前に立たされ、その現実性に関しては、それを創造者なる神の御業《みわざ》と呼ぶという点までは互いに一致できる、というような場所ではないのです。

〈創造者なる神〉とは何を意味するのか、また創造の御業《みわざ》とは何なのかということは、私たち人間には、使徒信条の中にある他のすべて〔の信仰箇条〕と較べて劣ることなく、隠されています。私たちにとって、創造者なる神を信じるということは、たとえば〈イエス・キリストは聖霊によってやどり、処女《おとめ》マリアより生まれ給うた〉ということを信じるよりも容易というわけではありません。〈私たちには、創造者なる神の真理は直接近づきやすいが、ただ第二項の真理には啓示が必要だ〉というような次第ではないのです。そうではなく、私たちは、いずれの場合においても、同じ意味で、神とその御業《みわざ》との秘義の前に立っているのであり、そして、その通路も、ただ一つの同一のものでしかありえないのです。

なぜかと言えば、使徒信条が天と地とについて語る場合、それは、この世界について語っているのではない――また語っているとしても、ともかく副次的にしか語っていない――からです。使徒信条は、〈我は創造された世界を信ず〉とは、語っていません。いや、〈我は創造の業《わざ》を信ず〉とさえも語ってはいません。そうではなく、使徒信条は、「我は創造者なる神を信ず」と語っているのです。そして、創造について語られるすべてのことは、徹頭徹尾、この主語にかかっています。〈あらゆる述語は神によって規定される〉というあの同一の原則がつねに妥当しています。これは創造に関しても妥当します。ここで基本的に重要なのは、創造者の認識であり、その上で、また、そこから、創造者の御業《みわざ》が理解されなければならないのです。

問題とされているのは、創造者なる神について、それゆえ創造、〔つまり〕天地創造をめぐる神の御業《みわざ》です。もしも、この概念を私たちが真剣に受けとるなら、私たちには直ちに明らかになるにちがいありません。〔すなわち〕私たちは、何らかの意味で、人間的な見方やまた人間的な思考によって近づきうるような領域の前に立っているのではない、ということに。自然科学は、その発展の見方によって、私たちの関心を引くかもしれません。自然科学は、宇宙の持続的な生成が行なわれてきた幾百万年のことについて、私たちに報告するかもしれません。しかし、そのような発展を遂げている世界が存在するという、まさにこの事実に、自然科学は、いつ到りつくことができた〔と言える〕のでしょうか。〈持続〉ということは、〈創造〉や〈創造者〉という概念が関係しているこうした〈絶対的な発端〉とは、全く別のものです。

したがって、人が創造神話について語るとき、それは、確実に根本的な誤謬に基づいています。神話というものは、せいぜいのところ、精密科学に類似するものでしかありません。すなわち、神話もまた、いつもすでに存在するもの、さらにまた存在するであろうところのものについての知見と関わっています。神話において重要なのは、いつの時代にも人間に向かって提出される――その限りでは、むろん、またしても無時間的でもある、あの大きな問題――生と死・眠りと眼覚め・誕生と死亡・朝と夕・昼と夜などなどというような問題――です。そのようなものが神話の主題です。神話は、世界を、いわばその限界から観察しているのですが、しかし、その世界は、いつでも、すでに現存している世界にすぎません。いかなる創造神話も決して存在しません。創造そのものは、まさに神話にとって近づきえないものだからです。

したがって、たとえばバビロニアの創造神話をみれば、そのことは全く明瞭です。そこで語られているのは生成と消滅とであって、これを創世記第一章、第二章と関係づけることは、根本的に不可能です。私たちが、せいぜいのところ確認できるのは、創世記第一章、第二章には、或る種の神話的契機が見出されるということでしかありません。しかし、そのような神話的契機に対する聖書の取り扱い方は、神話の中には何ら類似するところのものを持ちません。もしも、こうした聖書の報道記事について、仮に一つの名称を与えようと思いついたり、またはそれを一つの範疇《カテゴリー》の中に組み入れようと思うならば、口碑（Sage）という名称を与えるか、そのような範疇に入れるべきでしょう。

創世記第一章、第二章において、聖書は、私たちの歴史学的《ヒストーリッシュ》な認識の外にあるような出来事について語っています。しかし、聖書がそのような出来事について語るのは、ある歴史（Geschichte）に関係する、ある認識に基づいているのです。聖書におけるこの創造の歴史の注目すべき点は、それがイスラエルの歴史と密接につながりがあるということ、それゆえ人間との契約の中での神の行動の歴史と密接につながっている、ということです。この歴史は、旧約聖書によれば、〈神が天と地とを創造し給うた〉ということから、すでに始まっています。創造についての第一の報道も第二の報道も、旧約聖書のこの主題と明らかにつながっているのです。すなわち、第一の報道は、安息日の制定において、あの契約を創造の御業《みわざ》の目標として示しています。第二の報道は、契約を創造の御業《みわざ》の継続として示しています〔1〕。

　私たちは、創造者なる神とその御業《みわざ》との認識を、人間に対する神の行動の認識から切り離すことはできません。三位一体の神が私たちのためにイエス・キリストにおいて何をなし給うたのか〔＝第二項〕ということが私たちの眼前にあるときにのみ、私たちは、創造者なる神とその御業《みわざ》が何であるのか〔＝第一項〕を認識しうるのです。創造とは、あの神御自身の内部における出来事――それに基づいて神が御子の父であり給う出来事――の時間の上での類似物、つまり、神の外部において起こった類比物《アナロゴン》なのです。〔むろん〕世界は神の子ではありません。神によって《生み出された》（erzeugt）ものではなく、創造された（geschaffen）ものです。しかし、神が創造者としてなし給うことは、キリスト教的意味では、父なる神と御子との間におけるこのような内的な神的関係の、反映・反照・陰影としてのみ見られ、理解されるほかないのです。したがって、創造の御業《みわざ》が使徒信条において父に帰せられているということは、意味のあることです。それは、父のみが創造者であり給うということを意味するのではなく、〔むしろ〕以上のような関連が、この創造の御業《みわざ》と〈父―子〉関係との間には存在するということを意味しています。創造認識とは神認識であり、したがって、最深・究極の意味において、信仰認識なのです。

　創造認識は、決して自然神学がそこに〔自分の〕場所を見出すような〈前庭〉ではありません。どうして私たちは、神が〈父であること〉（Vatersein）を認識できるでしょうか、――もしも、それが御子において私たちに啓示されているのでなければ。したがって、神が世界の創造者であり給うという事実を私たちが読みとるのは、多様性を持った世界の現存《エクシステンツ》からではありません。苦悩と幸いとを伴うこの世界は、私たちにとっては、いつもどんより曇った鏡であって、私たちは、この鏡について楽観主義的もしくは悲観主義的な考えを抱くことはあるでしょうが、創造者としての神についての情報を、この世界が私たちに与えることはありません。むしろ、人間が太陽や月や星から、あるいは自分自身から、真理を読みとろうとするときには、いつも、その結果は偶像のイメージだったのです。しかし、もしも神が認識され、さらに続いて世界の中で再び、〔神が〕認識され、被造物の中で神への喜ばしい賛美が生じた場合、それは、神が〈あそこで〉私たちによって求められ、見出されうるということに基づいていてなのです。すなわち、イエス・キリストにおいて、です。神がイエス・キリストにおいて人となり給うたことによって、〈神は世界の創造者であり給う〉ということも、啓示され、信じるに価するものとなったのです。私たちは、何ら啓示の第二の源泉などを持ってはいません。

この創造者と創造という〔第二〕項において、決定的に重要なのは、〈神は御自身だけで現実《エクシス》に存在《ティーレン》し給うのでなく、神とは異なる現実――すなわち、世界（Welt）――が存在する〉という認識です。どこからこのことを私たちは知るのでしょうか。私たちのうち誰でも、すでにこれまで自問したことがあるのではないでしょうか。〈そもそも、われわれを取り囲んでいるこの世界全体は、一つの幻影・一つの夢なのではないのか〉と。それは、すでに根本的な疑いとして皆さん自身の上にも襲ってきたことがあるのではないでしょうか。――神に対する疑いではありません。そんなものは馬鹿げた疑いです。〈われわれがその中で現に存在しているこの魔法全体は、本当なのだろうか。あるいは、われわれが現実と見なしているところのものは、《摩耶《マーヤ》の面紗《ベール》》〔2〕にすぎず、それゆえ非現実なのではないのか。われわれに残された唯一のこととは、この〈夢〉をできる限り速かに終わりまで見納めて、涅槃《ニルヴァナ》――そこからわれわれが出てきた涅槃《ねはん》――へ入ることではないか〉――このような途方もない考えに対立しているのが、創造をめぐる命題なのです。そのような考えは倒錯であり、人生は夢ではないこと。否、現実であること。私自身は存在しているのであり、私を取り囲む世界は以前からずっと存在しているということ。――どこから、そのようなことが私たちにも妥当すると語られうるのでしょうか。

キリスト教の信仰告白からは、ただ一つの答えが存在しうるだけです。すなわち、この信仰告白は、その中心において――第二項において――私たちにこう語っています。〈人間と成り給うことが神の御心にかなった〉。すなわち、〈われわれは、イエス・キリストにおいて、神御自身、被造物と成り給うた創造者なる神と関わるのだ――われわれすべてのもの皆が現実に存在《エクシステイーレン》するのと同様に、時間と空間の中で、ここやかしこで、当時、被造物として実在し給うた創造者なる神と関わるのだ〉と。もしも、このことが真実であるなら――そして、このことは、一切が始まる前提なのですが――すなわち、〈神がキリストの中に在《いま》した〉ということがもしも真実であるなら、そのとき、私たちは被造物が現実の中で私たちに向かって立ち現われ、認識しうるものとなるような一つの場所を持つのです。なぜかと言えば、もし創造者御自身が被造物となり給うたのであれば、すなわち、神が人間と成り給うたのであれば――もしもそのことが正しいのだとすれば――そして、これと共にキリスト教的認識は始まるのですが――そのとき、私たちには、イエス・キリストにおいて、創造者とその御業《みわざ》の秘義が、そしてまた、その被造物の秘義が、明らかになるからです。そのとき、この信条の第一項の内容が私たちの眼前に示されるからです。神が人間と成り給うたことによって、〈被造物が存在する〉ということは、もはや疑問視されることはありえません。イエス・キリストに目を注ぐとき――その方と同じ空間に私たちが生きている。イエス・キリストに目を注ぐとき――私たちには、語られているのです。神の御言葉として語られているのです。すなわち、創造者についての御言葉、そしてまた創造者の御業《みわざ》についての御言葉、その御業《みわざ》の中の最も驚くべき御業《みわざ》――人間――についての御言葉が。

キリスト教的に理解された創造の秘義とは、第一には――愚かな人たちは、心の内でそのようなことを考えるわけですが――〈世界の創始者として神は存在し給うのかどうか〉という問題ではありません。なぜかと言えば、キリスト教的な理解では、〈われわれが先ず第一に世界の現実を前提し、その後で、神もまた存在するのか、と問う〉というような次第では全くありえないからです。そうではなくて、第一のこと、それをもって私たちが出発点とするのは、父・御子・聖霊なる神なのです。そして、そこから、あのキリスト教の大問題が提出されるのです。〈神は単に御自身だけで在《いま》すことを欲し給わない〉ということ、むしろ、〈神御自身の外部に世界が存在するということ〉、〈神御自身の傍らに、また神御自身の外部に、われわれが存在するということ〉、それは、本当にその通りなのだろうか、という問題です。これこそが謎なのであります。秘義の中に在《いま》す神。高きに在《いま》す神。三位一体にして全能なる神。そのような方として御自身を私たちに啓示し給うままに、神を観ること、把えることをほんの少しでも試みた人は、神の傍らに、また神の外部に、こんなものが存在するということ、すなわち、私たちが、世界が存在するということ、に驚かざるをえないでしょう。

神は、もとより、私たちを必要としておられるわけではありません。世界や天や地を必要としておられるのではありません。神は、御自身において豊かであられます。神は、生の充満を持ってい給います。あらゆる栄光・あらゆる美・あらゆる慈しみと聖性は、神の内にあります。神は、御自身に満ち足りておられます。神は、御自身において浄福なる神であり給います。それなら、何のために世界はあるのでしょうか。じっさい、ここには——この活ける神の内には、一切があるのですから。どうして神の傍らに神が必要とはされないものが存在しうるのでしょうか。これこそが創造の謎なのです。それに対して、創造の教説は、こう答えます。すなわち、私たちを必要とはし給わない神が、天と地と私自身とを創造し給うたのは、「私の功績やそれら価値あるものなどすべてを抜きにして、純粋に、父としての慈しみと憐れみから出たことである。これらすべてを、私は、神に感謝し、賛美し、そのために奉仕し、服従しなければならない。このことは、疑いもなく真実である」〔3〕と。皆さんは、このルターの言葉の中に、創造に対する驚嘆を感じとられるでしょうか。お独りでい給うのではなく、御自身の傍らに一つの現実を持つことを欲し給うという神の慈しみに対する驚嘆の念を。

〈創造とは恵みである〉——これは、私たちが畏敬と驚嘆と感謝とをもってその前に立ち止まりたいと願う、最も好ましい言葉です。神は、御自身とは異なる現実に対して、それがそこに存在することを喜んで認め給うのです。そのような現実に対して、それ自身の現実性、性質、自由を、喜んで認め給うのです。神の傍らにおける被造物の現存《エクシステンツ》——これこそ、大いなる謎であり、奇跡です。これこそ、それに対して、私たちが答えを与えなければならないし、また与えることを許されている大いなる問いなのです。そしてその答えは、これこそ、〈神は存在するか〉というような誤謬に基づくあの問いからは、本質的・根本的に区別されるものです。正真正銘の実存的な問いであり、この問いは、神の御言葉によって私たちに与えられています。一つの世界が存在するということ、それは前代未聞のことです。それは、神の恵みの奇跡です。そうではないでしょうか。私たちが存在《ザイン》に、ことに私たち自身の存在に向かいあって立つとき、ただ驚嘆しながら、こう確認しうるのではないでしょうか。〈私が存在を許されているということ。人間を含む、したがって私自身を含むこの世界は神ではないけれども、その世界が存在を許されているということ。そのことは真実であり、現実である〉ということです。

高きに在《いま》す神、三位一体の神、父、全能者――この神は、自己追求的な方ではありません。この神は、この他者に対しても存在を喜んで認め給います。単に喜び給うだけではない、認め給うだけではありません。存在を与え給うのです。神がそれらに対して存在を与え給うゆえに、私たちは存在しており、さらに天と地とは――自分では全く無限なものと思い違いをしながらも――存在しているのです。これが、この第一項の述べている大いなる内容です。

しかし、このことは、今や次のようなことをも意味しています。すなわち、神がこの世界にその存在を与え給い、世界自身の現実性・性質・自由を与え給うわけですから、それによって、この世界は――汎神論的錯乱が繰り返し主張しようとするようには――神御自身では決してない、ということが語られているのです。〈われわれが神なのだ〉というようなことではありません。われわれが《神のようになろう》〔創世記三・五〕とすることは、いつもただ、私たちの破滅をもたらす誤謬でしかありません。したがって、古今のグノーシス〔4〕が言明してきたように、〈聖書が神の御子と呼んでいるものは、根本的には、この被造の世界のことなのだ〉とか、〈世界とは、本来（von Natur）、神の子なのだ〉などということではないのです。また、〈われわれは世界を、たとえば神からの一つの流出・一つのエマナツィオーン〔5〕として――ちょうど泉から流れ出た一つの流れのように神から湧き出てくる一つの神的なものとして理解しなければならない〉などというようなことでもありません。そのようなことは、本当には創造ではなくて、神の一つの生命活動であり、神御自身の一つの表現でしょう。しかし、創造とは、それとは別のことを意味しています。それは、神とは異なる一つの現実を意味しています。そして最後に、世界は、神の一つの現象として――こうして神がいわば理念であるかのように――理解されてはなりません。ただ独り現実的・本質的・自由であり給う神は、〈一つのもの〉、〔これに対して〕天と地・人間・世界《コスモス》は、〔もう一つの〕〈他のもの〉なのです。そして、この〈他のもの〉は、神ではありません。それは、神を通して（durch）存在するものです。

　それゆえ、この〈他のもの〉は、自分自身の中に自立的に基礎づけられているのではありません。――あたかも世界がそれ自身の原理を持ち、したがって、世界は神に対して自立的であり、依存するものではないかのように。こうして世界の方から見れば、なるほど神なるものはいるようだが、それは世界からは遠く離れた神であり、それゆえ、二つの国、二つの世界が存在しているかのように。すなわち、ここには自己の現実性と法則性を持ったこの世界があり、全く別のところには、また別の仕方で、神と神の国と神の世界とが存在しているかのように〔考えるのでしょう〕。それは、とても美しく彩り豊かに、もしかしたら此岸《しがん》と彼岸《ひがん》の関係として、描かれるのかもしれません。もしかしたら、こちらからあちらへ移る《途上にある》ことが人間に許されるというような具合に。——しかし、このような世界は、神を通して存在しているのではないでしょう。神から出てきたものではないし、それゆえ、どこからどこまでも神に属し、神の内に基礎づけられている、というようなものでもないでしょう。

否、神が世界に喜びをもって与え給うものは、被造物的な現実性と被造物的な性質と被造物的な自由であります。被造物である世界にふさわしいのは存在なのです。世界は仮象ではありません。世界は存在しています。ただし、それは、被造物としての仕方において存在するのです。世界は、神の傍らに、神を通して、存在することができ、存在することを許されているのです。

被造物的な**現実性**（Wirklichkeit）とは、《無からの創造》（creatio ex nihilo）に基づく現実性を意味しています。いかなる物も存在しなかったところに——或る種の元素のようなものも存在しなかったところで！——神を通して、今や神とは異なったものが現われたのです。そして今や、神の恵みに基づいて、何物かが、〔すなわち〕私たちが存在すると言うとき、私たちは、〈われわれの存在および全世界の存在の基礎として、あの神的な――単なる《作製》（facere）ではなく――創造（Schaffen）が背後にあるのだ、ということを片時も忘れてはなりません。神の外部に存在するものはすべて、つねに変わることなく、神によって無の上に支えられているのです。

被造物的な**性質**（Art）とは、時間と空間の中における存在、ある始めとある終わりを持つ存在、生成し再び消滅していく存在を意味しています。それは、かつてはまだ存在しなかったのですが、やがてもはや存在しなくなるでしょう。それは、さらに一つのものではなくて多くのものです。或る〈かつて〉と、或る〈今〉があるように、或る〈ここ〉と、或る〈かしこ〉があるのです。世界とは、こうした推移においては時間を意味し、こうした隔離においては空間を意味しています。神は、しかし、永遠でい給います。それは、神の内には時間も存在しない、ということではありません。しかし、それは、私たちの時間とは異なる時間なのです。じっさい、私たちは、根本的に言えば、決して現在を持っていませんし、また、私たちにとっては、空間性とは〈離ればなれであること〉（Auseinander）を意味するからです。私たちにとっては、時間と空間は、さまざまの限界の中でだけ考えられるものなのですが、神の時間と空間は、そのようなもろもろの限界から自由です。神は時間の主であり給い、空間の主であり給います。神がこれら〔時間と空間〕の形式の根源でもあり給うことによって、一切のものが神の内にあっては、被造物的な存在に属する、あのような限界や不完全さを持たないのです。

最後に、被造物的な**自由**（Freiheit）とは、次のようなことを意味しています。すなわち、存在するものの偶然性（Kontingenz）というものがあり、《その都度、そのようにそこにある》という存在の仕方です。〔しかし〕このような人間という被造物の、このような《その都度、そのように、そこにある》という存在の仕方は、決断の自由――あれこれのやり方で出来るということ――を意味しています。しかし、この自由は、まさに被造物――自分自身からは自分の現実性を持たず、自分の性質を時間と空間の中に持っている被造物――にふさわしい自由でしかないのです。この自由が現実に自由であるときには、それは、いつも繰り返し知覚できる、宇宙《コスモス》を支配している法則性によって規定され、また制約されています。つまり、それは、共存している他の被造物の現存《エクシステンツ》によって制約され、また他方では、神の主権〔＝統治権〕によって制約されています。なぜかと言うと、私たちが自由であるときには、それはただ、私たちの創造者が無限に自由な方であられるからです。あらゆる人間的自由は、神的自由の、ある不完全な映像でしかないのです。

被造物は、神によって――ただ神によってのみ――排除されている無と滅亡との可能性によって脅かされています。被造物が存在しているとすれば、それは、被造物自身の在り方の中で神がその在り方を欲し給うときにだけ、そのように保たれているのです。神がその在り方を欲し給わないときには、無が激しい勢いで四方八方から侵入してこざるをえないでしょう。〔そのとき〕被造物自身は、自分を救うことも守ることもできないでしょう。さらに、人間の決断の自由は——それは神によって人間に与えられているものですが——善と悪との間における決断の自由ではありません。人間は、岐路に立つヘラクレス〔6〕のようには創造されていないのです。悪は、神によって創造された被造物の可能性の内には含まれてはいません。決断の自由とは、神の被造物が自らに下しうる唯一つのことに対する決断の自由です。それは、被造物を創造し給うた方の肯定（Bejahung）に与《くみ》する決断の自由であり、神の意志を遂行すること、すなわち、服従することに対する決断の自由です。しかし、問題なのは〔あくまでも〕決断の自由です。したがって、ここには、脅かす危険もまた出てきます。もしも被造物が自分の自由を唯一可能なやり方とは異なる仕方で用いるようなことが起こるときには、もしも被造物が自分自身の現実性の脇へ踏み出すことを欲するときには、もしも罪を犯す——すなわち、神と自分から〈離れる〉——ことを欲するときには、その被造物は、神の意志との憧着に陥り、自分の不服従とともに——この不服従という不可能性とともに、〔つまり〕創造においては予想されていなかったこの〔権能なき〕可能性とともに——没落せざるをえなくなるのです。それ以外のことが、どうして起こりうるでしょうか。今や、時間と空間の中に存在するということは、被造物にとって、破滅とならざるをえません。今や、被造物にとって、自己の現存《エクシステンツ》のこのような生成と消滅、このような〈ここ〉と〈かしこ〉は、禍《わざわい》を意味せざるをえません。今や、虚無の中への転落が起こらざるをえないのです。それ以外のことが、どうしてありうるでしょうか。

私がここでこうしたことについて語るのは、私たちが悪（das Übel）と呼ぶこの領域全体——死・罪・悪魔・地獄——について、〈これらすべてのものは神の創造ではないということ、むしろ、それは神の創造から排除されたものであり、神が否と言い給うたものである〉ということを確認するためです。そして、もしも悪の現実性《レアリテート》というものが存在するとすれば、それは、ただ、そのような〈排除されたもの〉・〈否定されたもの〉の現実性でしかありません。[7] 神が世界を創造し、しかも、それを良く創造し給うた際に、神がそれを黙殺し給うたところの、神の背後の現実性にすぎません。「神は、造ったすべての物を御覧になった。見よ、それは、はなはだ良かった」〔創世記一・三一〕。良くないところのもの、そのようなものを神は創造し給わなかったのです。そのようなものは、被造物としての存在を持ってはいません。——逆に、そのようなものに対して、そもそも存在が認定されるべきだと言うのなら——また私たちが、そのようなものは〈非存在〉だ、と言いたくないのだとすれば——それは、ただ、その存在が神的な〈否《ナイン》〉の重圧から弾き出された〔ときの〕その存在の力〔だ、としか言いようのないもの〕なのです。私たちは、神御自身の中に闇を求めることはできません。神は光の父であります。私たちが〈隠れた神〉（Deus absconditus）[8] について語り始めるとき、そこでは、私たちは、ある偶像について語っているのです。創造者なる神は、被造物にその存在を恵み与え給う方であります。そして、存在するもの、真に現実にあるものは、このような神の慈しみによるのです。

神の御言葉は、被造物のあらゆる存在の力です。神は、その栄光の舞台として、被造物を創造し・統治し・保持し給います。このことによって私は、創造の根拠と目標――二つのものは、つまるところ同一のものですが――を示したいと思います。

創造の根拠は神の恵みです。そして、神の恵みが存在するということは、神の御言葉において真実であり・私たちにとって現在的であり・生き生きした力強いものです。神がその御言葉を〔現在〕語り給うことによって、また、イスラエルの歴史において、イエス・キリストにおいて、イエス・キリストの教会《ゲマインデ》を起こすことにおいて、今日に至るまで語り給うたことによって、さらにすべての未来においても語り給うであろうことによって、被造物は、かつて存在し、現在も存在し、さらに将来においても存在するでしょう。存在するものは、それがそれ自身によってではなく・神の御言葉によって・神の御言葉のために・神の御言葉の意味と意図とにおいて存在することによって、存在するのです。ヘブライ人への手紙一章三節に「御子は……万物（ta panta）をご自分の力ある言葉によって担い給う」とある通りです。〔9〕ヨハネ福音書一章一節以下およびコロサイ人への手紙一章、参照。一切は神によって創造され、神のゆえに創造されています。

聖書において私たちのために証しされている神の御言葉、〔すなわち〕イスラエルの歴史とイエス・キリストの歴史、さらにその教会《ゲマインデ》の歴史。それが第一のものです、そして、世界全体はその光と影、その深みと高みを伴いつつ第二のものです。御言葉を通して、世界は存在するのです。私たちの思考全体の驚くべき逆転！　皆さんは、このことから生まれるかもしれない時間概念の困難さによって、惑わされてはなりません。世界は、ベツレヘムに生まれ給うたあの幼児を通して、ゴルゴタの十字架において死に、そして三日目によみがえり給うたあの方を通して、成り・造られ・担われているのです。これこそ、それを通して万物が成ったところの、あの〈創造の言葉〉です。まさに、ここから、創造の意味は由来するのであり、それゆえに聖書の冒頭で、「初めに神は天と地とを創造し給うた」〔創世記一・一〕と記され、また「神は『……あれ』と言われた」〔創世記一・三〕と言われているのです。聖書のあのすごい第一章における、神のこのような前代未聞の〈語りかけ〉（Sprechen）！　この〈語りかけ〉と聞いて、皆さんは、世界を現出させた、何か全能者の魔法の言葉のようなものを考えないでください。そうではなく、よく聞いてください。聖書が私たちに証しするように、神は、具体的に語り給うのです。――そしてそれこそが最初から神の現実であったことによって、存在するすべてのもの――光と天と地、植物と動物、そして最後には人間――が成ったのです。

そして、私たちが、創造の目標について問うならば――〈全体は何のためにあるのか〉、〈天と地とあらゆる被造物は何のためにあるのか〉？――〔これに対して〕私は、〈神の栄光の舞台〉ということ、これ以外に語るべきことを知りません。その意味は〈神に栄光が帰せられる〉ということです。〈栄光〉（doxa, gloria）とは、全く単純に〈顕《あら》わになる〉（offenbar werden）ということです。神は、世界の中で、見えるものになることを欲し給います。そして、その限りにおいて、創造とは神の重要な行為なのです。「見よ、それは、はなはだ良かった」〔創世記一・三一〕。世界の現実に対してどのような異議申し立てがなされようとも、世界の〈良さ〉が次の点にあることには批判の余地がありません。すなわち、世界が神の栄光の舞台であることを許され、人間がその栄光の証人であることを許されているということです。私たちは、何が〈良さ〉なのかということを、最初から知ろうなどと望んではならないし、また、世界がそれに符合していないなどと文句をつけてはなりません。神がそのためにこそ世界をお造りになった目的のためには、そのような世界もまた良きものなのです。

まさにそれゆえに、カルヴァンは、世界について、《神の栄光の舞台》（theatrum gloriae Dei）と言っているのです。しかし、人間は証人であります。神に栄光が帰されるとき、その場にいることを許されている人間は、単に受動的な証人にはとどまりません。むしろ、この証人は、彼が見たところのものを言い表さなければなりません。これこそが人間の〔自然的〕本性（Natur）であり、さらに加えて、それを行なうこと――神の行為の証人であること――が人間にはできるのです。神のこのような意図が、創造者としての神を《義とする》（rechtfertigen）のです。

〔1〕創世記についての〈第一の報道〉と〈第二の報道〉とは、創世記一・一―二・三の祭司資料（＝

P）による記述と創世記二・四―二四のヤハウェ資料（＝J）による記述を指す。
〔2〕摩耶は釈尊の母の名前。摩耶夫人の《面紗》は、その襞に森羅万象を蔵していたという（井上良雄訳、訳注より）。
〔3〕ルター『小教理問答書』の一節。
〔4〕既出のようにギリシャ語普通名詞としては、知識・認識を意味する。しかし古代教会の内外に発生した〈グノーシス主義〉では、個人内部にある神的本質の〈覚知〉を指し、その神的本質への回帰・合一することによってのみ救済される。大貫隆『グノーシスの神話』（講談社学術文庫）参照。
〔5〕発出・流出を意味する。〈流出説〉によれば、〈完全な一者〉から段階を追って世界の万物が生み出された。この流出過程を逆に辿れば、混濁した低次の物質世界から純粋な高次の精神世界へ復帰することができる。
〔6〕古代ギリシャ神話において、多くの冒険と偉業を成し遂げた英雄。〈岐路に立つヘラクレス〉のように選択の自由を持っていると考える〈幻想〉を、バルトは繰り返し批判している（「聖霊とキリスト教信仰」『和解論』I／4、井上良雄訳、参照）。
〔7〕バルトにおける神と〈虚無的なもの〉との関わりについては、バルト「神と虚無的なもの」（『創造論』III・2、吉永正義訳、所収）参照。
〔8〕たとえば罪人の滅びに対する神の真意の計り難さ（＝隠蔽性）に関わる表現。〈神の愛〉という〈本来的な業《わざ》〉に対して〈神の怒り〉（＝〈非本来的な業《わざ》〉）に注目されるとき問題となる。ルター

は、『奴隷意志論』の中で、「荘厳さの内に隠された神」と呼んでいるが、同時に、〈宣べ伝えられる神〉（＝キリストの啓示）に固執すべきことを説いた。バルトは、いっそう端的に〈隠れた神〉を、〈啓示された神〉から逃走中である限りにおいて〈事実として知られざる神〉のことだ、と断じている（「神の誉れを求める熱心」、バルト『キリスト教的生Ⅱ』天野有訳、所収）。

〔9〕ここではヘブライ人への手紙一・二からの引用とされているが、「万物を担う」という聖句は一・三であり、またその主語もバルトが記した「神」ではなく「御子」なので、新約聖書本文に従って訂正した。

9　天と地

天は、人間にとって把握しえない被造物であり、地は、人間にとって把握しうる被造物である。人間自身は、天と地の間の境界にある被造物である。神と人間との間の契約は、天と地との、さらに被造物全体の、意味にして誉れ、根拠にして目標である。

「天と地の創造者」と、使徒信条では言われています。これは、以下のように言ってもよいし、また、そう言わなければなりません。すなわち、この天と地という二つの概念において——個別的にも、また両者を組み合せた形においても——私たちの眼前にあるのは、被造物についてのキリスト教的教説と呼びうるようなものです。[1] これら二つの概念の中には、むろん、古代の世界像が幾分か反映されている、と言うことができます。しかし、それは、今日よく、世界像（Weltbild）と呼ばれているものと同じであることを、決して意味してはいないのです。一定の世界像を主張するなどということは、聖書の事柄では全くないし、またキリスト教信仰の——ここで私たちがその対象として取り上げねばならない——事柄でもありません。

キリスト教信仰は、何らかの古代の世界像に縛られてはいませんし、また、何らかの近代の世界像にも縛られていないのです。キリスト教信仰告白は、何世紀にもわたって経過する中で、複数の世界像をくぐり抜けてきました。そして、そうした世界像の主張者たちが、〈あれこれの世界像は、教会が——被造物については別として——考慮せざるをえないことについて適切に表現するものだ〉と考えたとするなら、彼らは、いつも、いささか思い違いをしていたのです。キリスト教信仰は、あらゆる世界像に対して根本的に自由です。すなわち、〈存在するもの〉を、その時々に支配的な学問の基準に従い、また、そうした学問の手段を用いて理解しようとするすべての試みに対して、根本的に自由なのです。私たちは、キリスト者として、こうした種類のどんな古い世界像によっても、またその時々に新しく登場して支配的となる世界像によっても、その虜《とりこ》になってはなりません。

ことに私たちは、教会の事柄を、あれこれの世界観（Weltanschauung）と連帯させてはなりません。世界観は、その中に、言うならば哲学的・形而上学的な人間の見方が共鳴していることによって、世界像よりも、いっそう包括的なものを意味しています。何らかの世界観の基盤の上に立つことを、私たちは、キリスト者として警戒しなければなりませんし、また、教会は〈教会として〉警戒しなければなりません！　なぜなら、世界観は、《宗教》に極めて近いものだからです。しかし、私たちは、聖書の決定的な内容であるイエス・キリストによって、〈私たちが、ある世界観をわがものとしなければならない〉などということを決して勧められてはいないのです。〈存在するもの〉を自分自身に基づいて理解しようとする試み、事物の根底にまで達しようとし――神によってか、あるいは神なしにか――ある総括的見解に達しようとする試みは、私たちキリスト者が最終的に〔＝決定的に〕（ein für allemal）、免除されている企てです。それゆえ、私はお勧めしておきましょう。皆さんが、もしもそのような総括的見解に出会うときには、それを括弧に入れておくように、と。――たとえそれがキリスト教的世界観と呼ばれていようともです！（このような警告は、おそらくドイツという地域においては、特別に強調しておかなければなりません。〈世界観〉という言葉は、〈電撃戦〉（Blitzkrieg）という言葉と同様に、ドイツ語だけに現に存在する言葉です。イギリス人がこの言葉を使おうと思うときには、特徴的なことですが、ドイツ語で引用せざるをえないのです）。

被造物の総体が、ここでは〈天と地〉という言葉で言い換えられていることは、とても注目を引きます。「はじめに神は天と地とを創造された」〔創世記一・一〕――使徒信条は、聖書冒頭のこの言葉から、これら二つの概念を取り出してきたのです。にもかかわらず、私たちは、こう自問することを許されるでしょう。〈まさにこれら二つの概念は、被造物を言い表わすのに適当な概念なのかどうか、また、どれほど適当なものであるのか〉と。

ルターは、その『小教理問答書』において、これらの概念を超え出ようと試みました。〔使徒信条の〕第一項を説明する中で、彼は、こう書いています。「私は、神が私をすべての被造物と共に創造し給うたことを信じる……」と。つまり、ルターは、〈天と地〉の代わりに人間を置いたわけです。しかも、この〈私〉という、全く具体的な尖鋭化を行ないながらです。

使徒信条《クレドー》をこのように変更することには、あるいは、いささか訂正することには、たしかに適切な意味があります。そこでは、使徒信条において本質的に問題とされている被造物、すなわち、人間が、直ちに指摘されているのですから。しかし、〔それでは〕なぜ、使徒信条は、別の言い方をしているのでしょうか。なぜ、それは、〈天と地〉について語り、〈人間〉については少しも語っていないのでしょうか。私たちは、ルターにくっついていくべきでしょうか。それとも、もしかしたら、こう言った方が良いのでしょうか〈使徒信条では人間が差し当たり全く無視されているということ、人間がまるで取るに足らないように見えるということ、そこには、何か荘厳な事実が含まれているのだ〉と。それとも、この問題をこんなふうに熟考してみようとするのがよいでしょうか。――私はそれを肯定したいと思いますが――〈まさに天と地について語られることによって、人間の属しているその場所が、無比な仕方で示されているのだ〉と。

人間について差し当たっては語られていないということ、まさにこのことによって、極めて意味深長な仕方で、間接的に人間について語られているのではないでしょうか。天と地とは、ある極めて特定の出来事――その中心には、むろん、私たちから見るなら人間が立っている出来事――

―のために用意された一つの舞台を言い表わしているのです。まさにこれこそ、その内容に従うなら、決定的に人間を指示する被造物〔世界〕を叙述するものではないでしょうか。この叙述から、私たちは、以下のことを確実に知ることができます。すなわち、〈天と地は、それ自身から理解され・説明されうるような現実自体では決してないということ。むしろ、天と地は、その中心にいる人間――天と地の存在の意味としての人間――と共に、神から出たもの、神に属するものであるということ。天と地は、キリスト教信仰告白の意味では、神・その意志・その御業《みわざ》につながる被造物の総括として見られることを欲しているのだということ〉です。ここに、あらゆる世界観と聖書および信仰が語らねばならないこととの原理的な相違があります。世界観においては、意味〔あるもの〕としての〈存在するもの〉から出発し、深い所から〈神〉という概念へ上昇していきます。しかし、聖書においては、天と地が――そして人間が――問題とされるのは、徹頭徹尾、ただ「われは天と地の創造者なる神を信ず」という関連においてだけです。この〔「天と地」という言葉に添えられた〈の〉という〕属格において、「われは――被造物をではなく――創造者なる神を信ず」ということが明示されているのです。

「**天**は人間にとっては**把握しえない**被造物であり、地は、人間にとっては**把握しうる**被造物である」。私は、これによって、ニカイア・コンスタンティノポリス信条で与えられている天と地の説明に従います。すなわち、〈見えるものと見えないもの〉（visibilia et invisibilia）という説明です。

この《見えるもの》と《見えないもの》という言葉を、私は、《把握しうる》と《把握しえない》という言葉によって、言い直そうと試みています。ここで、その用語が使われている聖書では、天について語られる場合には、それによって単純に私たちが日頃〈天〉と呼んでいるもの——すなわち、大気圏の天や成層圏の天——のことが理解されているのではありません。そうではなく、そのような意味の《天》を、もう一度、端的に超えている被造物的現実性のことが理解されているのです。古代の世界像においては——ことに近東地方の世界像においては——目に見える世界は、一つの大きな釣り鐘形をした鉢——いわゆる蒼穹（Firmament）——によって覆われていると考えられていました。この蒼穹が、私たちからすれば——いわゆる〈天〉——人の目には見ることのできない現実性の始まりです。この蒼穹の上には、巨大な海原（Ozean）が拡がり、それは、蒼穹によって、大地から分けられています。ところが、この大海原の上方に、ようやく神の御座をなしている第三の天——本来の天——がやって来るのです。私がこんなことを語るのは、ただ〈天〉という聖書的概念の背後には、世界像的には、どのようなイメージがあるのかということを、皆さんに示すためです。

人間に向かいあいながら、同時に人間を全く超えている現実性、しかも被造物的現実性としての現実性。人間から身を引き離し、時には人間を脅かし、時には栄光に満ちて向かいあって立っている、このような〈彼岸〉全体を、絶対に、神のようなものと取り違えてはなりません。私たちは、私たちにとって把握しえないもののところで、神の御許《みもと》に達したわけではなく、単に〈天〉に達したにすぎないのです。もし、私たちが、私たちに把握し難い現実を神と呼んだりするならば、私たちは、いわゆる《未開人》が太陽を崇拝するのと少しも異なることのない被造物神化を行なうことになるでしょう。非常に多くの哲学者たちが、そのような被造物神化の罪を犯してきました。私たちの理解の限界は、私たちを神から分かつ境界ではありません。それは、単に、信仰告白が天と地との境界と呼んでいる限界にすぎません。被造界の内部には、私たちにとって端的に秘密であるこのような現実、すなわち、天的な現実が存在するのです。これは、神とはまだ何の関わりもありません。しかし、神によって創造された被造界とは、大いに関わりがあるのです。私たちは、被造物の内部においても、理解しえない秘密の前に立っています。私たちをたえず新たに驚かせたり喜ばせたりする存在《ザイン》の深みの前に立っているのです。このような秘密について語ったり、また歌ったりしてきた哲学者たちや詩人たちは、間違ってはいませんでした。私たちは、キリスト者として、このことを承認して差支えありません。

存在《ダーザイン》には、その深みがあり、またその高みがあります。私たちは、今、ここで、すでに、ありとあらゆる種類の秘密に取り囲まれています。〈この天の中、地の上には、学校で学んだだけの君たちの知恵が夢みるよりも、はるかに多くのものがある〉[2]。このことを知った人は、幸いです！　被造物自身が、上方に、一つの天的な構成要素を持っているのです。しかし、それが、何か〈神的なもの〉として、畏れられたり崇められたりしてはなりません。むしろ、私たちは、そのような天的な構成要素を持つ世界の中で〈徴《しるし》という仕方で〉（zeichenhaft）、この天的構成要素を通して、私たちの上にある天とは全く違って存在している現実、天を超えた現実、〔つまり〕天と地の創造者を想起せしめられるのです。しかし、私たちは、決して、この徴《しるし》を事柄《ザッヘ》それ自体と取り違えてはなりません。

このような上なる被造物に対して、下なる被造物、〔つまり〕**地**――が、私たちに理解しうる被造物の総体として――あの境界の内側における被造物として――向かいあっています。その境界の内側では、私たちは、最も広い意味で、見たり、聞いたり、感じたり、考えたり、観察したりできるのです。私たちの人間的能力の――そしてまた私たちの精神的能力の――領域の内部にある一切のもの、また私たちが直観をもって把握できる一切のものが、キリスト教信仰告白の意味での〈地〉なのです。それゆえ、哲学者が理性の世界とか理念とか呼んでいるものもまた、全く〈地〉に属しているわけです。〔つまり〕この下なる世界においても、今一度、感覚的なものと精神的なものとの区別があるのです。

ただし、それは、この地上的世界の内部における区別です。この地上的世界の内部に、人間は、自分の起源を持っています。すなわち、神は、人間を地から取り給いました〔創世記二・七〕。人間の世界、人間の現存《エクシステンツ》と人間の歴史のための空間、しかも同時に、人間の自然的目標、すなわち、「汝は土になるべきである」〔創世記三・一九〕、――それが地です。もしも人間がこのような地的な根源の他に、なお別の起源を持ち、〈再び土となる〉という〔自然的〕目標の他に、なお別の目標を持っているとしたら、それは、神と人間との間の**契約**という現実性に基づいてのことです。私たちが人間に対して地的本質より以上のものを帰するときには、いつでも、私たちは、すでに神の恵みについて語っているのです。——〈地は天の下にある〉ということは、この地的本質に属するもの〔だから〕です。

人間世界というものは、抽象的な仕方で（in abstracto）存在するのではありません。もしも人間が、自分の理解しうる世界は理解しえない世界によって境界づけられているのだということを知ろうとしないなら、それは、間違っています。歴史的現実のこうしたいっそう高次の側面を、私たちにたえず繰り返し想い起させてくれる子どもたちや、詩人たち、さらに哲学者たちが存在するというのは、私たちにとって幸いなことです。地的世界は、本当に創造の一つの側面にすぎません。しかし、天的世界においても、私たちは——地上の世界におけるのと同様に——すでに神の領域の中にいるのではありません。したがって、第一戒および第二戒が妥当します。——「あなたは自分のために、彫像を造ってはならない。上は天にあるもの、下は地にあるもの……いかなる形も造ってはならない」〔出エジプト二〇・四〕。地の上にも天においても、私たちが愛し、かつ畏れねばならない神的力というようなものは、存在しないのです。

「**人間**は、天と地との間の**境界にある被造物**である」。人間は、地の上に、そして天の下にいます。人間は、自分の環境を――下なる世界《コスモス》を――把握する存在であり、それを見・聞き・理解し・支配することを許された存在です。「あなたは、あらゆる物をこの者の足下に置かれました！」〔詩編八・七〕とある通りです。人間は、この地的世界における自由な存在の精髄です。そして、この同じ被造物が、天の下に立っているのであり、〈見えざるもの〉(invisibilia) ――この被造物には把握しえないもの・意のままにならないもの――に面しては、彼は、決して支配者ではなく、むしろ、全く従属的なのです。人間は、天的世界に対しては、かくも無知でありますが、その地的な被造物仲間のことはよく知っています。被造界内部のこのような境界に、人間は立っています。あたかも、人間が、すでに被造物として、この上方と下方とを示さなければならないかのように。また、こうして人間が、すでに被造物として、天と地の関係とは全く異なった仕方で、高みと深みに手を伸ばす関係において、人間自身の規定〔神と契約するパートナーであること〕の一つの徴[3]を示さねばならないかのように。――人間とは、被造界の内部にあって被造物がその豊かさの中で集まっている場所であり、しかも同時に、自分自身を超えて手を伸ばす場所であります。すなわち、神が被造界の内部において賛美されることを欲し給う場所なのであり、また賛美されることを許し給う場所なのです。

しかし、もし、私たちが、以上のことに加えて、さらに以下のことを付言しなかったとしたら、創造について究極的で・決定的な言葉を、まだ語ったことにはならなかったでしょう。すなわち、

「神と人間との間の**契約**は、天と地との、それゆえ被造物全体の意味にして誉れ、根拠にして目標である」と。こう付言することによって、私たちは、一見したところ〔使徒信条〕第一項の認識と告白の領域を超えて、手を伸ばしているかのように見えます。しかし、実際には、そう見えるに過ぎません。なぜなら、契約について語る場合、私たちは、イエス・キリストのことを語るからです。しかし、〈神と人間との間の契約は、いわば何か第二次的なもの・付加的なものだ〉というようなものではありません。そうではなく、契約は、創造それ自体と同じく古いものなのです。被造界の存在《ザイン》が始まるとともに、人間に関わる神の行動も始まります。というのは、存在するすべてのものは――やがてイエス・キリストとの契約において啓示され効力を持つものとなる神の行動への方向づけの中に、神の意図がすでに現われている限り――存在するすべてのものは、人間を目差して秩序づけられているのだからです。

　契約は、単に、創造と同じように古いというだけではありません。それは、創造よりも古いのです。世界が存在した以前に、天と地が存在した以前に、次のような出来事に関する神の決意《デクレート》、神の決定があるのです。〔すなわち〕そこにおいて神が人間と交わろうと欲し給い、〔人間の〕理解を超えた仕方でイエス・キリストにおいて真実となり現実となった、この出来事に関する神の決意と神の決定です。そして、私たちが存在《ダーザイン》と被造界との意味を問い、その根拠と目標とを問う場合、私たちは、神と人間との間におけるこの契約を想起しなければならないのです。

こうして私たちが〈天と地、およびこの両者の境界としての人間〉という被造物についてのこの簡潔な記述を、もう一度、振りかえってみるなら、今や、私たちが次のように言っても、恐らくあまりに大胆すぎることでもないし、思弁的すぎると責められることもないでしょう。〈天と地の関係は、契約における神と人間との関係のようなものである。こうして、被造物の現存《エクシステンツ》そのものが、唯一の大いなる徴《しるし》（signum）、神の意志の徴《しるし》である〉と。上方と下方との出会いと共存。〔つまり〕〈把握しえないもの〉と〈把握しうるもの〉、〈無限なるもの〉と〈有限なるもの〉との出会いと共存。私たちは、〔ここで〕被造物について語っているのです。これらすべてのものは、〔〈無限なるもの〉と言っても〕まだ、この世界なのであります。

　しかし、この世界内部において、上方と下方が現実に存在し、互いに向かいあっていることによって、また、私たちの呼吸の一つ一つにおいて、私たちの思考の一つ一つにおいて、私たちの人間としての生の大小さまざまの経験一つ一つにおいて、天と地が並んで存在し、互いに挨拶をかわし、互いに引きあったり反発しあったり、しかも互いに関係し合っていることによって——そうしたことによって、私たち〔人間〕は、神がその創造者であられる私たち自身の現存《エクシステンツ》において、〈被造物において、また被造物について生起すべき出来事〉への一つの徴《しるし》と指示、一つの約束を示しているのです。すなわち、創造者と被造物との出会い、共存、交わりへの——そしてイエス・キリストにおいては、創造者と被造物との一体性（Einheit）への——一つの徴《しるし》と指示、一つの約束なのであります。

〔1〕バルト「創造と契約」（『創造論』Ⅰ／1、吉永正義訳、所収）参照。
〔2〕シェイクスピア『ハムレット』第一章第四節。
〔3〕たとえば創世記における人間存在の規定についての神学的釈義（「神の契約相手に定められた人間」『創造論』Ⅱ／2、吉永正義訳、所収）参照。

10　イエス・キリスト

キリスト教信仰の対象は、その中心においては、あの行為の御言葉である。すなわち、神が、イエス・キリストにおいて、永遠の昔から、われわれのために人と成ることを欲し給い、時間の中において、われわれのために人と成り給い、そして、永遠にわたって、われわれのために人間であり・人間であり続け給うであろうとする行為。――そのような行為の御言葉である。神の御子のこのような御業《みわざ》は、父の御業《みわざ》を前提として、かつ、聖霊の御業《みわざ》を帰結として、自らの内に含んでいる。

私たちは、この章と共に、使徒信条の大いなる中心へ歩み入ることになります。この中心は、じっさい、すでにこの信条の本文《テキスト》において、特別に詳述されていることによって際立っており、さらにまた、単に外形的にも全体の中心を形づくっているというだけではありません。私たちがすでにこの講義への導入部で〈信仰〉について語ったときに、さらに講義の第一部で、〈父なる神・全能なる神・天地の創造者なる神〉について語ったときに、私たちは、たえずこの中心を指し示さざるをえなかったのです。私たちが、たえず先取りしながら、〔信条の〕第二項から第一項を説明するということなしには、信条の第一項を本当の意味で講解することはできなかったでしょう。じっさい、第二項は、単に第一項に継続し、第三項に先行しているというだけではありません。第二項は、そこから他の二項が照明されるところの光源なのです。

使徒信条が、もっと短い原形から生まれたということ、それどころか、恐らくは極めて短い原形――私たちが今日第二項において告白しているもののみを含んでいた原型――から成立していたということは、歴史学的《ヒストーリッシュ》にも証明されます。〔つまり〕このような推定です。原初的なキリスト教信仰告白は「主（は）イエス・キリスト」（Herr (ist) Jesus Christus）という、ただの三語から成っていて〔フィリピの信徒への手紙二・一一〕、ようやく後代にいたり、それに第一項と第三項が付け加わったのである、と。このような歴史的経過は、気まぐれなことではありませんでした。〈この第二項が、歴史学的にも〔信条〕全体の源泉である〉と知っていることは、この事柄《ザッヘ》を理解する上でも重要なことです。キリスト者とは、キリストを告白する者のことです。そして、キリスト教の信仰告白とは、主イエス・キリストに対する告白のことであります。

キリスト教信仰告白のこの中心からこそ、信仰者が父なる神と聖霊なる神について言い表わしていることが、補足的な言明として理解されうるのです。

キリスト教神学者たちが、抽象的・直接的に〈創造者なる神の神学〉を構想しようとしたときには――たとえ彼らが大きな畏敬の念をもって、この〈高き神〉を考え、また語ろうと試みたにせよ――いつも誤った道に踏み入ったのでした。そしてまた、これと同じことは、神学者たちが第三項の神学に、〔つまり〕〈聖霊の神学〉に――すなわち、第一項における〈高き神〉の神学とは反対に〈体験の神学〉に――突き進もうとしたときにも、同じことが起こったのでした。そのとき、彼らもまた、誤った道に踏み込んだのです。シュライエルマッハーによって特徴づけられているような近代神学の全体を、私たちは、恐らく次のように理解できるかもしれないし、また理解しなければならないでしょう。すなわち、ここでは、神学が――十七、八世紀の或る種の発展によって準備されて――一面的な第三項の神学になってしまったのだ、というふうに。ここでは、神学が〈第三項においては第二項の解釈、〔つまり〕われらの主イエス・キリストが私たち人間にとって何を意味するのか、ということの説明だけが問題になっている〉ということを熟考しないで、ただ聖霊だけを相手にすることができると信じていたのだ、というふうに。

私たちが、神と人間と言うときに、いつも繰り返し、ただ驚きをもってしか私たちには指し示すことのできない、この大いなる関係――そしてまた、必然的に最も重大な誤りを犯す可能性を持ちつつ私たちが指し示すところの、この大いなる関係――この〔神と人間との〕関係が、キリスト教的な意味でどれほど重大なものかということは、イエス・キリストから、ただイエス・キリストからだけ見ることができるのであり、また理解されうるのです。私たちが、このこと〔神と人間〕によって語るところのことは、正確には、私たちが「イエス（は）キリスト〔なり〕」と告白することによってのみ説明されうるのです。そして、一方では被造物・存在《ダーザイン》の現実、他方では教会・救済・神、というこの両者の関係がどのようなものなのかということは、私たちの存在《ダーザイン》の何か普遍的な真理というようなものからも、また宗教史の現実からも、決して読み取ることはできません。そうではなく、私たちは、それをただ、〈イエス－キリスト〉という関係からだけ、学ぶことができるのです。ここでこそ、人間を超える神（第一項）ということ、人間と共なる神（第三項）ということが、何を意味するかということが、私たちの目の前に示されるのです。

それゆえに、第二項が、〔つまり〕キリスト論が、キリスト教的意味でのあらゆる神認識の試金石、あらゆる神学の試金石です。「君のキリスト論がどのようなものか、私に言いたまえ。そうすれば、私は、君が何者なのかを言おう」。ここで道は分かれます。そして、ここで、神学と哲学の関係、それと同時に、神認識と人間認識の関係、啓示と理性の関係、福音と律法の関係、神の真理と人間の真理の関係、〈外的なもの〉と〈内的なもの〉の関係、神学と政治の関係が規定されるのです。ここで、一切が明瞭になるか、それとも不明瞭になるか、です。明らかになるか、それとも暗くなるかです。

なぜなら、ここで、私たちは、一番の中心に立っているのだからです。そして、私たちが今や認識しようと試みたいものが、私たちには、どのように高遠で、秘義に満ち、困難に思われようとも、私たちは、それでもなお、こう言うことも許されるでしょう。まさにここでこそ、一切は、全く単純に・全く素朴に・全く無邪気《キントリヒ》なものになるのだ、と。この中心においてこそ、私は、皆さんに向かって、組織神学の教授として、こう呼びかけねばなりません。「注意し給え！ ここが大事なところだ！ 学問か、それとも最大の愚劣さかの別かれ目だ！」と。まさしくここでこそ、私は、皆さんの前で、小さな子どもたちを前にした日曜学校〔＝教会学校〕の先生のように、坐っています。本当に四歳の子どもでもすでに理解できることを言わねばならないのです。「悪しき世はくだかれぬ。救い主はあらわれぬ。汝、喜べ、主にある民よ！」と。〔1〕

この中心とは、あの**行為の御言葉**、あるいは御言葉の行為です。皆さんに以下のことをはっきりさせるのは、私にとっては大事なことなのです。すなわち、キリスト教信仰のこの中心においては、私たちにとても馴染み深い言葉と業《わざ》、認識と生というような対立は、もはやすべて何の意味も持たないのだ、ということをです。それどころか、〈言葉〉――〔ギリシャ語の〕ロゴスや〔ラテン語の〕ヴェルブム――は、まさに同時に〈業《わざ》〉――〔ギリシャ語の〕エルゴンや〔ラテン語の〕オプス――でもあるのです。神が問題になっている場合、また、私たちの信仰のこの中心が問題になっている場合には――私たちにとっては、とても興味深く、また重要に思われる――そのような区別も、単に余計なだけでなく、愚かしいものとなるのです。ここに登場してくること――〈神が語り、神が行為し、神が中心に立ち給う〉ということ――は、現実的なるものの真理であり、あるいは真なるものの現実です。ここで問題とされる御言葉それ自体が、一つの行為、すなわち、行為としての言葉――啓示という――この行為なのです。

私たちがイエス・キリストという御名を言い表わすとき、私たちは、何らかの理念《イデー》について語っているのではありません。イエス・キリストの御名は、そこを透かして何かいっそう高次のものをのぞき見る透明の覆いのようなものではありません。――ここには、プラトニズムの入ってくる余地は全くありません。――問題は、この御名それ自体であり、この称号です。問題なのはこの人格なのです。何かある偶然的な人格、レッシングの言う意味での何か〈偶然的な歴史的現実〉が問題なのではありません。実に、この〈偶然的な〉歴史的事実こそが、まさに永遠の理性的真理であるのです[2]。そして、このイエス・キリストという御名は、決して、人間の歴史のある成果といったものを表わしているのではありません。〈人間の歴史全体は、イエス・キリストにおいて、その頂点に達したにちがいない〉ということを誰かが示そうとしたとき、それは、いつも人間のちゃちな発見にすぎませんでした。そうしたことは、イスラエルの歴史についてさえ言うことはできません。いわんや世界史については、なおさらのことです。

たしかに、私たちは、後ろを振りかえりながら、こう言うことを許されているし、また言わなければなりません。〈ここで歴史は成就されているのだ〉と。しかし、それは、あらゆる歴史上の諸結果から見るなら、全く新しく、そして気に障《さわ》るような一つの真理においてのことなのです！　それは、ギリシャ人には愚かなもの、ユダヤ人には躓《つまず》かせるものなのです〔Ｉコリントの信徒への手紙一・二三〕。したがってまた、私たちは、イエス・キリストの御名において、一つの人間的な要請から出てくる結果と関わっているのではありません。すなわち、何らかの人間的〈必要〉の所産、〔たとえば〕人間の罪から説明されたり引き出されたりできるかもしれないような、救済者や救い主の人物と関わっているのではありません。〈人間は罪人である〉ということもまた、人間は、実に自分自身からは認識することができないのです。むしろ、それは、イエス・キリストの認識から生まれる一つの結果なのです。すなわち、イエス・キリストの光において、私たちは光を見るのであり、この光において、私たち自身の闇を見るのです。キリスト教的意味での認識と呼ぶに値する一切のものは、イエス・キリストの認識によって生きるのです。

「我はイエス・キリストを信ず」と私たちが言うとき、それは、〔使徒信条〕第一項からしても、再度、全く新しいことを意味しています。天と地の創造者なる神。御自身の高きに在《いま》し・隠されてい給う中に――把握することの不可能な天的現実を、さらに今一度、〔それを〕超えて把握することの不可能な中に――在《いま》す永遠なる神。そのような神を、第一項は告白しています。ところが、今や、この第二項においては、それとは矛盾するように見えること――いずれにしても、全く新しいこと――が告白されているのです。〔つまり〕第一項における神の高みと把握不可能性とをはじめて解明し、例示していながら、同時に、私たちを途方もない謎の前に置くところのものです。すなわち、〈神は姿（Gestalt）を持ち給う〉という謎です。一つの名が響き渡り、一人の人間が神を代理しながら私たちの前に立っています。ここでは、あの全能なる方は、少しも全能ではないように見えます。私たちは、神の永遠性と遍在性について聞いてきました。今や、私たちは、〈ここで、そして今〉について、聞くのです。人間の歴史の只中における狭い線上でのある出来事について聞くのです。私たちの〔西暦〕紀元の始めに、私たちの地上のある特定の場所で起こった一つの物語《ゲシヒテ》について聞くのです。私たちは、第一項において父なる神について聞きましたが、今や、この神性の一体性から、神御自身が、御子の姿において、歩み出で《い》給うのです。今や、神は、神の中にありつつ、また神から歩み出で《い》つつ、このような他なる方なのです。創造者――神自身をそのような方として、存在するすべてのものから区別され給う創造者――と、神の存在《ザイン》とは異なる一切の存在《ザイン》の総体としての被造物とを、第一項は、輪郭をはっきりさせて言い表わしています。そして今や、ここ第二項においては、こう言われています。すなわち、創造者御自身が被造物になり給うた、と。この方、永遠なる神が――その全体性における被造物にではなく――一被造物に成り給うたのです。

「永遠の昔から、われわれのために人と成ることを欲し給い、……時間の中において、われわれのために人となり給い、……そして永遠にわたって、われわれのために人間であり人間であり続け給うであろう」方、これが、イエス・キリストです。私は、すでに一度、イギリスの女流作家ドロシー・セイヤーズに言及したことがあります。彼女は、このごろ、注目に価する関心をもって神学に身を向けています。ある小さな書物の中で、彼女は、こう注意を促しました。〈神が人間と成った〉というこのニュースは、何と前代未聞のもの、何と奇怪至極なもの、何と「面白い」ものか、と。〔3〕このようなニュースが、ある日、新聞に載っているというようなことを、一度想像してみて下さい！　じっさい、それは、センセーショナルなニュースです。他のどのようなニュースよりも、いっそうセンセーショナルです。そして、これがキリスト教の中心点なのです！　このような計り知れないほど驚かされること、かつて一度たりとも存在しなかったこと、そして二度と繰り返されえないことが！

神と人間という、この二つの概念の結合は、いつの時代にも存在しました。神話にとって、受肉（Inkarnation）という観念は未知のものではありません。しかしながら、キリスト教の使信を〈神話における〉このような観念から区別しているのは、〈あらゆる神話は、根本的には、ある理念――ある普遍的真理――を描き出したものにすぎない〉という点です。神話は、昼と夜・冬と春・死と生といった関係をめぐって廻転しています。それは、いつでも、無時間的な現実のことを考えているのです。しかし、イエス・キリストの使信は、こうした神話とは何の関わりもありません。この使信は、それが次のような独特の歴史的《ゲシヒトリッヒ》な考え方を持っているということによって、すでに形式の上でも神話から区別されます。すなわち、〔この独特の歴史的な考え方とは〕一人の歴史上の人物について、〈この人物の現存《エクシステンツ》において神が人間と成り給うた〉という出来事が生じ――それゆえ、〈この人物の存在《ダーザイン》が神の存在《ダーザイン》と同一であった〉と言い表わされていることです。キリスト教の使信は、徹底的に一つ歴史的《ヒストーリッシュ》な使信でもあります。〔4〕そして、私たちが、永遠と同時に時間を、神と同時に人間を、一緒に見るときにだけ――ただそのときにだけ、私たちは、イエス・キリストという御名によって語られているものを認識するのです。

イエス・キリストは、神と人との間の契約の現実です。私たちは、イエス・キリストに目を注ぐときにだけ、〔使徒信条〕第一項の意味での〈高きに在《いま》す神〉について語りうるようになるのです。なぜなら、私たちは、ここで人間〔そのもの〕を、この神との契約の中で、すなわち、〔ナザレ人イエスという〕この人物の具体的な姿において、知るようになるからです。そして、私たちがもしも信仰告白の第三項において、人間の内なる神について――私たちと共に、また私たちの中で働き給う神について――語り、また聞くことを許されるとき、それは、それ自体としては、あるイデオロギーであるかもしれませんし、ある人間的熱狂の言い換えのようなものかもしれません。〔また〕興奮と体験を伴った人間的な内面生活の意義を過剰にイメージしたもの、〔つまり〕私たち人間の内部に生起するものを――聖霊と名づける――空想上の神性の高みへ投影したもの、であるかもしれません。しかし、私たちがあの契約に、〔つまり〕神が私たち人間と現実に結び給うたあの契約に、目を注ぐなら、そのとき、私たちは、事態がそのようではないことを知るのです。〈高きに在《いま》す神〉が、低きにいる私たち人間の近くに本当に在《いま》し給うのです。神が現在しておられます。私たちが、聖霊の現実についてあえて語るのを許されるのは、神と人間との間のこの契約に目を注ぐことによってなのです。すなわち、それによって神が人と成り給うたこの契約、この唯一の方〔イエス・キリスト〕において他のすべての者にとっても妥当する、この契約によってであります。

「神は、人なる汝《なんじ》のために、人と成り給うた。汝の血潮と御自身を結びつけ給う神の御子が」。この〔賛美歌に歌われる〕クリスマスの真理を、私は、その三つの契機に即して、別の仕方で説明してみましょう。

〔まず〕私は、次のような歴史的《ヒストーリッシュ》な現実から出発しなければなりません。すなわち、時間——私たちの時間——は、一つの歴史的《ヒストーリッシュ》な中心を持っているのです。この中心から、時間は、理解されなければなりません。また、時間は——そのあらゆる矛盾、そのあらゆる高みと低みとを伴いながらも——この中心から、神に対する一つの関係を持っているということです。この時間の中心において、〈神が私たちのために人と成り給うた〉ということが起こったのです。この出来事の一回性を強調する際に、私たちが心にとめて考えねばならないのは、それが決して偶然の出来事ではなかったこと、他のさまざまの歴史の出来事の中の一つの出来事ではなかったということです。それどころか、それは、神が永遠の昔から欲し給うたまさにその出来事だったのです。

ここで、第二項は、第一項の領域にまで遡ります。ここで、創造と救済（Erlösung）とは結び合わされます。ここからして、こう言わなければなりません。すなわち、〈すでに創造は、〔また〕すでにあらゆる世界に先立つ永遠の昔からの神の現存《エクシステンツ》は、時間の中において成就され啓示されることになった神の意志を抜きにしては考えられない〉と。神の永遠なる意志が、このような姿を取るのです。永遠の昔から、その意志がこのような行為において、また、このような御言葉において、啓示され給うた神とは異なる他のいかなる神も存在し給わなかったのです。皆さんは、これを、一つの思弁などと考えないで下さい。

〔二〕キリストの使信は、他のさまざまの真理の中にある一つの真理というようなものでは決してありません。それは、真理そのものです。私たちが神のことを考えるときには、私たちは、最初からイエス・キリストという御名を考えなければなりません。「そして、永遠にわたって、われわれのために人間であり、人間であり続けようとされる」。すなわち、この契約の真理――この神と人との一体性――は、それがあの時あの所において現実となった一つの歴史《ヒストーリッシュ》的な真理でありつつも、決して束の間の真理というようなものではありません。イエス・キリストは、終わることなき御国の王であり給います。あらゆる「時の以前に在《いま》し給うごとく、君は永遠《ときわ》にとどまり給う」〔賛美歌〕。このようにして、私たちは、神に向かって立っているのです。神は、私たちを、現実に、しかもイエス・キリストにおいて、「あらゆる側面から」〔＝「前からも、後からも」詩編一三九・五〕囲み給います。ここでは、逃れる術《すべ》がありません。しかしまた、ここでは、虚無へ転落するということも起こりえません。

私たちは、イエス・キリストの御名を言い表わすとき、一つの道の上に立つのです。「わたしは道であり、真理であり、命である」〔ヨハネ福音書一四・六〕。この道は、時間――その中心がこの方御自身である時間――を貫く道です。そしてこの道は、暗闇の中に横たわるのではない一つの根源を持っています。この道は、暗黒の中から出てきたのではなく、その根源は、この道に対応しています。そして、この道は、一つの目標に向かって進みます。この目標もまた、暗闇ではありません。そうではなく、まさにこの将来こそ、この名前、すなわち、イエス・キリストという御名を持っているのです。この方は、かつて在《いま》した方、また今在《いま》す方、さらに来たり給う方です。――使徒信条の第二項の終わりで「かしこより再び来たりて、生ける者と死ねる者とを審きたまわん」と言われているように。この方は、アルファでありオメガであり、始めであり終わりであります。そのようにして同時に中心でもあり、また道でもあります。私たちが使徒信条の意味において、このイエス・キリストという御名を言い表わすときには、私たちは、あらゆる側面から支えられており、また確実に助け起こされているのです。

そして〔三〕、これらすべてのことは「**われわれのために**」なのであります。これを明言することを抑えてはなりません。この契約においては、この啓示においては、本当に私たちの現存《エクシステンツ》に対して――もしかしたら興味深く、また注目に価する――奇跡や秘義のようなものが問題になっているのではありません。――たしかに、そうしたものも問題ではあります。しかし、もしも私たちが、契約や啓示を、たんなる知的な観照の対象にしようと思うなら、私たちは、この事柄《ザッヘ》を理解してはいないことになるでしょう。たんなる知識《グノーシス》は――たとえ、私たちが、新約聖書全体をその典拠として引き合いに出し、また、どのように高尚な言葉でキリストについて語ろうとしたとしても――「響きわたる鐘や騒がしく鳴る鈴」〔Iコリントの信徒への手紙一三・一〕のようなものでしょう。メランヒトンのあの言葉（一五二一年の『神学総覧』）は――後代の神学において実にしばしば誤って引用されたものですが――正しかったのです。すなわち、「キリストを知ること――それはキリストの恩恵を知ることである」（Hoc est Christum cognoscere – beneficia Christi cognoscere）と。この言葉について、ことにリッチェル学派において行なわれた誤用は、次の点にありました。すなわち、〈受肉というあの高い秘義について、もはや何事も知ろうとはしないで、キリストのことを、人間にとって一定の《価値》を持つ或る種の恩恵が、そこから人間に対して出てくる一つの存在としてのみ語ろうとした〉という点です。〔しかし〕私たちは、このように抽象的《イン・アブストラクト》に、〈キリストの恩恵〉（beneficia Christi）について語ることはできません。キリストを認識するためには、その〈恩恵〉を実際に認識しなければならないのです。

恩恵とは、徹頭徹尾、〈神は人間と成り給うた、私という人間のために〉という、この啓示の現実の中にあります。このことによって、私たちは、助けが与えられているのです。天国は、すでにここにあるのです。私たちのために神の側から、すでに行動が起こされているのです。イエス・キリストという御名を言い表わすということは、〈私たちのために配慮がなされている〉、〈私たちは失われたものではない〉ということを承認することを意味しています。イエス・キリストは、どのような事情の下においても人間を救出するのであり、人間自身から生じる悪を含めて、人間の生を暗黒にする一切のものに対抗して、人間を救出し給うのです。〈神がわれわれのために人間と成り給うた〉というこの出来事において、すでに償《つぐな》われていないようなものは何一つありません。いまだに欠けているもの、それは、いつでも、実に、ただこの事実を発見するということだけなのです。

私たちは、何ら暗い問題性の中に現存《エクシスティーレン》しているのではありません。そうではなく、私たちは、私たちが存在したより以前に、私たちに対して恵み深くあり給うた神によって、現存しているのです。私たちがこの神と矛盾しながら存在しているということ。私たちが神から離反して生きているということ。じっさい、神に敵対しながら生きているということ。——それは、真実かもしれません。〔しかし〕いっそう真実なのはこのことです。すなわち、私たちが神に反抗する戦いへ踏み出したより以前に、神は、すでに私たちのために和解をもたらしてくださったということです〔ローマの信徒への手紙五・一〇〕。また、私たちが神から自分を疎外していること（Gottentfremdung）と関連して、人間がただ失われた者としてしか見られないということは、真実かもしれません。〔しかし〕それよりも、はるかにいっそう真実なのは、一切の〈失われた状態〉に対する救出が存在するように、神が、私たちのために行動して下さったということ、行動して下さっているということ、行動して下さるであろうということです。

これこそが、それを信じるようにと、私たちがキリスト教会を通して、聖霊において、呼びかけられているところの事柄です。それは実にこういうことです。私たちが嘆き悲しまねばならない一切のこと、また私たちに向かって必然的で正当な告発として提出される一切のこと、〔つまり〕あらゆる呻き、あらゆる嘆き、あらゆる絶望は、〔そしてこうしたすべてのことが起こるべき理由は、たしかにあるのですが〕――その程度はさまざまであるにしても――偶然的なすべての苦悩から、区別されるものなのです。〔なぜなら〕このような被造界の深みから繰り返し現われてくる嘆きと告発とは、〈私たち人間が神の憐れみの対象なのだ〉ということを私が認識することによってこそ、まさに力を得るのです〔から〕。神が私たちのために行ない給うたことの深みから、ただそこからのみ、私たちが悲惨の中にあるということも明らかになりうるのです。神の憐れみを知っている人以外に、いったい誰が人間の本当の悲惨を知るでしょうか。

「神の御子のこのような御業《みわざ》は、父の御業《みわざ》を前提として、かつ、聖霊の御業《みわざ》を帰結として、自らの内に含んでいる」。使徒信条の第一項は、私たちの道の、いわば〈どこから〉〔という根源〕であり、第三項は〈どこへ〉〔という目標〕です。これに対して、第二項は、私たちが信仰においてその上を歩む道であります。そこ〔＝この道〕から、私たちは、神の御業《みわざ》の満ちあふれる豊かさを全体として見渡すことができるのです。

〔1〕子どもにも愛唱されるクリスマス賛美歌「いざ歌え、いざ祝え」（O du fröliche, o du selige, gnadenbringende Weihnachtszeit!）の一節。
〔2〕本書の第16講にも出てくるレッシングのこの言葉については、バルト『十九世紀のプロテスタント神学2』（佐藤司郎、他訳）の「レッシング」の章、参照。
〔3〕D・セイヤーズ「地上最大のドラマ」（同『ドグマこそドラマ』中村妙子訳、所収）。
〔4〕バルトは、キリスト教の使信が〈神話〉と決定的に異なるのは、人間となった神御自身が十字架にかかり給うた点にこそある、ということを認めるべきだとする（バルト「神の啓示」『神の言葉』Ⅱ／1、吉永正義訳、所収、参照）。

11　救い主にして神の僕《しもべ》

イエスという御名とキリストという称号は、その方においてイスラエルの民の預言者的・祭司的・王的使命が啓示され・実現されている人間の選びと人格と御業《みわざ》とを言い表わす。

使徒信条の第二項がそれによって始まり、続いてこの第二項全体が関係している二つの外来語、すなわち、イエス・キリストにおいて、私たちは、一つの人名および一つの称号に、「つまり」ある特定の人間の名前と、その職務の表示とに関わっています。そして、私たちが、《キリストなるイエス》というこの名前とこの称号とを言い表わすとき、私たちは、まず第一に、イスラエルの民の歴史と言語という空間の中にいるのです。今日、私たちが取り扱わなければならない特別な主題は、これであります。すなわち、イスラエル出自のこの人間――特定の職能においいてイスラエルの本質と使命を啓示し実現する人間イエス――についてです。

その際、もちろん、次のような点で事情は極めて独特なものです。すなわち、イエスという人名は、ヘブライ語の領域に属しています。イエスという名前は、旧約聖書においてしばしば登場し、それどころか、一度は、すでに極めて際立った仕方で登場しているヨシュアという名前と等しいものです。しかし、キリストという称号は、ギリシャ語なのです。――もっとも、それは、メシア、〈膏注《あぶら》がれたる者〉というヘブライ語のギリシャ語訳ではあります。それゆえ、この二つの言葉の中には、いわば一つの史実《ヒストーリエ》が告知されているわけです。キリストなる一人のユダヤ人、イスラエル人、ヘブライ人、イエス。それは、イスラエルからギリシャ人へと――すなわち、全世界へと――向かう途上で起こる一片の地上の歴史をパラフレーズしているのです。イエス・キリストを分離したり、またこの二つの構成要素の一つだけを持とうとしたりすることはできません。もしもイエス・キリストが、キリストではないとしたなら――〔つまり〕イスラエルから由来する、ユダヤ人イエスである〈職務執行の担い手〉ではないとしたなら――イエス・キリストは、そのあり給うような方ではないでしょう。しかしまた、もしもこのユダヤ人イエスが神の〈職務の担い手〉ではないとしたら――〔つまり〕〈イスラエルとは何であり、何を意味するか〉ということを光として、諸民族の世界において、人類全体において輝かしめるキリストではないとしたなら――このユダヤ人イエスは、そのあり給うような方ではないでしょう。私たちが、イエス・キリストを見ようと願い、また理解しようと願うなら、いつも繰り返し、この両方のこと

――この起源とこの目標――を理解するように、努めなければなりません。一方または他方が忘れられるときには、それどころか否定されさえするときには、私たちは、この方とは、もはや何の関わりも持たないのです。

イエスという人名は、もともと、「ヤハウェ（イスラエルの神）助け給う！」という意味です。キリスト――メシア――という職務の名前は、イエスの時代のユダヤ教では、イスラエルによって待望され、終末の時（Endzeit）に到来する一人の人を言い表わしていました。〔すわなち〕神の栄光を――約束されていたとは言え、それまでは隠されていた神の栄光を――啓示するはずの方なのでした。この職務は、数百年来、困窮と圧制の下に沈んでいたイスラエルを解放すべき人、自らはイスラエル出自の人として諸民族を支配すべき人間を示すものでした。ナザレのイエスが登場し、説教し、さらにその道がナザレの狭い場所から、まずは、御自身のこの民の歴史という広い場所にまで――この民の歴史は、古来から、そうであったように、その成就をエルサレムに見出すことになっていました――延びて行ったとき、〈この人物――このナザレのヨセフの息子――は、メシア、〔すなわち〕終末の時に待望された当の方であったこと、彼がそのような方として御自身を啓示し給い、またそのような方として認識されたということ〉が、この人物の秘義だったのです。

イエスという名前（すなわち、神助け給う！　救い主！）は、よく知られた名前でしたし、この名前を持つ多くの者がおりました。そしてこれら多くの者の中の一人が、――神がそのように欲し定め給うたゆえに――あの唯一の方、すなわち、その方において神の約束が成就された唯一の方であったのです。そして、この成就は、同時に、イスラエルに与えられていたものの成就を意味し、この民が全世界の――全民族の、いや、全人類の――歴史にとって、そうあるべく定められているものの成就と啓示を意味しています。この唯一の方は、最初の教会《ゲマインデ》によって、イエス・メシアとは呼ばれないで、イエス・キリストと呼ばれました。この御名において啓示され、また、この御名において扉は世界に向かって開かれているのです。しかし、イエスというユダヤ名は、依然として残っています。広く世界へ通じるこの方の道は、イスラエルという狭いところから、発しているのです。

皆さんは、私がこの名前と称号とに、これほど重きをおくことを、おそらく驚いているかもしれません。私たちは、次のことを、はっきりさせておかなくてはならないのです。すなわち、古代全体においては、またイスラエルにおいても、名前と称号というものは――たとえば私たちにとっては、そうであるかもしれないような――何か外面的なもの、偶然的なものではなかった、ということです。この名前とこの称号とは、何事かを言い表わしているのであり、しかもそれは、きわめてリアルに理解されるべきものなのです。すなわち、この名前と称号とは啓示なのです。したがって、この名前とこの称号とは、たんなるレッテルや命名、つまり、そのように命名された者が身につけていてもいなくても良いような一つの飾りではありません。

マリアに向かってこう告げたのは天使でした。「汝は、汝の子をイエス、すなわち、〈神助け給う〉、救い主、ソーテール〔ギリシャ語、「救い主」〕と名づけなさい」〔ルカ福音書一・三一〕と。同様にまた、キリストという称号も、何か人間的な考慮を表現したものとして理解されるべきではなく、この称号は、必然的に、この人に属しているのです。この称号は、この名〔＝イエス〕を担う方から分離されてはならないもので、この名を担う方は、むしろ、この称号を持つためにこそ生まれ給うたのです。そこでは、名前と召命《ベルーフ》との間に二元論はありません。この方の誕生の際には、すでに、この称号は、いわば冠のように、必然的に彼の頭上に舞い降りて来たのです。そうして、この人格は、この職務を離れては存在《エクシスティーレン》せず、この職務は、この人格を離れては存在しないことになりました。この方は、あのヨシュア、つまり、あの《神助け給う》であります。それは、まさにそのキリストという——この方がイスラエル出自の預言者・祭司・王としての神の僕《しもべ》となったという——業《わざ》と職務に選ばれてい給うからです。

私たちは、まず、しばらくのあいだ、次のような事実の前に立ち止まらなくてはなりません。——というのは、これは、とても重要な事実であるからです。すなわち、このイエス・キリストにおいて問題になっているのは、この唯一の民、〔つまり〕イスラエルの民・ユダヤ民族の使命が、その人において実現され・啓示される、まさにその人物に出会うのだ、という事実です。キリスト――この民から出た神の僕《しもべ》、すべての民のための神の僕の姿。そして、この唯一の民イスラエル。これは、当時においてだけでなく、歴史全体に対して、実に永遠にわたって、互いに分かたれることのできない二つの実在（Wirklichkeiten）です。イスラエルは、イエス・キリストなしには〈無〉（Nichts）であります。しかし、私たちは、こうも言わなければならないでしょう。すなわち、イエス・キリストは、イスラエルなしにはイエス・キリストではないであろう、と。それゆえ、私たちは、本当にイエス・キリストに眼を注ぐためには、まず、しばらくの間、このイスラエルに眼を注がなくてはなりません。

イスラエルの民――旧約の民――は、この民の歴史の歩みにおいて、たえず新しい形で、繰り返し、神が契約を結び給うた民であります。ここイスラエルにおいて、神と人間との間の契約というこの概念は、その座と場所とを持っています。神と人間との契約が、決定的に〔一回限りの〕イスラエルの民との契約であるゆえに、また、そのようなものであることによって、この契約は、何らかの哲学的理念からは区別され、何らかの一般的な人間的観念からは区別されるのです。ここでは、理念や観念ではなくして、次の事実が重要です。それは、〈神はアブラハムを諸民族の中から呼び出し給い、そしてこのアブラハムと彼の一族――彼の子孫《すえ》（Samen）――と契約を結び給うた〉という事実です〔創世記一七・七〕。旧約聖書の歴史全体、それゆえまた、イスラエルの民の歴史全体は、神とこの民との――この民とヤハウェという名を持つ神との――契約の歴史以外の何ものでもありません。

私たちが、〈キリスト教の信仰とキリスト教の使信は、すべての人間に向けられている〉ということ、〈キリスト教の使信は、全世界の神であり給う神を宣べ伝えるのだ〉ということを認識するなら、私たちは、この一般的・普遍的な真理――全世界・全人類に及ぶ真理――への道が特殊性の道であるということを見逃してはなりません。すなわち、そこでは、〈神がまことに稀な、とても恣意的な印象を与える仕方で、アブラハムーイサクーヤコブの神であり給う〉という、あの特殊性の道なのです。このようにして、人間に対する神の行為について私たちが認識することを許されている一切のことは、いつも繰り返し、この〈向かいあい〉（Gegenüber）――アブラハムーイサクーヤコブの神――に関係づけられているのです。旧約聖書が私たちに向かって描き出しているようなイスラエルの民――その選びと召しの中にある民、その独一無比に際立てられたイスラエルの民、しかしまた、その愚かさ、倒錯、弱さを持ったイスラエルの民、たえず新しい神の愛と慈しみの対象となるイスラエルの民、しかしまた、この民に前代未聞の仕方で下される神の審きの対象となるイスラエルの民――まさにこの民が、私たちすべての者に対する神の自由な恵みの歴史的な姿なのです。

ここで問題となるのは、たんなる一つの歴史上《ヒストーリッシュ》の事実ではありません。〔つまり〕イスラエルに対する――ユダヤ民族に対する――神の自由な恵みという、このような関係において問題となるのは、異邦人から成る私たちキリスト者が――〔つまり〕私たちギリシャ人・ゲルマン人・ガリア人が——たとえば私たちにはもはやいかなる関係もないものとして、はねつけることができるような事柄ではないのです。そのようにして、今日のキリスト教界がイスラエルの歴史から切り離されて、いわば《気ままな気球旅行》の途上にいるというような事柄では、ありえないのです。もしも私たちが、キリスト者として、〈教会《キルヒェ》とユダヤ教会堂《シナゴーグ》とは、もはやお互いに関係がない〉などと考えるのであれば、まさに一切は終わりでしょう。そして、教会《ゲマインデ》とユダヤ民族との間にそのような分離が行なわれるときには、まさにキリスト教会こそが、そのことでひどい目に会うのです。そのときには、神の啓示の現実性《レアリテート》全体は、すでにひそかに否定されてしまっているのです。それゆえに、哲学とイデオロギーが蔓延して、ギリシャ的気質やゲルマン的気質、その他、自由に選ばれた気質のキリスト教というようなものが、でっち上げられることも生じたのでした。（私は、すでに、次のような事実を知っています。いつの時代にも、スイス的キリスト教というようなものがあり、それがドイツ的キリスト教よりもましだったことは、かつても今も、確実にないということです）。

　おそらく皆さんは、ユダヤ民族の意義が最もよく要約されている次のような逸話をご存じでしょう。フリードリヒ大王が、ある時、〔スイス〕アールガウ州ブルッグ出身の侍医ツィンメルマンに向かって尋ねます。「ツィンメルマン、あなたは、神が現存《エクシステンツ》することの唯一の証明を私に言うことができますか」。ツィンメルマンの答え。「陛下、それはユダヤ人でございます！」〔1〕。この答えによって彼が言おうとしたのは次のことです。もしも、何らかの神の証明を――何びとも否定できず、すべての人間の眼前で起こっているような何か目に見えるもの、手に触れうるものを――尋ねたいと思うのであれば、そのとき、私たちは、ユダヤ人を拠りどころとしなければならない、ということです。ユダヤ人は、全く端的に、今日に至るまで存在しています。近東の何百という小民族は、すでに消滅しました。当時の他のすべてのセム族は、巨大な諸民族の海の中に融解され埋没しました。そして、この小民族が一つだけ取り残されてきたのです。

今日、セミティズムとか反ユダヤ主義《アンチセミティズム》とか言われる場合には、そこで考えられているのは、奇妙なことにも依然として登場している、この小民族のことなのです[2]。身体的にも精神的にも依然として認識できるのであり、その結果、人びとが、これは《非アーリア人》だとか、これは二分の一《非アーリア人》だとか、四分の一《非アーリア人》だとか言って[3]、いつも繰り返し確証できるのです。じじつ、神証明が問われる場合には、私たちは、ただ、この端的な歴史上《ヒストーリッシュ》の事実を指摘するだけで十分です。なぜかと言えば、ユダヤ人という人格において、私たちの眼前には、あの証人が立っているからです。――アブラハム―イサク―ヤコブとの契約、そのようにして私たちすべてのものとの神の契約の証人が！　聖書を理解しない人も、この〈想起させるもの〉を見ることはできるのです。

そして、御覧なさい。これこそが、今や私たちにとって過去のものとなった、あのナチズム

〔＝国家社会主義〕のもつ注目すべき神学的重要性であり、〈桁外れの《けたはず》〉（ausserordentlich）精神的・宗教的意義なのです。すなわち、根っから反ユダヤ主義であったということ、この〔ナチズムという〕運動において、まさに悪霊的《デモーニッシュ》な明瞭さをもって〈ユダヤ人そのものが敵そのものだ〉と認められたということです。この事柄《ザッヘ》の敵そのものはユダヤ人であらざるをえなかったのです。このユダヤ民族の中に、本当に、今日に至るまで、神の啓示の〈桁外《けたはず》れな事実〉（das Ausserordentliche）が生きているのです。

キリストなるイエス、〔つまり〕救い主にして神の僕《しもべ》は、イスラエルの民の使命を実現し、啓示し給う方です。彼は、神とアブラハムとの間に結ばれた契約を成就し給う方です。キリスト教会が、イエス・キリストを、私たちのため——すべての人間のため——それゆえまた、イスラエルの民と直接に関係を持たない膨大な数の人びとのため——の救い主にして神の僕《しもべ》と告白するとき、教会は、このイエス・キリストに対するこの告白を、イエスがユダヤ人であったにもかかわらず——あたかもこのイエスが〈ユダヤ人であること〉を見過ごすことができ、見過ごさねばならない、ある〈恥ずべきこと〉（pudendum）でもあるかのように！——言い表わしているのでは決してありません。その意味するところは、〈われわれはイエス・キリストを信じるが、そのイエス・キリストは、たまたまイスラエル人であったが、しかし、全く同様に他の民族の出身でもありえたのだ〉というようなことでも決してないのです。

否、ここでは、私たちは、全く厳格に、こう考えなければなりません。私たちが信じているイエス・キリスト――異邦人出身の私たちキリスト者が私たちの救い主と呼び、私たちのための神の御業《みわざ》の完成者として讃めたたえるイエス・キリスト。――この方は、まさに必然的にユダヤ人であったのだ、ということです。このことを、この事実を、見過ごしてはなりません。そうではなく、この事実は、神の御業《みわざ》と神の啓示の具体的な現実に属しています。なぜなら、イエス・キリストは、神によってアブラハム―イサク―ヤコブと結ばれた契約の成就であり給うからです。〔天と地の〕創造の――すなわち、神とは区別されて現実にあるすべてのものの――根拠・意味・目標であるのは、（何かある契約の理念などではなく）まさにこの契約の現実性《レアリテート》であるからです。イスラエルという問題は、これからキリストという問題が切り離されえないことによって、存在一般の問題なのです。イスラエルを恥じる者は、イエス・キリストを恥じる者であり、そのことによって自分自身の存在を恥じる者なのです。

私は、ナチズムの反ユダヤ主義《アンチセミティズム》的な核心に対して、あえて時事的な適用を試みました。このドイツにおいて〈ユダヤは敵そのものだ！〉というスローガンが語られたのは決して偶然の事柄ではありませんし、何か軽々しく考えられてよいような事柄でもありませんでした。たしかに、この言葉を口にすることはできますし、また場合によっては、そうせざるをえないかもしれません。しかし、それによって何をしているのかということを、よく注意していなくてはなりません。ユダヤに対する攻撃は、神の御業《みわざ》と啓示という巖《いわお》――それと並ぶ他のいかなる御業《みわざ》や啓示も存在しません――に対する攻撃を意味します。神の御業《みわざ》全体と神の啓示全体が、直接的に――しかも、単に理念や理論の領域においてではなく、当然、歴史的な領域において、それゆえ時間的な出来事の領域において――疑問視されたのです。そこで生起したことを通して――ドイツにおいて、かくも長いあいだ支配的だった体制の、この原理的反ユダヤ主義《アンチセミティズム》を通して――疑問視されたのです。

おそらく、このような衝突は起こらざるをえなかったのだ、と言えるかもしれません。しかし、その場合には、このような衝突が、このように終わらざるをえなかったということにも驚いてはならないでしょう。自分自身を選民とみなし、自分をあらゆる事柄の根拠とし、基準とするような――これがナチズムのもう一つの側面でしたが――このような民族は、遅かれ早かれ、真に選ばれた神の民と衝突せざるをえないのです。そのような〔自分勝手に〕選ばれた民族性という理念を宣言することの中に――まだ反ユダヤ主義《アンチセミティズム》が〔公然と〕語られる以前に――すでにイスラエルに対する根本的否定が存在し、それとともにイエス・キリストの否定が、そして究極的には、神御自身の否定が存在するのです。反ユダヤ主義《アンチセミティズム》は、無神性（Gottlosigkeit）の〔独特の〕形であり、これに比べるなら、普通に――たとえばロシアで周知の――無神論（Atheismus）と言われているものなどは、無害なものです。なぜかと言えば、このような反ユダヤ主義《アンチセミティズム》的無神性において問題なのは――それをでっち上げ、それを押し進めた人たちが、それを知っていたか否かには全く関係なく――もろもろの重大な現実性《レアリテート》に触れるものだったからです。ここで、問題となっているのはキリストとの衝突です。神学的に考えれば――私は、今、政治的に語っているのではありません――このような企ては失敗し挫折せざるをえなかったのです〔たとえば、ゼカリヤ書一二・一二〕。この巌《いわお》に当たれば、人間の突撃は――たとえそれがどのように強力に企てられていても――砕けてしまうのです。なぜかと言えば、イスラエルの民の使命――預言者的・祭司的・王的使命――は、それがイエス・キリストにおいて実現せられ・啓示されているということが確実である限り、神の意志と御業《みわざ》と同一だからです。

イスラエルの使命とは、何を意味しているのでしょうか。聖書がイスラエルの選びについて語り、この民が他の諸民族と異なることを語る場合、それゆえまた、私たちが旧約聖書において、イスラエルの特殊的な現存《エクシステンツ》を認める場合、そこで問題なのは、ある使命、ある任務、ある使徒的職務です。イスラエルが現に存在すること《エクシステンツ》において問題なのは、神によってそのように定められた一人の人間が、神に代わって他の人びとのために、そこに存在しているということです。これこそがイスラエルの現実性です。〔つまり〕神に仕える一人の人間、あるいは一つの共同体、一つの民が存在するということです。この民は、その民自身の栄誉のために選び出されたのではありません。何か或るナショナルな要求という意味においてではなく、他の諸民族のために――その限りでは、また、すべての民族の僕《しもべ》として――選び出されたのです。この民族は、神によって委託を受けた者なのです。

この民は、神の御言葉を宣べ伝えなければなりません。これが、この民の預言者的使命です。またこの民は、自分の現存《エクシステンツ》をもって〈神は語り給うだけでなく、その人格において死に至るまで御自身を捧げ給う〉ということの証人でなくてはなりません。これが、この民の祭司的使命です。そして最後に、この民は、まさしくその政治的無力さにおいてこそ、他の諸民族の只中での証人として、人間に対する神の支配権〔＝主であり給うこと〕(Herrschaft)を告知しなければなりません。これが、この民の王的使命です。このような預言者的・祭司的・王的な奉仕を、人類は必要としています。旧約聖書が、この小さな民の奇跡的な救いと保持とに対して感謝に満ちた神への賛美を、たえず繰り返し表現するとき、旧約聖書は、このイスラエルの使命を、この民の現実全体に即して明示しようとしているのです。

イスラエルの預言者的使命が特に明示されるのは、特定の諸人物たちの登場においてであります。これらの人物の原型は、アブラハムと並んで、とりわけイスラエルの民族的統一の創始者としてのモーセであり、さらに彼の後に続くのは、さまざまの姿をして、たえず繰り返し登場した預言者たちです。もう一つ別の第二の線〔＝祭司的使命〕は、旧約聖書において「会見の幕屋」〔出エジプト記二七・二一〕「神殿」「犠牲《いけにえ》」と関連しているものの中で明示されています。そして最後に、王的な使命(Mision)が比類ない仕方で描かれているのは、ソロモンの国にその注目すべき地平《ホリツォント》を持つダビデの国においてです。このダビデの国において、神の恵みの目標、すなわち、地上における神の支配を代表するものとしてのイスラエルが、範例的に明示されています。しかし、最終的かつ究極的には――そしてそれは私たちに関わってくるのですが――このイスラエルの使命は、この民の出自であり、疑問の余地なくこの民に所属されたナザレ人イエスの顕現と出現において成就されるのです。

イスラエルの使命は、イエス・キリストにおいて成就され・啓示され・完成された使命として理解されなければなりません。それゆえ、この使命は、最初は隠されており、また、活動がみえないものです。じじつ、私たちが、旧約聖書を、そこで語られているままに読むと、ほとんどのページでも、一瞥するだけで〈まさにこの証言は、イスラエルそのものを、この国民を、いわんやこの種族（Rasse）を称賛することなどは、少しも考えていない〉ということを確信させられます。旧約聖書自身がイスラエル的人間について与えているイメージは、実に衝撃的な仕方で次のように描き出す人間のイメージです。すなわち、自分の選びに対して、それゆえ自分に与えられた使命に対して反抗する人間。このような使命に対して値しない、無能な者として自分を示す人間。それゆえに、また、自分が神の恵みの対象でありながら、まさにこの恵みから逸れるゆえに必然的に下される裁きによってたえず打たれ砕かれる人間。――そのような人間のイメージです。

このイスラエルの民が、その歴史のすべての段階において、何という問題的な民であるかということについて、旧約聖書のほとんどすべての文書が語っています。それは、破局から破局へと進みます。しかも、それは、いつでも、この民が自分の神に対して不信実であるゆえなのです。この不信実は――預言者たちが、たえず繰り返し預言し、あるいは、終始、降りかかってくるものとして描かれているような――災いと滅びとを意味せざるをえないものです。この歴史の結果は何でしょうか。それは、預言は遂に止み、ただ成文化された、死んだ律法だけが残される、ということです。また、神殿はどのようになり、イスラエルの祭司職はどうなったでしょうか。ソロモンの神殿――それは、かつてイスラエルの最大の希望でした――は灰燼に帰してしまったのです。また、イスラエルの王制は、ダビデの国は、いったい、どうなったのでしょうか。

イスラエルのかつての姿と、神から何度も打たれる中で、今やイスラエルがそこから成り果てた姿を考えることは、すべてのイスラエル人にとって悲しみであります。イスラエルは、自分をかくも愛し給うた神に対して、その愛に報いるに仇《あだ》をもってしたのです。そして、希望が遂に成就されてメシアが現われ給うとき、イスラエルは、これを十字架につけて、それまでの自分の歴史全体を確証するのです。すなわち、彼らが確証したのは、まさにこのメシアを――偶然にではなく神の冒瀆者として――棄却することによってであり、このメシアを異邦人のもとに追いやり、これを殺害し・処刑台《ガルゲン》に吊るすためにピラトに引き渡すことによってでした。これがイスラエル、この選ばれた民、すなわち、そうすることによって自らに自分の判決を下すという仕方で自分の使命と選びとに関わっている民なのです。すべての反ユダヤ主義《アンチセミティズム》の到来は遅すぎたのです。判決は、とっくの昔に下されていたのです。この判決に較べるなら、他のあらゆる判決は、ばかばかしいものです。

イスラエルの使命は、これで片づいてしまったのでしょうか。否、それどころか、旧約聖書は、一切を貫いて、たえず繰り返し、次のことに固着しています。〈神の選びは今もなお妥当し、また永遠にわたって妥当し続けるであろう〉と。イスラエルにおいて描かれているような人間、まさにこのような人間こそ、神によって選ばれた人間なのであり、また選ばれた人間であることを止めないのです。それゆえ、あのような使命を委託された人間なのであり、またあのような使命を委ねられた人間であることを止めないのです。人間が無力をさらけだすところで、神の信実が勝利し給います。このようにして、人間の無様《ぶざま》さの一大実例であるイスラエルは、そのようなものとして、同時に、神の自由な恵みの実例になるのです。すなわち、人間の振る舞いを問うことなく、人間に対して〈にもかかわらず〉――これによって人間は支えられています――主権的に語り給う神の自由な恵みの実例になるのです。人間は、徹頭徹尾、神の憐れみの対象でしかありません。そして、人間がそれ以上のものであろうと願うとき、そこでは、人間は、必然的に、このようなイスラエルの現存《エクシステンツ》に反抗せざるをえません。イスラエルは、徹頭徹尾、神に投げ渡され、徹頭徹尾、神に頼るように向けられているのです。「あなただけ……！」という詩編の箇所〔4〕を読んでみて下さい。

人間は、徹頭徹尾、神の御言葉の聞き手としてのみ出てきます。たとえ彼が神の支配から逃れようと繰り返し試みたとしても、その神の支配の下に立ち、そこに立ち続けるのです。そして、この方の使命の成就によって――十字架につけられ給うたナザレのイエスにおいて――イスラエルにおいて何が問題なのかということが、今一度、いよいよ明らかになります。処刑台《ガルゲン》に吊るされ給うイエス――この方は、今一度、自分の罪と無神性を持ったこのイスラエル以外の何者なのでしょうか。そうです。この瀆神者がイスラエルなのです。そして、このイスラエルは、今や、ナザレのイエスと呼ばれます。そして、私たちが、遠くユダヤ史にまで眼を向け、さらにユダヤ人をいつも繰り返し諸民族の間で憎しみに値すると思わせてきたユダヤ人の奇妙さと不条理の全体、〈躓《つまず》き〉を見るとき――何ならここで、皆さんは反ユダヤ主義《アンチセミティズム》の記憶を総動員してもよいのです――それは、神の十字架において明示される、あの棄却されたイスラエルの確証以外の何を意味するでしょうか。しかし、それは、同時にまた、イスラエルの彷徨《さすらい》の全行程を貫いて神が信実を保持し給うた、あのイスラエルだったことの確証以外の何を意味するでしょうか。

私たちは、どこから、このことを知るのでしょうか。それは、神がイスラエルに対して、ゴルゴタの十字架において、信実を保持し給うたゆえであります。いったい、いつ、神は、イスラエルたいして、このゴルゴタにおけるよりも以上に近く在《いま》し給うたことがあったでしょうか。また、いったい、どこで、神は、イスラエルの民を通して人類全体の傍らに、まさにゴルゴタの十字架におけるよりも以上に力強く、また慰め深く立ち給うたでしょうか。こうした神の信実からユダヤ人を締め出すことが私たちの仕事だ、などと皆さんは考えるでしょうか。ユダヤ人に対して神の信実を否定することが私たちにできるとか、許されているとか、皆さんは、本当に考えますか。イスラエルの現実の中における神の信実こそは、じっさい、まさに私たちに対する、また人間全体に対する神の信実の保証に他なりません。

しかし、ここで私たちは、ページを次へ繰らなければなりません。イエス・キリストは、イスラエルの遂行であり、その成就であり給います。私たちは、今一度、旧約聖書に眼を注いでみます。すると、私たちは、そこに、たえず〈このように反抗的で失われた人びとが――全く驚くべきことにも！――さまざまの状況の下で、彼らの選びをも確証することを許されている〉という、さまざまの痕跡もまた、見出すのであります。そういうことが起こるときには――〔つまり〕そこにある敬虔で、正しい、預言者的な〔5〕連続性のようなものが存在するときには――それは、イスラエルの自然的本性《ナトゥール》から出てくるのではなく、それどころか、むしろ、それは、神の絶えることのない新たな恵みなのです。しかし、恵みがあるところでは、人間は、神を賛美するために〈心ならずも〉（contre couer）声を挙げざるをえないのです。そして、これらの人びとの生の中に神の光が注ぐとき、不可避的な仕方で、彼らの中におけるこの光の反照が応答することを証言せざるをえないのです。

裁きの只中に神の恵みがあります。そのことについて、旧約聖書もまた、語っています。イスラエル的人間の連続性としてではなく、神の〈にもかかわらず〉として。〈にもかかわらず〉、この民の歴史においては、「このように主は語り給う……」という言葉によって始まる証言が、たえず繰り返し存在しています。そのような聞き手の応答として、それゆえ、神の信実の〈にもかかわらず〉に対する反響《エコー》として、この証言は響きわたります。旧約聖書は、「残りの者」(Rest)ということを知っています。この場合、問題となっているのは、いっそう善良な人たち、いっそう道徳的な人たちのことではなく、〈彼らは、召されているのだ〉ということによって特別に際立てられた人たちのことです。神が恵みによって支え給う罪人たち――〈義とされた罪人〉(peccatores iusti) こそが、この〈残りの者〉を形づくっている人びとなのです。

啓示は、ナザレのイエスの現存《エクシステンツ》において頂点に達します。彼は、イスラエル出自で、処女《おとめ》マリアから生まれましたが、しかし、上から来たり給うのです。そのようにして、御自身の栄光の中にあって、契約の啓示者であり、完成者であり給います。イスラエルは、〔単に〕癒されることを許された病人なのではなく、死人たちの中から復活した者なのです。イエスが〔死から〕顕現され給うことによって、人間が自分自身に向かって下す判決に対して、神の判決が、あらゆる人間的な自己断罪の破棄として明示されます。神の信実が、この罪と悪の大海の中で勝利するのです。神は、人間を憐れみ給います。神は、その最も内奥の御心《みこころ》をもって、この人間に関与し給います。神は、御自身に対して娼婦のように振舞ったこの民を、愛の絆《ザイル》によって導くことを、決して止め給いませんでした〔ホセア書一一・四〕。このイスラエル的人間が神に属するということ。しかもその際、たえず繰り返し、その自然的本性からではなく、恵みの奇跡によって、新しく神に属することを許されるということ。――死から救われ、神の右に挙げられつつ！　この事実は、揺らぐことがありません。

イスラエルは、本当に、神の自由な恵みを表現するものです。じっさい、そのようにして神は、人間に対する関係において目に見えるものとなり給うのです。すなわち、イエス・キリストがそこで目標に達し給うあの出来事において――死人たちの中からの御自身の復活において――です。そこでは、人間は、神の栄光の光に包まれて現われます。すなわち、それが、恵みであり、人間に対して神が身を向け給うことです。そして、このことが、イスラエル出自のあの人において、目に見えるものとなるのです。この出来事の帰結として、今や――そして今一度、ここで恵みは積極的に明示されるのですが――アブラハム契約のあの驚くべき拡大――アブラハムの血につながる人びとを遥か遠くにまで越える拡大――が起こります。すなわち、「全世界に出て行って、すべての被造物に福音を宣べ伝えなさい」〔マルコ福音書一六・一五〕とある通りに。狭い所から出て広い所へ――これが恵みです。しかし、まさにこの救いはユダヤ人から来る〔ヨハネ福音書四・二二〕ゆえにこそ、ユダヤの民は、単に裁かれるだけでなく、同時にまた恵みも与えられるのです。

このようなイスラエルに対して変わることなく妥当する選びと召しとしての〈恵みの授与〉は、今日に至るまで、教会《キルヒェ》において目に見えるものとして示されています。じっさい、教会《キルヒェ》は、本質的にユダヤ人および異邦人から成っているのです。ローマの信徒への手紙九章から一一章のところで、パウロは、次の点に最大の重点を置いています。〔6〕〈ユダヤ人の教会《キルヒェ》と異邦人の教会《キルヒェ》というようなものが存在するのではない〉ということ、そうではなく、〈教会《キルヒェ》とはイスラエルから出て信仰に来る人びとと異邦人から出て教会《ゲマインデ》に召された人びととが共にいる一つの教会《ゲマインデ》〔＝信仰者の交わり〕である〉ということです。これら二つのもの〔ユダヤ人と異邦人〕であるということが、キリスト教会《キルヒェ》にとって、本質的なことなのです。キリスト教会《キルヒェ》は、この事実を恥じねばならないと考えたことは、全くなかったでしょう。それどころか、アブラハムの子孫《すえ》（Same）が教会《キルヒェ》の中にも生きているということは、キリスト教会《キルヒェ》にとって名誉な称号だ、ということを理解することが許されたのです。

ユダヤ人キリスト者が現に存在する《エクシステンツ》ことは、神の唯一の民――一面からはイスラエルと呼ばれ、他面からは教会《キルヒェ》と呼ばれる――神の民の一体性の、目に見える担保です。もしも教会《キルヒェ》と並んで依然として、なおユダヤ教会堂が――イエス・キリストを拒否することによって、またとっくの昔に成就されたイスラエルの歴史を無力に継続することによって――存在するのであれば、私たちは次のことをよく考えてみなければなりません。すなわち、このような分離されたイスラエルがいまだに存在するということが、もし神の意志であるならば――そして使徒パウロもまた、この問題の前に頭を悩ませながら立っていたのですが――私たちは、このユダヤ教会堂《シナゴーグ》を、幾世紀にもわたって教会に同伴しているところの教会のシルエット[7]としてのみ、さらにまた――ユダヤ人がそれを知っているか否かはともかくも――事実上、かつまたリアルに、そもそもユダヤ人たちがそうであるように[8]、この世における神の啓示の証言に参与しているところの教会のシルエットとしてのみ、認識することができるでしょう。

良きぶどうの樹は枯れてはいません。なぜかと言えば、神がこの樹を植え給うたということ、また、神がこの樹に対して行ない給い、与え給うたもの――それは、決定的な事柄であり、イスラエルから出た、あの人、イエス・キリストにおいて啓示されたのだからです。

〔1〕この逸話は、すでに一九三三年のボン選帝侯城付属教会における大学礼拝でも待降節説教の中で言及されている（『バルト・セレクション1』天野有訳、所収）。ユダヤ人問題をめぐるバルト特愛のテーマ。

〔2〕〈反ユダヤ主義〉（Antisemitismus）という言葉は、正確に訳せば〈反セム主義〉とすべき用語だが、元来、この言葉は、いわゆる〈セム語族〉一般ではなく、ユダヤ人に特定された蔑視や敵意を示す十九世紀後半のドイツ社会で生まれた造語。それゆえ、本文では〈反ユダヤ主義〉と訳した。なお〈反ユダヤ主義〉についてのバルト自身の用例を示しておこう。「イスラエルの選びを外

からして誤認し、否定する〈反ユダヤ主義〉」は、「聖霊を汚す」「許されざる罪の異教的な繰り返しであることができるだけであろう」(「イスラエルと教会」『神論』Ⅱ／1、吉永正義訳、所収)参照。

〔3〕ナチ政権下では〈非アーリア人〉は実質的にはユダヤ人を指していた。政権初期の「職業官吏服務法」改正による「アーリア条項」の導入以来、〈ユダヤ人〉の定義と適用(たとえば国防軍兵士として召集する可能性や特別の例外など)をめぐって論議された。両親と祖父母を含む〈混血〉の程度に従い、〈完全ユダヤ人〉以下、第一級混血〈二分の一ユダヤ人〉、第二級混血〈四分の一ユダヤ人〉などと分類された。

〔4〕「平安の内に、私は身を横たえ、眠ります。／主よ、あなただけが、私を／安らかに住まわせてくださいます」(詩編四・九)。

〔5〕〈チューリヒ版〉では脱落していた「預言者的」を〈カイザー出版社版〉により加筆・補訂。

〔6〕ローマの信徒への手紙九章―一一章についてのバルトによる詳細な神学的釈義は、前掲「神の恵みの選び」(『神論』Ⅱ／2吉永正義訳)参照。

〔7〕〈シルエット〉という表現は、バルトにおいて、かならずしも消極的な意味ではないことに注意。たとえば一九四四年の講演の中で、当時、無蓋貨車で輸送され毒ガスで大量虐殺されていた「ユダヤ人の影像《シルエット》」には、イエス・キリストの棄却された死が想起される、と語っていた(「今日の〈時代の出来事〉におけるキリスト教会の約束と責任」、前掲『バルト・セレクション5』所収)。

〔8〕「そもそも……あるように」は〔5〕と同じ。

12　神の独り子

人間イエス・キリストにおける神の啓示は、不可抗的かつ独占的なものであり、また人間イエス・キリストにおける神の御業《みわざ》は、救いに満ちた、十分なものである。なぜなら、この人間は、神とは異なる本質ではなく、むしろ、父の独《ひと》り子——すなわち、唯一無比の仕方で御自身を通して・また御自身からして生きてい給う神御自身であり、現身《うつしみ》における神の全能・恵み・真理であり、こうして、神と他のすべての人間との間における真正な仲保者——であり給うからである。

私たちは、その答えが初めから示されているゆえに何ら問いではない問いに到達しました。すなわち、イエス・キリストの真の神性についての言明です。いかにして私たちは、このような言明に到達するのか、あるいは、むしろ、いかなる問いがこの言明に導いていくのか、ということを明らかにしてみましょう。

私たちは、これまでのさまざまな叙述の中で、一貫して、神の**啓示**、あるいは神の御言葉という概念に突き当たってきました。すなわち、神の告知に、神御自身から発せられる使信に。〔ところで、世の中には〕すでに人間に対して発せられ、今もなお発せられており、そして〔これこそ〕〈神の言葉であり神の使信である〉という要求まで持ちだしてくるような、実にさまざまな啓示と言葉と使信とが存在しています。それゆえ、次のような問いが生じてきて、私たちは、この問いに対して、態度決定をしなければならないのです。すなわち、〈今ここで神の啓示と名づけられるものが、どうして不可抗的に神の啓示として承認されうるのか、また啓示そのものとして受け入れられうるのか〉と。

大小さまざまの事柄において、人類の歴史全体において、また一人一人の個人の生活において、ある何事かが、私たちにとって非常に納得させられ、重要になり、説得力あるものになるような、切っかけや機縁や機会が十分にあるということ。何事かが私たちを《圧倒》し去り・虜《とりこ》にし・魅了するような、切っかけや機会が十分にあるということ。これは、じっさい、疑いようもありません。人生というものは、小宇宙《ミクロコスモス》においても大宇宙《マクロコスモス》においても、そうした出来事に満ちています。人間の生においては、力や美や愛の《もろもろの啓示》が存在するのです。そういうわけなら、なぜ、ここでまさに神の啓示と呼ばれているもの、〔つまり〕イエス・キリストの現存《エクシステンツ》

における あの出来事が、際立った仕方で――すなわち一回的（einmalig）な仕方で――啓示なのでしょうか。

このような問い――キリスト教の《絶対性》に関するこの問い（トレルチ！）――に対して、さし当たって語られねばならない一般的な回答は、以下のようなものです。すなわち、私たちは、非常に不可抗的で、また、非常に正当でもある要求を持った、他の《もろもろの啓示》に取り囲まれている、ということを認めなければなりません。しかしながら、私たちは、キリスト教信仰からして、それらの啓示に対して、〈これらの啓示には、ずばり端的に拘束する究極の権威というものが欠けている〉と言わなければならないでしょう。私たちは、このような〈もろもろの啓示〉の世界の只中を通り抜けて行くことができるのです。〔たしかに〕ここでは啓発を受け、あそこでは確信を与えられ、また圧倒されるということは、ありうるでしょう。しかし、それらの啓示には、〈第一にして究極なるもの〉といった力が欠けています。〔つまり〕それには、人がそれらの啓示を喜んだり、それに陶酔したり、さらにその後で――ちょうど自分の顔を鏡の中で眺めてから立ち去って、自分の見たものを忘れてしまう人のように〔ヤコブ書一・二三―二四〕――通り抜けて行くのを阻みうる力がないのです。これらの〈もろもろの啓示〉すべてに、究極的に拘束する力が欠けているということは、紛れもなく知られている事実です。それは、これらの〈もろもろの〉啓示が強力でないから、というのではありません。意義深く感動的ではないからでもありません。そうではなくて――私たちは、キリスト教信仰からして、このように告白しなければなりませんが――これらの〈もろもろの啓示〉すべては、神によって創造された地の偉大さや力、善良さや美といったものの啓示にすぎないからなのです。地は、奇跡と栄光とに満ちています。もしも、地が〈もろもろの啓示〉に満ちていないとしたなら、地は、神の被造物ではないに違いないし、神によって私たちに定められた私たちの存在《ダーザイン》の〔生活〕空間ではないでしょう。あらゆる時代の哲学者・詩人・音楽家・預言者たちは、そのことを知っています。しかし、これらの地と、地的な精神の、こうした〈もろもろの啓示〉には、人間を最終的に拘束しうるような権威が欠けています。こうした〔もろもろの啓示の〕世界の只中を、人間は、究極的に拘束されることなしに、通り抜けて行くことができるのです。

　しかしまた、実に天的な〈もろもろの啓示〉というものもありうるでしょう。それゆえ、被造物のあの目に見えない把握しえない現実――こうした現実に私たちは取り囲まれているのですが――の〈もろもろの啓示〉もありうるでしょう。このような〈把握しえないもの〉と〈目に見えないもの〉の世界もまた、実に、たえず動きながら私たちに向かってくるものとして理解されます。まことに、そこにも、まさにそこにこそ、驚嘆すべき、さまざまの切っかけが存在しています。そのような天との出会いや天的世界との出会いを持たない人間とは、いったい何でしょうか。しかしながら、こうした天的な〈もろもろの啓示〉もまた、究極の権威という性格を持ってはいません。それらの啓示もまた、実に被造物的な啓示です。それゆえ、それらの啓示もまた、究極の答えを語ることができないのです。

天的な一切のものは、地的な一切のものと同様に、究極的には、それ自身が制約されたものなのです。そのような天的な、地的な一切のものが、ある偉大な王の使者のように私たちに出会う、ということはありうるでしょう。私たちは、そのような使者を、偉大な力強い人として驚歎することがあるかもしれません。しかし、私たちは、そのような人に対しても、知っています。〈この人は王自身ではない、王の使者にすぎない〉ということを。このように私たちは、天と地のあらゆる力に、また、天と地のあらゆる啓示に向き合っているのです。私たちは知っています。それらよりも、いっそう高いものが存在するということを。これらの天と地の諸力が、たとえ、どのように力強いものであるにしても、また、その諸力が、たとえ原子爆弾のような巨大なものに達するとしても、それらは、私たちを究極的には屈服させはしません。したがってまた、それは、究極的には私たちを威圧することもありません。「たとえ、地球が壊れようとも、臆せぬ者には、瓦礫が当たるにすぎないだろう」。この戦争〔＝第二次大戦〕の数年間を通り抜けてきた人類をじっと見つめるとき、事態は、その通りではないでしょうか。〔そこで生じた〕一切のことが、根本においては自分たちに何ら影響を及ぼさなかったということを、人類は驚くべき強靭さをもって証明したのではなかったでしょうか。私たちは、全く途方もないことを体験してきました。しかし、人間が、あの主そのものでないような主《あるじ》たち（Herren）によって打ち負かされることはありえません〔1〕。人間は、瓦礫の只中を通り抜け、しかも、地の諸力に向きあって怯《ひる》んで屈するようなことはないのです。

キリスト教会において啓示について語られる場合、そこでは、まさにそのような地的あるいは天的な〈もろもろの啓示〉について語られるのではありません。そうではなく、あらゆる諸力を超える力のことが語られるのです。そこで問題になっているのは、何らかの神的な〈上方〉とか〈下方〉の啓示ではなく、神御自身の啓示です。私たちが今語っている現実、すなわち、イエス・キリストにおける神の啓示は、不可抗的で・独占的（ausschliessend）であり、また助けに満ちた、十分なものです。なぜなら、ここで私たちが関わっているのは、神とは異なった別の現実――あのもろもろの地的あるいは天的な実在の中のどれか一つ――ではないからです。そうではなく、神御自身、〔すなわち〕私たちが第一項で聞いた〈高きに在《いま》す神〉であり、〈天と地の創造者〉と関わっているからです。

ナザレのイエスのことを――この方を教会は、キリストなるイエスとして認識し告白してきたのですが――新約聖書が数え切れないほど多くの個所で、〈主《キュリオス》〉として語る場合、それによって、新約聖書は、旧約聖書が《ヤハウェ》〔という御名〕で言い表わしているのと同じ言葉を用いているのです。ガリラヤの村々町々を巡り歩き、エルサレムを目指して歩み、そこで告訴され、判決を受け、十字架につけられ給うこのナザレのイエス、この人間が、旧約聖書のヤハウェであり、創造者であり、神御自身なのです。〔2〕私たちと同じく時空の中にある一人の人間が神のすべての属性を持ちながら、しかも人間であることを止《や》めず、それゆえ、徹頭徹尾、被造物であることをも止《や》めないのです。

　創造者御自身が――その神性を損なうことなく――半神でもなく、天使でもなく、きわめて即《ニュ》物的《ヒテルン》に、きわめてリアルに、一人の人間と成り給うたのです。イエス・キリストに関するキリスト教信仰告白の意味するのは、このこと、すなわち〈イエス・キリストは神の独《ひと》り子である〉ということです。この方は、神の子であり給う。それゆえ、この方は、神が御自身を通して定められているという神的現実のあの意味での、神であり給う。このような神御自身を通して定められているこの神――神の独《ひと》り子――その方が、この人間、ナザレのイエスなのです。神が父であり給うのみでなく御子でもあり給うことによって、神の内的な生において、このような出来事が引き続き起こることによって――神は御自身の神存在の行為において神であり給い、神は父と子であり給います。――神は創造者でありつつ、しかし、また被造物でもありうるのです。

　このような前代未聞の《しかし、また》(aber auch)は、その内的な対応を、まさにあの〈父と子〉という出来事の中に持っています。そして、このような〔被造物となり給うという〕神の御《み》業《わざ》――このような神の啓示――が永遠なる御子の御業《みわざ》であることによって、この御業《みわざ》は、当然のことながら、まことに比類ない際立った仕方で、被造界全体に向かいあって立っています。ここでは、神御自身が問題となっていることによって――すなわち、この被造物が神の御子であることによって、イエス・キリストにおけるこの出来事は、真に不可抗的で、独占的で、また助けに満ちた、十分なものとして、他のすべての出来事から区別されるのです。――むろん、これら他の出来事も、神の意志と神の定めによって私たちの周りで起こっているのではありますが。〔なぜなら〕イエス・キリストにおける神の啓示と神の御業《みわざ》は、実に神の意志に基づいた何らかの一つの出来事というようなものではなく、被造界において語り出《い》で給う神御自身なのです〔から〕。

今や、私たちは、キリストの神性の問題をめぐる、もろもろの論争を背景として語られた、あの古代教会の信仰告白の言葉を共に聞きうる所にまでやって来ました。すなわち、「〔主は〕神の独《ひと》り子、世々に先立ち御父《おんちち》より生まれたる方、光からの光、真《まこと》の神からの真《まこと》の神、創られずして生まれ、御父《おんちち》と同じ本質を持ち給う方、すべてのものは、この方によりて創られたり。この方は、われら人間のため、また、われらの救いのために天より降り給えり……」〔3〕というニカイア・コンスタンティノポリス信条（三八一年）の言葉です。

この定式（Formel）については、多くの非難や罵《のの》りの声があげられてきました。おそらく皆さんは、早晩、勉学の途上で、同じようなことを口にし、このような事柄《ザッヘ》にこんな定式が与えられたことにゾッとした著作家たちや教師たちに、出会われるでしょう。皆さんがそのような嘆息に出会われたときには、どうかこの講義の時間を思い出し、それが皆さんのためにいささかブレーキにでもなればと願っています。すなわち、いわゆる《正統主義》に反対するこのような憤激は、すでに教養ある人間としては共にすべきでない《狼の遠吠え》のようなものなのです。なぜなら、教父たちに対するそのような罵倒には、いささか野蛮なものが潜んでいるからです。たとえその人がキリスト者ではない場合であっても、〈ここでは、問題がすばらしい仕方で言い直されているのだ〉ということを認識するだけの敬意は持つべきだろう、と思います。

ニカイア・コンスタンティノポリス信条の定式については、〈それは聖書には記されていない〉ということが言われてきました。しかしながら、聖書には、真実であり・不可欠であり・認識されねばならない、いっそう多くのことが文字通りには記されていないのです。聖書は決して索引カード箱などではありません。そうではなく、聖書は、神の啓示の大いなる記録です。この啓示は、私たち自身がそれを把握することを目指して、私たちに向けて語られているのです。教会は、聖書の中で語られていることに対して、いつの時代にも応答しなければなりませんでした。教会は、ギリシャ語やヘブライ語以外の言語で――そしてまた、聖書に記されているのとは別の言葉で――応答しなければなりませんでした。そのような応答の一つが、この〔ニカイア・コンスタンティノポリス信条の〕定式なのです。この定式は、〔主眼である〕事柄《ザッヘ》が攻撃されたときに、その真なることが実証されました。すなわち、あの〔ギリシャ語の〕イオータ〔ι〕をめぐって本当に論争[4]がなされねばならなかったのです。〈神御自身なのか、それとも、ある天的もしくは地的な存在なのか〉をめぐって。それは、どうでもよいような問題ではありませんでした。この〈イオータ〉において問われていたのは、福音全体をめぐる問題だったのです。私たちは、イエス・キリストにおいて、神に関わっているのか、それとも一被造物に関わっているのか、どちらなのか、と。

宗教史においては、神に似た存在者《ヴェーゼン》が、たえず繰り返し出現してきました。古代〔教会〕の神学がここで徹底的に論争したのは、それが何故〔そこまでしなければならない〕かということを、この神学は知っていたからです。その際、しばしば、事がまさに人間的な仕方で行なわれたというのは確かです。しかし、そういったことは、全く興味を引くようなものではありません。キリスト者であっても、決して天使ではないのです〔から〕。事が重大な事柄（Sache）に関わる場合には、そこに、出かけて行って、「愛する子らよ、喧嘩はやめなさい！」などと叫んではなりません。むしろ、その場合には、論争は、何ら仮借することなく、行きつくところまで行くことが望ましいのです。私ならこう言うでしょう。感謝すべきことにも、教父たちは、当時、そのあらゆる愚かさや弱さをひっくるめて、そのあらゆるギリシャ的な学識をひっさげて、争うことを恐れなかったのだ、と。あのすべての定式は、実にただ一つのことを語っています。すなわち、〔主は神の〕独り子《ひと》、世々に先立ち御父《おんちち》より生まれたる方、光よりの光、真《まこと》の神よりの真《まこと》の神、それゆえ、被造物ではなくして神御自身。単に御父《おんちち》と似た本質というのではなく、御父《おんちち》と同じ本質を持てる方、現身における神（Gott in Person）。「すべてのものは、この方によりて創られたり。この方は、われらのため、天より——上より——降り給えり……」。われらのもとに降り給えり。すなわち、この方がキリストなのです。

古代教会は、このようにイエス・キリストを見たのです。イエス・キリストの現実は、このように古代教会の眼前に立っていたのです。古代教会は、そのキリスト教信仰告白においてイエス・キリストに対してこのように告白したのです。そしてこの信仰告白は、私たちに対する勧めであります。私たちもまたこのように見るよう試みよ、と。このことを理解する者は、教会のこの大いなる合意《コンセンサス》に声を合わせないようなことがあるでしょうか。このような事柄《ザッヘ》を眼前にして、正統主義《オーソドキシー》やギリシャ神学について溜息《ためいき》をつくなどというのは、何と子どもっぽいことでしょう！　そんなことは、事柄《ザッヘ》と何の関わりもありません。そして仮にこれ〔＝定式〕が成立するときに問題だらけの仕方で進んだのだったとしても、私たちは、こう認めようではありませんか。私たち人間のすることは万事問題だらけで、恥じ入るばかり、喜ばしいものではない、ということを。それでいて、ときおり事が必然的で正しい結果になることを許されているのだ、ということを。――「神の摂理と人間の混乱とによって！」（Dei providentia et hominum confusione）〔5〕。

この信仰告白が語っているのは、全く端的に、また、全く実際的に、〈われわれは、われわれの事柄に確信を持つことを許されている〉ということです。すなわち、この神の御子に対する信仰告白において、実にキリスト教信仰は、人びとが〈宗教〉と呼んでいるすべてのものから区別されるのです。私たちが関わっているのは神御自身であって、何らかの神々なのではありません。キリスト教信仰において問われているのは、私たちが「神の本性にあずかる者となる」〔Ⅱペトロの手紙一・四〕ということです。神的本性自身が、私たちに近づいてきて、この本性があの唯一なる方〔イエス〕において私たちに出会われるのと同じように、私たちが信仰においてこの神的本性にあずかる者となるということ。――まさに、問題となっているのは、これ以上でもこれ以下でもありません。このようにして、イエス・キリストは、神と人との間の仲保者であり給います。一切のことは、この背景において理解されなければなりません。それ以下のことを、神は、私たちのためになさろうとは欲し給いませんでした。

私たちは、私たち人間の罪と困窮の全き深みを、〈この測るべからざることが起こらねばならなかったし、また起こったのだ〉ということによって認識できるのです。教会《キルヒェ》とキリスト教界全体は、その使信によって、〈神が御自身をわれわれのために与え給うた〉という、この測るべからざること、また、究め難きことに眼を注ぎます。したがって、本当にキリスト教的な発言であれば、どれにも、他のいかなる非キリスト教的発言も持ちえないような、何か〈絶対的なもの〉〔トレルチ〕があるのです。教会《キルヒェ》は《意見》を持っているのではありません。《見解》を、確信を、持っているのではありません。教会《キルヒェ》は熱狂することもありません。ただ、教会《キルヒェ》は信じ、また告白するのです。すなわち、教会《キルヒェ》はキリストにおける神御自身の内に基礎づけられた使信に基づいて語り、また行動するのです。だからこそ、すべてのキリスト教的教説・慰め・警告は、その内容を形づくっているところのもの——すなわち、〈神は、その独《ひと》り子イエス・キリストにおいて、われわれのために存在することを欲し給う〉ということに示される神の大いなる行動——の力における原理的かつ決定的な慰め・警告なのです。

〔1〕この言い回しは、はるか後のバルトの最終講義（一九六一年）の遺稿（『キリスト教的生Ⅱ』天

野有訳、所収）における、「主《あるじ》なき諸権力」（Herrenlose Gewalten）に対する痛烈な批判に通じている。

〔2〕バルト「神の啓示」（『神の言葉Ⅰ／2』吉永正義訳、所収）における三位一体論を参照。

〔3〕これは、〈日本キリスト教協議会共同訳〉を参照しながらバルトによるドイツ語訳の引用文に即して訳出した。

〔4〕古代教会のキリスト論論争における中心概念、〈ホモウーシオス〉と〈ホモイウーシオス〉における〈イオータ〉の有無に関する論争。前者（homoousios）は、homos（同一の）＋ousios（本質的）から〈同一本質〉を意味し、父・御子・聖霊の〈三位一体〉の中心にある言葉。これは、〈正統信仰の父〉アタナシオスによって代表されていた。後者（homoiousios）は、homo にイオータ（i）を加えた homoi（類似の）＋ousios（本質的）から〈父なる神〉と〈子〉キリストとの〈類似〉ないし〈子〉の従属を意味する言葉であり、アレイオス派、ないしは、それに連なる人びとによる主張。

〔5〕「人間の混乱と神の摂理によって、スイスは統治される」という十七世紀の有名なラテン語の格言。バルトは、この言葉を表題にした短い文章（一九四一年）も書いている（『カール・バルト著作集6』雨宮栄一訳、所収）。

13　われらの主

人間イエス・キリストの存在《ダーザイン》は、彼の神性の力において、一人一人の人間の存在《ダーザイン》に対する主権的な決断である。この主権的な決断は、〈この唯一なる方が——神の配剤に従って——すべての者のために立ち給う〉ということ、また、それゆえに、〈すべての者がこの唯一なる方に対して結びつけられ義務を負うている〉ということに、基礎づけられている。彼の教会《ゲマインデ》は、このことを知っている。このことを、彼の教会《ゲマインデ》は、世に知らせなければならない。

私は、この論題《ライトザッツ》の代わりに、マルティン・ルターの使徒信条第二項の説明を、単純にここにおく方がよいのではないか、と自問しました。すなわち、「私は、こう信じます。イエス・キリスト——永遠の初めに父から生まれ給うた真《まこと》の神、しかも処女《おとめ》マリアから生まれ給うた真《まこと》の人間——は、私の主である、と」[1]。これらの言葉において、ルターは、第二項の内容全体を言い表わしています。私たちが〔信条の〕本文を見るなら、これは、おそらく釈義的には〈好き勝手な〉やり方かもしれません。しかし、これが天才的な〈好き勝手な〉やり方であることは確かです。なぜかと言えば、ルターがしたことは、つまるところ、使徒信条《クレドー》の最も根源的で・最も単純な文言である「主（は）イエス・キリスト」（Kyrios Jesus Christos）にまで立ち返る、ということ以外ではなかったからです。彼は、この第二項で、まだこの他にも語られているすべてのことを要約して、このような分母の上に置いたのです。真《まこと》の神性と真《まこと》の人性とは——彼の定式化においては——この主語の述語となっています。キリストの御業《みわざ》の全体は、主の御業《みわざ》なのです。

　この主が私たちに向けて発し給う要求の全体は、私たちが主のものになるということ、すなわち、「私がこの方の御国において、この方の下に生き、そしてこの方に仕える[2]」ということです。しかも、それは、この方が「見捨てられ、罪に定められた人間である私を、すべての罪と死と悪魔の力から救い出し、買いもどし、御自分のものにして下さった[3]」私の主であり給うゆえにであり、そして、キリスト教の約束全体は、この方の栄光にふさわしく「私が、永遠の義と純潔と至福の中で、この方に仕える[4]」ということです。これら全体は、キリストの〈高挙〉（die Erhöhung Christi）の一つの〈類比〉となるのであります[5]。

　私は、使徒信条《クレドー》のこの部分〔われらの主〕の説明を、ルターのこのテキストに対して皆さんが注意するように強く促すことなしには、始めたくはありませんでした。しかし、私たちは、私たち自身の考え方に従って、この事柄に近づくことにしましょう。

〈イエス・キリストは、われらの主なり〉とは、何を意味するのでしょうか。私は、それを、次の言葉で言い代えてみました。すなわち、「イエス・キリストの存在《ダーザイン》は、一人一人の人間の存《ダー》在《ザイン》に対する**主権的な決断**である」と。一つの主権的な決断が、私たち人間に対して下されているのです。この決断を私たちが認識しているかどうか、また、私たちがこの決断に正しく対応しているかどうか、ということは二の次の問題です。私たちは、〔まず〕聞かなければなりません。この決断が下されているのだ、ということを。この決断は、人間の運命というようなもの、〔つまり〕局外中立的な客観的な人間の規定というようなものとは何の関係もありません。そういうものなら、人間の本性や人間の歴史から、何らかの仕方で読み取ることができるのかもしれません。〔しかし〕そういったものではなく、この一人一人の人間の存在《ダーザイン》に対するこの主権的な決断は、人間イエス・キリストの存在《ダーザイン》の中にあるのです。この方が存在し給うこと、存在し給うたこと、存在し給うであろうことによって、この主権的な決断が、すべての人間に対して下されているのです。

皆さんは、記憶しているでしょう。この講義の初めの頃に〈信仰〉という概念について解釈したとき、私たちは、こう確認したのです。〈キリスト教信仰とは、端的に言って、一つの神的決断に注目しながら下されるべき人間的決断として理解されなければならない〉と〔第4講〕。今や、ここで私たちは、この神的決断の具体的な姿を見るのです。〈神は、われわれの主にして師であり給う〉と私たちが言うとき、そこで私たちキリスト者が考えているのは、まさにすべての神秘主義の仕方で、〈力〉として私たちの上に立ち、私たちを支配している、或る神的な何ものか――定義し難い、結局のところは未知の神的な何ものか――のことではありません。そうではなく、私たちは、この具体的な姿を、〔つまり〕人間イエス・キリストのことを考えているのです。この方が、私たちの主であり給う。この方が在《いま》し給うゆえに、神は、私たちの主であり給うのです。すべての人間的存在《ダーザイン》に対して、《初めからの存在《アプリオーリ》》としてイエス・キリストの存在《ダーザイン》が先行しています。このことを、キリスト教信仰告白は語っているのです。

〔しかし〕人間的存在《ダーザイン》に対してイエス・キリストの存在が先行する、とは何を意味するのでしょうか。〈時間的な先行〉というような考え方は、どうか引っ込めて下さい。〔たしかに〕それは、〈時間的な先行〉ということも意味しています。「成し遂げられた」〔ヨハネ福音書一九・三〇〕ということをも意味しています。それゆえ、あの大いなる歴史的《ヒストーリッシュ》な完了形（Perfektum）――私たちに対する支配権《ヘルシャフト》〔＝主であり給うこと〕が紀元一年〜三〇年にパレスティナにおいて打ち立てられたということ――をも意味しています。しかしながら、そうしたことは、今、決定的なことではありません。もしも〈時間的な先行〉ということがそのような重大性を獲得するとすれば、それは、この〔イエス・キリストという〕人間の存在《ダーザイン》が、その無比な尊厳性によって私たちの存在《ダーザイン》に先行しているからです。この〔イエス・キリストという人間の〕存在《ダーザイン》は、私たちの存在《ダーザイン》に対するその権威によって――その神性の力において――私たちの存在《ダーザイン》に先行するのです。

　前回の講義で述べたことを振り返ってみましょう。〈この〔イエス・キリストという〕人間の存在《ダーザイン》が全く端的に神御自身の存在である〉とは、何を意味するのかということが、今や明白になります。これこそがこの〔イエス・キリストという〕人間の尊厳性を形作っているのです。これこそが、彼の生の内実であり、私たちに対するその力なのです。イエス・キリストは、神の独《ひと》り子であり給い、「御父《おんちち》と本質を同じく」〔ニカイア・コンティノポリス信条〕する、まさにそれゆえに、その人間的本性も、その人間存在もまた、主権的決断が遂行されるところの出来事なのです。彼の人間性《フマニテート》は、人間性そのもの、あらゆる人間性（humanitas）の精髄なのです。それは、概念あるいは理念としてではなく、決断として、歴史《ゲシヒテ》としてであります。イエス・キリストは、人間そのものであり、それゆえに、あらゆる人間存在の基準であり、規定であり、限界づけであり給うのです。彼は、単に彼御自身に関してというだけではなく、〔むしろ〕一人一人の人間に関して、〈神の意図が何であり、神の目標が何なのか〉ということについての決断なのです。このような意味で、キリスト教信仰告白は、イエス・キリストを、「われらの主」と呼ぶのです。

　イエス・キリストにおけるこのような主権的な王的決断は、「この**唯一なる方**が神の配剤によって**すべての者のために**立っていい給う」という事実に**基礎づけられて**います。「基礎づけられている」のです。それゆえ、神の主権的な決断は、〔つまり〕イエス・キリストの支配権《ヘルシャフト》は、私たち人間に対して、またそれ自身において、ある見境なしの〈力の事実〉というようなものではありません。私たちが以前に、神の全能について論じたことを、また、その際、私が「力それ自身は悪である。力のための力は悪魔である」という文言を強調したことを、皆さんは記憶しているでしょう〔第7講〕。イエス・キリストの支配権《ヘルシャフト》は、力のための力ではありません。そして、キリスト教会《ゲマインデ》が「イエス・キリストはわが主であることを信ず」と告白するとき、教会《ゲマインデ》は、そこで、見境なしに脅かすように私たちの上にのしかかっている、ある法則（Gesetz）のようなものを考えているのではありません。また、ある〈歴史の力〉といったようなもの、ある運命あるいは宿命――なすすべもなく人間がそれに委ねられ、そのまま受け入れることだけが人間に残された究極の分別だ、といったようなもの――のことを、考えているのでもありません。そうではなく、信仰告白をするときには、キリスト教会《ゲマインデ》は、自分たちの主の正当な支配権《ヘルシャフト》のことを考えているのです。主なるイエス・キリストの支配権《ヘルシャフト》は、まさに単なるpotentia〔剥《む》き出しの力〕ではなくて、potestas〔正当なる力〕なのです。それは、単に究めえない意志の秩序としてではなく、むしろ、知恵の秩序として私たちに認識できるのです。神は、正しく在《いま》し給う。そして、〈神がわれらの主であり給うとき、また神がそのような主として私たちに認識されることを欲し給う〉とき、なぜ、そうし給うのかということを、神は御自分でも知ってい給うのです。

もちろん、このようなキリストの支配権《ヘルシャフト》の基礎〔づけ〕は、私たちを、いよいよ深く秘義の中へと導いていきます。ここで問題となっているのは、ある客観的なもの、〔つまり〕ある秩序――私たちを高く超え、また、私たちなしに打ち立てられている秩序――それに人間が服さねばならないし、それを承認しなければならないところの秩序、ただそれを聞くことしかなしえず、その後は、それに服するしかありえない秩序なのです。キリストの支配権《ヘルシャフト》がその神性の力において打ち立てられ、さらに神性の力において存立するものである以上、どうしてこれ以外の仕方がありうるでしょうか。神が統治し給うところ、そこでは、人間は、ただひれ伏し、拝することしかできません。しかしながら、拝するのは、神の知恵の前に、神の義と聖の前に〔Iコリントの信徒への手紙一・三〇〕――神の憐れみの秘義の前に拝するのです。これが、神に対するキリスト教的畏敬、また神へのキリスト教的賛美であり、キリスト教的奉仕、また服従であります。服従は、聞くことに基づいています。そして、聞くとは、御言葉を受け容れるということです。

私は、キリストの支配権《ヘルシャフト》のこのような基礎〔づけ〕を、きわめて簡潔かつ総括的に示してみようと思います。論題《ライトザッツ》にはこうあります。「この主権的な決断は、〈**この唯一なる方が神の配剤に従ってすべての者のために**立ち給う〉ということに……基礎づけられている」と。〈この方が、この唯一なる方が、この人間が――何らかの理念ではなく、全く具体的に、あの時あの所にいた一人の方であり給い、〔つまり〕ある名を持ち、ある場所から来て、私たちすべての者と同様に、時間の中において一つの生涯の歴史を持つ一人の人間である！〔しかも〕単に自分自身のためにだけいるのではなく、すべての者のためのこの唯一の方である〉ということ。――これこそが神の秘義であり、そして同時に、イエス・キリストの秘義なのです。皆さんは、一度、新約聖書を、この《われわれのために》という観点の下で読むことを試さなくてはなりません。なぜなら、中心に立ち給うこの方の現存《エクシステンツ》全体は、単にそれ自身の枠内でそれ自身の内的意味をもって遂行され果たされるところの人間の現存ではなく、他のすべての者のために遂行され果たされるところの人間の現存である、ということによって規定されているからです。

この唯一なる方において、神は、一人一人の者を――私たちすべての者を――ちょうどガラスを透かして見るように、見給うのです。この媒介を通して、この仲保者を通して、神は、私たちを知り、また見給います。そして、私たちは、私たち自身を、この方において――この人間において――神によって見られている者として、そのような仕方で神に知られている者として、理解することを許されていますし、また、理解すべきです。この方において、この唯一なる方において、神は、人間たちを――一人一人の人間を――永遠の昔から、眼前にしてい給うのです。また眼前にし給うただけでなく、愛し、選び、召し給うたのであり、御自身の所有となし給うたのです！　この方において、神は、御自身を一人一人の者と――すべての者と――永遠の昔から結びつけ給うたのです。このことは、全過程にわたって――すなわち、人間の被造性から始まり、人間の悲惨さを貫き、人間に約束されている栄光に至るまで――妥当します。

私たちについての一切のことは、この方において、この唯一なる人間において、決定されているのです。人間が人間として創造されているのは、この唯一なる方の像――神の像――にかたどってであります。〔6〕この唯一なる方は、その卑賤において、すべての者の罪と悪と愚かさを、さらにまた悲惨と死をも担い給います。そして、この唯一なる方の栄光は、私たちすべての者に、まさに与えるべく定められている当の栄光なのです。私たちに与えるべく定められているのは、これです。すなわち、この方が死から復活し、永遠に生きて統治し給うのと同じように、私たちは、永遠の義と潔白と至福との内で、この方に仕えるのを許されているということです。これが、〔つまり〕このような一人一人の人間――すべての人間――のこの唯一の方との繫《つな》がりこそが、神の賢き配剤なのです。そして、これが、いわば上から眺めれば、イエス・キリストの支配権《ヘルシャフト》を支える根拠なのです。

ところで今や、この同じことを人間の側から見れば、こうなります。すなわち、このような神の配剤が持続するゆえに、また、私たちがこのような繫りの中に立っているゆえに、またイエス・キリストがこのような唯一の人間であり、神の御前で私たちのために立ち給い、そして私たちがこの方において神から愛され・保たれ・導かれ・担われているゆえに――それゆえに、私たちは、イエス・キリストの所有《もの》であり、私たちは、この方に――この所有者に――結びつけられ、義務づけられているのです。よく注意していただきたいのは、〈私たちはこの方の所有《もの》である〉という この確認――私たちからこの方に向かってのこのような関係――は、何はさておき、何か道徳的あるいは宗教的な性質のようなものを持ってはいないということです。そうではなく、それは、この確認〔あるいは関係〕は、ある事態〔つまり〕ある客観的な秩序に基づいているのです。道徳的なもの、宗教的なものは、〈後の心遣い〉(cura posterior)です。おそらく道徳的なもの・宗教的なものも必然的に生じて来ることでしょう。しかし、まずは、端的に〈私たちがこの方に属している〉ということであります。神の配剤によれば、人間は、人間の自由にもかかわらずではなく、人間の自由において、キリストの所有《もの》なのです。というわけは、人間が自分の自由として認識し、かつ生きるところのもの――それを人間は〈キリストが神の御前で人間のために執《と》り成《な》し給う〉ということによって、人間に与えられ・創造された、まさにその自由において、生きているのだからです。

それゆえ、〈イエス・キリストは主なり〉ということによって言い表わされているのは、神の大いなる恩恵行為(Wohltat)なのです。私たちがまだ存在する以前に、また私たちが神を思う以前に、イエス・キリストにおいて私たちを求め、私たちを見出し給うたのは、このような神的な恩恵の行為なのであり、永遠なる憐れみの神的性格によるものです。私たちのためにもキリストの支配権《ヘルシャフト》を基礎づけ、さらに私たちを他のあらゆる支配権《ヘルシャフト》から解放し給うのは、このような神の憐れみです。他のあらゆる主《あるじ》たち(Herren)の共同発言権を排除し給うのは、また、この権威《インスタンツ》に並べて他の権威《インスタンツ》を据え、この主《あるじ》たちに並べて他の主《あるじ》たちを据えて、それに服従〔させようと〕するようなことを不可能にし給うのは、この神の憐れみです。〔それゆえに〕また、主イエス・キリストを無視して他の主に訴えたり、私たちの本来的な支配者として運命や歴史や自然を考えたりすることを不可能にし給うのも、――このような私たちに対する配剤がその中で決定されている――この神の永遠の憐れみなのです。〈キリストの potestas〔＝正しい力〕は神の憐れみ、慈しみ、愛に基づいている〉ということを、もしも私たちが一度認めたならば、そのとき、はじめて一切の留保を捨ててしまいます。そのときには、宗教的領域と他の諸領域との区分はなくなります。そのときには、私たちは、もはや身体と魂とを分離せず、さらにまた神奉仕〔＝礼拝〕と政治を分離することもなくなります。これらすべての分離は、そのときには終わるのです。なぜなら、人間というものは一者であって、そのような一者として、キリストの支配の下に置かれているのだからです。

〈イエス・キリストはわれらの主である〉ということ。そのことを、〔各個《ゲマインデ》〕教会は、**知っています**。このことを、私たちは教会《キルヒェ》において**知っています**。しかし、この〈われらの主〉という真理は、私たちがそれを知っており承認しているということに依存するのではありませんし、また、この真理が洞察され、言い表わされる教会《ゲマインデ》が存在していることにも依存していません。そうではなく、イエス・キリストが〈われらの主〉で在《いま》し給うゆえに、イエス・キリストは、そのような方として認識されうるのであり宣べ伝えられうるのです。しかしながら、これが事実この通りだということ――すなわち、すべての者がこの方において彼らの主を持っているのだということ

――を、誰一人、自明のものとして知ってるのではありません。このような知は、私たちの選びと召しの事柄であり、この方の御言葉によって集められた〔各個《ゲマインデ》〕教会の事柄・教会《キルヘ》の事柄なのです。

私は、先に、この第二項についてのルターの講解を引用しました。あの講解に対して、ルターが《われらの》主という言葉を《私の》主につくり変えていると、異議申し立てをする人がいるかもしれないし、また、異議申し立てをすることは可能です。むろん、私は、そのことで、ルターを非難するつもりはありません。なぜなら、まさにこのように個人に集中することによって、ルターの講解は、全く桁外れの重みと迫力を得ているからです。《私の主》、すなわち、この言葉によって、全体が前代未聞の現実性《アクテュアリテート》と実存性とを獲得しているのです。しかし、私たちは、使徒信条が新約聖書の慣用的な表現と一致して、「われらの主」と言っているということを、見失ってはなりません。それは、私たちが、〈主の祈り〉において――群衆としてではなく〔信仰者の〕共同体（Gemeinschaft）として――複数形で祈るのと、まさしく同じです。

「われらの主」という告白は、この主の教会において兄弟姉妹たるべく召された者たち、共同の委託を持って世に向かって踏み出していくべく召された者たちの告白なのです。イエス・キリストをそのような方として認識し、告白するのは、まさに彼らなのです。彼らは、キリストを、《われらの》主と呼びます。しかしながら、私たちは、認識と告白のそのような場所が存在するのだ、ということを明らかに知るや否や、直ちに、今一度、視線を遠くに向けなければなりません。この《われらの主》ということを、狭めて理解し、〈キリスト教会《ゲマインデ》は、なるほど、自分たちの主をイエス・キリストの内に持っているが、しかし、他の集まりや他の共同体は、他の主たちを持っているのだ〉などと考えてはならないのです。新約聖書は、〈ただ一人の主のみがあり、この主は、世界の主であり給う〉ということについて、いかなる疑問の余地も残してはいません。このことを、教会《ゲマインデ》は、この世に宣べ伝えなければならないのです。

教会《キルヒェ》の真理と現実は、信仰箇条の第三項に属しています。しかし、次のことは、すでにここでも、また、ここでこそ言われなければなりません。すなわち、イエス・キリストの教会《ゲマインデ》は、それ自身のために現に存在《エクシスティーレン》しているような一つの現実ではないのです。むしろ、それは、一つの委託を持つことによって現に存在《エクシスティーレン》しているのだ、と。教会《ゲマインデ》は、自分が知っていることを、この世に対して言わなければなりません。「あなたがたの光を人びとの前に輝かせなさい……」〔マタイ福音書五・一六〕。教会《ゲマインデ》は、これを行なうことによって、〔つまり〕教会《ゲマインデ》が――最初からそうであるように――世に対する唯一の生ける告知、主の現存《エクシステンツ》の告知であることによって、教会《ゲマインデ》は、自分のための、また自分の〈信じていること〉と〈知っていること〉のための、誤った要求を打ち出しているのではありません。否、イエス・キリストは、主そのものであり給うのです！

それゆえ、ニカイア信条は、ここでもまた、使徒信条に対して、小さな良き拡張を行なったことになります。すなわち、「唯一の主」（unicum dominum）という言葉です。これを言い表わし告げ知らせることが、教会《キルヒェ》に託された委託です。そもそも、キリスト者の間では、また教会《ゲマインデ》においては、《世》と呼ばれているものを、最初から、まさにこのことを――しかも私たちから――聞くことになるはずの領域以外のものとして、〔つまり〕聞くことになるはずの人びと以外のものとして、見るべきではないはずでしょう。私たちがこの世について、それ以外に知っていると思っている他の一切のこと――〔たとえば〕この世が神を失っているというようなことについてのあらゆる確認〔など〕――は、第二次的な問題であって、私たちにとっては基本的に何ら関係のないことです。私たちキリスト者が関心を持ち、また関係があることとは、〈この世が私たちの立っている所に立っていない〉とか、〈この世がその心と頭とを、信仰に対して閉ざしている〉とかいうことではありません。そうではなく、それは、ただ、〈この世は――これらの人びとは――この方のことを私たちから聞くことになるはずの人びとであり、私たちが主を告知する〔＝指示する〕ことを許されているところの人びとである〉ということだけなのです。

私は、ここで、ついでながら、この数週間来、私に向かって何度か向けられてきた一つの質問にもお答えしたいと思います。それは、「この講義には、キリスト者でない人も大勢出席しているのを、ご存じないのですか」という質問です。そういうときに、私はいつも笑って、こう答えてきました。「一向に構いません」と。もしもキリスト者の信仰が、人間を他の人間から区別したり分離したりしようとしたら、それは、実に恐るべきことでしょう。じじつ、キリスト者の信仰は、人間を集め・結びつけることができる最も強力な動機《モティーフ》だからです。そしてこの〈結びつけるもの〉というのは、全く率直なものであり、同時にまた、要求するところ高く、その使信を告知するという教会の課題のことなのです。

私たちが、今一度、この事柄を教会《ゲマインデ》の側から見るならば、すなわち、真剣にキリスト者たろうとする人びとの側から見るならば――「信じます、愛する主よ、不信仰な私を、お助けください！」〔マルコ福音書九・二四〕――私たちは、はっきり次のことを知っていなければなりません。すなわち、一切の問題は、キリスト者が非キリスト者に向かって言葉と業《わざ》とによって、たとえば主のイメージやキリストの理念のようなものを眼の前に描いて見せることでは決してありません。そうではなく、一切の問題は、キリスト者が自分の人間的な言葉と表象とをもって、〈キリスト御自身を指し示す〉ことに成功するということです。なぜなら、キリストについてのイメージ、〔つまり〕キリストについてのドグマが本当の主なのではなくて、使徒たちの言葉において証しされている、その方こそが本当の主だからです。

自分を〈信じる者〉の一人に数えている人にとっては、次の言葉こそ、ふさわしいでしょう。すなわち、「私たちがキリストについて語るときに、いかなるイメージをも――いかなるキリスト教的偶像をも――打ち立てるのではなく、むしろ、私たちが、あらゆる弱さの中にありながらも、主であり給う方を――そのようにして、その神性の力の中にあって一人一人の人間の存在《ダーザイン》に対する主権的な決断であり給う方を――どうか指し示すことができるようにお導き下さい」と。

〔1〕～〔4〕ルター『小教理問答書』より。

〔5〕バルト「人の子の高挙」（『和解論』Ⅱ／1＋2、井上良雄訳）参照。

〔6〕バルトの創世記一・二六―二七に関する神学的注釈（前掲、『創造論』Ⅰ／1、所収）参照。

14　クリスマスの秘義と奇跡

聖霊によるイエス・キリストの受胎という真理、そして処女《おとめ》マリアよりイエス・キリストが誕生されたという真理は、〔一方では〕その〔＝イエス・キリストの〕歴史的顕現においてなし遂げられた、真《まこと》の神が真に〈人と成り給うた〉〔＝受肉〕ことを指示すると同時に、〔他方では〕イエス・キリストにおいて起こった神的な〈恵みの御業《みわざ》と啓示の御業《みわざ》〉のこの発端を、他のもろもろの人間的な出来事に対して際立たせる特別な形式を想起させる。

今や、私たちは、キリスト教会《ゲマインデ》の内部においても、昔から、また広く人びとを躓《つまず》かせてきたいくつかの個所の一つに——いや、おそらくは、そのような個所そのものと言ってよい箇所に——やって来ました。そして、おそらく皆さんもまた、これまでは——ときおりは「これから先どこへ連れて行かれるのだろう」という落着かない気持を抱きながらも——与えられる説明についてくる用意があったけれども、今これから続いて述べられることについては途惑《とまど》って立ち止まってしまう、というのが実情でしょう。しかしながら、私たちは、これを不安をもって受け取らないようにしましょう。――それは、私が作り出したものではなく、教会《キルヒェ》の信仰告白なのです！　むしろ、私たちがこれまで私たちの道を比較的平静に歩んで来たのだとすれば、その同じ平静さと事柄に即する態度《ザッハリッヒカイト》で、この段落にも近づいていきたいと思います。すなわち、「聖霊によりてやどり、処女《おとめ》マリアより生まれ」という段落です。私たちにとって、ここでも、徹頭徹尾、**真理**が問題なのです。しかし、ここでも、私たちは、畏敬をもって問題に近づいて行きましょう。そして、「これを信じなければならないのか」、などという重苦しい問いが最後のものとして残るのではなく、むしろ、私たちは、もしかしたらここでも、喜びをもって、〈然《しか》り〉と言うことを許されているかもしれないのです。

ここに述べられているのは、イエス・キリストについての一連の言明全体の始まりです。私たちがこれまで聞いてきたのは、主語〔として〕の呼び方でした。今や私たちが聞くのは、「やどり」、「生まれ」、「苦しみを受け」、「十字架につけられ」、「葬られ」、「降り」、「よみがえり」、「右に坐したまえり」、「かしこより来たりて」……という動作、あるいは出来事を表わす、いくつかの規定詞です。ここで問題になっているのは、あらゆる人の生と同様に生み出され誕生することをもって始まる一生の歴史です。それは、さらに《苦しみを受け》――受難史――という短い一つの言葉の中に、注目すべき仕方で圧縮されたライフワークです。そして最後に、その復活と昇天とにおける、また——まだ起こってはいない——「かしこより来たりて、生ける者と死ねる者とを裁きたまわん」という——終結における、この生涯の神的確証です。ここで行動し生き給う方。それは、イエス・キリスト、神の独《ひと》り子、我らの主であります。

「〔主は〕聖霊によりてやどり、処女《おとめ》マリアより生まれ」——この言葉が何を意味するのかということを理解したいと思うなら、何よりもまず、これら二つの奇妙な言明は、〈神は、自由な恵みから、人間に——本当の（wirklich）人間に——成り給うた〉ということを語っているのだ、ということを見るようにしなければなりません。永遠なる御言葉が肉となったのです。これこそが、イエス・キリストの現存《エクシステンツ》の奇跡です。この上方から下方への神の降下、すなわち、聖霊〔＝上から〕と処女《おとめ》マリア〔＝下に向かって〕です。これこそ降誕節《クリスマス》の秘義であり、受肉（Inkarnation）の秘義なのであります。カトリック教会《ゲマインデ》では、使徒信条のこの個所で十字を切ります。そして作曲家たちは、まことに多種多様な作曲で、この《そして肉となった》（et incarnatus est）を再現しようと試みてきました。クリスマスを祝うとき、私たちは、年毎に、この奇跡を祝っているのです。「この不思議をとらえようとするとき、わが魂は畏敬のあまり、静かに佇《たたず》む」〔賛美歌〕。これこそが〈核心〉としての（in nuce）神の啓示であり、私たちは、この啓示を、ただ万物の始めとして把握し、聞くことができるだけであります。

しかし、それだけではなく、ここでは、一般的な受胎や誕生ではなく、ある全く特定の受胎と、そして全く特定の誕生が問題なのです。なぜ、聖霊による受胎なのであり、なぜ、処女《おとめ》マリアからの誕生なのでしょうか。受肉という大いなる奇跡のほかに、なぜ、この二つの概念〔＝受胎と誕生〕で表現されるべき、この特別の奇跡があるのでしょうか。受肉という秘義の傍らに、なぜ、クリスマスの奇跡が出てくるのでしょうか。ここでは、存在的言明（die ontische Aussage）の傍らに、いわば認識的言明（die noetische Aussage）が置かれています。受肉において、私たちは、事柄（Sache）と関わっているのだとすれば、ここでは、私たちは、徴（Zeichen）と関わっているのです。両者は、混同されてはなりません。クリスマスにおいて問題とされる事柄《ザッヘ》は、〈それ自体として〉（an und für sich）真であります。しかし、そのことは、クリスマスの奇跡において示され顕《あら》わにされるのです。とは言え、〈〔クリスマスの〕奇跡は単に一つの徴に《過ぎない》のだから、場合によっては、それを秘義から引き去ることもできるのだ〉などと結論するとしたら、それは誤りでしょう。そういうことがないように、私は、警告しておきたいと思います。形式と内容を分離できるなどということは、人生においては稀なのです。

「真《まこと》の神にして真《まこと》の人」。このキリスト教の根本真理を、まず「聖霊によりてやどり」という光において見るなら、次の真理が、私たちの眼前に現われてきます。すなわち、〈人間イエス・

キリストは、その起源を、全く神の内に持つ〉、つまり、〈人間イエス・キリストは、歴史におけるその始まりを、神御自身が人間と成り給うたという事実の中に持つ〉という真理です。それが意味するのは、こういうことです。すなわち、イエス・キリストは、なるほど、人間――真の人――ではあるけれども、しかし、単に人間なのではない。たとえば桁外れの資質を持った人間、あるいは特別に導かれていた人間というのではない。まして、超人などというようなものでもない。そうではなく、この方は、人間でありつつ神御自身なのだ、ということです。神は、イエス・キリストと一つであり給うのです。イエス・キリストの現存《エクシステンツ》は、神の特別な行動と共に始まります。この方は、人間として、神の内に基礎づけられています。この方は、真の神なのです。それゆえ、イエス・キリストの歴史の主体は、神御自身であります。同じように、そこでは、真に一人の人間が生き、苦しみ、行動しているのです。このイエス・キリストの生においては、人間的なイニシアチブが、たしかに問題です。しかし、この人間的なイニシアチブの根底にあるのは、〈神が、この方において、また、この方によって、イニシアチブを取ってい給うた〉ということです。このような観点の下で、次のように言わざるをえないでしょう。すなわち、〈イエス・キリストが人と成り給うたということは、創造〔の御業《みわざ》〕に類比《アナロゴン》するものなのだ〉と。神は、今一度、創造者として行動しておられるのです。ただし、今度は、無から〔有を生み出す〕創造者としてではありません。そうではなく、神は、登場されて、創造〔されたもの〕の内部において――歴史における、しかも、イスラエルの歴史における――ある新しい発端を創り給うのです。

人間の歴史の連続性の中で、今や、ある一点が——そこで神御自身が被造物を助けるために急いで来られ、この被造物と一つに成り給うという一点が——見えるものとなるのです。神が人と成り給う。こうして、この歴史は始まります。

今や、私たちは、ページを次に繰らなければなりません。そして、「処女《おとめ》マリアより生まれ」と言うときに、これによって私たちが言い表わす第二の事柄に達するわけです。今や、このことが強調されます。〈われわれは地上にいるのだ〉と。ここには、処女《おとめ》マリアという一人の人の子がいます。そして、イエスは、神に由来するのと同様に、この人間にも由来するのです。神は、御自身に、地上的・人間的な起源を与え給います。——これが、「処女《おとめ》マリアより生まれ」ということの意味です。イエス・キリストは、《単に》真《まこと》の神でのみあり給うのではありません。もし、そうであれば、それは、本当に〈人と成り給う〉ということではないでしょう。

しかし、イエス・キリストは、中間的存在といったようなものでもありません。そうではなく、彼は、私たちすべての者と同様の人間、何の留保もない人間なのです。彼は、私たち人間に、単に似ていると言うのではありません。彼は、私たちと等しいのです。神がイエス・キリストの生において主体であり給うように、人間は、この歴史においては客体です。しかしながら、それは、それに対して〔単に〕働きかけられる〔だけの〕対象、という意味での客体ではありません。そうではなく、行動しつつ登場するところの人間という意味での客体です。人間は、神とのこの出会いにおいては操り人形になるのではありません。むしろ、もし正真正銘の人間性《フマニテート》が存在するとしたなら、それは、ここにおいて――神御自身が自らを人間と成し給うところ――ここでこそ存在するのです。

ここに見られるのは、ただ一つの正真正銘の円環のようなものでしょう。すなわち、絶対的な統一における真の神性（Gottheit）と真の人性（Menschheit）という円です。紀元四五一年のカルケドン公会議において、教会は、あらゆる誤解に対して、この統一を明確に限定しようと試みたのです。

すなわち、〔一方では〕〈単性論的〉（monophysitisch）に単一化することに反対して。――これは、基本的にはキリストの真の人性を知らない、〔つまり〕神はただ見せかけの上でだけ人間となり給うたという、いわゆる〈仮現説〉（Doketismus）にまでいたりつきました。

そしてまた、〔他方では〕神と人間とをネストリオス派的に引き離すことに反対して。――こちらは、徹底して分離しようとしたもので、その説くところによれば、キリストの神性は、あらゆる瞬間に、その人性から分離されたものと考えられうるのです。このネストリウス派の教説も、いっそう古い一つの誤謬――いわゆるエビオン派の誤謬――にまで遡ります。このエビオン派の人びとからは、アレイオス派へいたる道が通じることが可能でした。そしてこのアレイオス派の人びとは、キリストを単に特別に際立った一人の被造物としてのみ理解しようとしたのです。

カルケドン公会議は、次のテーゼを定式化しました。すなわち、〔イエス・キリストの神性と人性との〕この統一は「混合されることなく、変化することなく、分割されることなく、分離されることがない」と。もしかしたら、皆さんは、このようなことを、《神学者たちの下らぬ工夫》とか、あるいは、いっそのこと《坊主どもの喧嘩》とでも呼びたくなるかもしれません。しかし、これらの論争においては――そうした定式化によって、あたかも事柄《ザッヘ》を合理的に解決しようとするかのように――秘義を取り除くことが問題だったのではありませんでした。むしろ、古代教会の努力は、キリスト者の眼差しを、まさに正しい仕方で、この秘義に向けるということでした。だからこそ、今日もなお、古代教会〔の声〕に耳を傾けることは、やり甲斐があることなのです。

他のあらゆる試みは、この秘義を人間的に理解しやすいように解消しようとすることでした。神それ自身と一人の秘義に満ちた人間。――それは、把握しやすいものです。そしてまた、イエスの姿における、この神とこの人間との唯一無比の仕方での遭遇、という説明もなお可能です。しかしながら、古代教会が反対するこれらの理論には、秘義に対する、あの眼差しが欠けています。古代の正統派にとっては、しかし、人びとをこの〔秘義の〕中心に集中させること〔こそ〕が関心事だったのです。信じたくない者は、〔この秘義の中心を〕そのままにしておくべきでしょう。しかし、ここでは、何一つ弱めてはなりません。この塩が味の抜けたものになってはならないのです。それゆえに、古代の教会会議や神学者たちは、あのように大きな労苦を払ったのでした。もしも、私たちが今日、全体としていささか荒っぽい精神性から――当時、あれほど徹底的に努力がなされたことに対して感謝する代わりに――〈彼らは、当時《やり過ぎ》たのだ〉などと言うようなら、それは、いずれにしても、いささか乱暴なことです。もちろん、皆さんは、説教壇に登って、これらの〔信条の〕定式を朗読する必要はありません。しかし、〔ここで問題となっている〕事柄については、皆さんは、徹底的に考えておくべきでしょう。キリスト教界が、かつて見、また、かつて確認したのは、クリスマスの奇跡において問題だったところのこと、すなわち、〈実体的統一〉(unio hypostatica)、〔つまり〕唯一の方なるイエス・キリストにおける〈真《まこと》の神〉と〈真《まこと》の人〉との正真正銘の統一ということでした。――そして、これに固着することが、私たちには求められているのです。

しかし、今や、皆さんは、確実に気づいていることでしょう。「聖霊によりてやどり」と「マリアより生まれ」という、これらの言い廻しにおいては、なお、何か特別なことが語られている、ということに。そこには、ある並外れた〈受胎の出来事〉(Erzeugung)とある並外れた誕生(Geburt)が語られているのです。この事柄は、〈イエス・キリストの降誕〉(nativitas Jesu Christi)と言われています。真《まこと》の神性と真《まこと》の人性という秘義を、ある奇跡が指し示しているのです。すなわち、このような〈受胎の出来事〉とこのような誕生との奇跡が。

「聖霊によりてやどり」とは、何を意味しているのでしょうか。それは、聖霊がいわばイエス・

キリストの父である、という意味ではありません。そうではなく、厳密に言うなら、それによって言い表わされているのは、単に否定のみであります。すなわち、人間イエス・キリストは、父を持っていないのだ、と。人間イエスの生まれる際には、ある人間の現存《エクシステンツ》が開始するときに生ずるような具合には事は進まなかったのです。そうではなく、この人間の現存《エクシステンツ》は、神御自身の自由において始まるのです。〔つまり〕父と子が愛の絆《きずな》において――聖霊において――一つであり給う、その自由においてです。それゆえ、イエスの現存の発端に目を向けるとき、私たちは、そこにおいて父と子が一つであり給う、その神性のこのような究極の深みにまで注目しなければなりません。これは、神の内的生の自由であり、この自由において、この人間の現存《エクシステンツ》は、〈キリスト紀元〉(anno Domini) 元年に始まるのです。

このことが起こることによって、〔すなわち〕ここでは、神御自身が全く具体的に御自身をもって開始し給うことによって、この人間は――自分自身からはそれを行なうことができないし、また、進んでそれをする用意もないこの人間が――神の言葉を宣べ伝えるだけではなく、神の言葉自身であることを許されるのです。古い人性〔＝人類〕(Menschheit) の只中において、新しい人性が始まるのです。これが、クリスマスの奇跡、イエス・キリストの〈父なき受胎の出来事〉という奇跡です。これは、そのほかにも宗教史において語られているような、神々による人間〈創成のため〉の生殖神話とは、いかなる関係もありません。そのような生殖が、ここで問題になっているのではありません。神御自身は創造者として登場し給うのであり、しかも、それは、この処女《おとめ》の配偶者《パートナー》としてではないのです。比較的初期の時代のキリスト教芸術は、ここでは何かの性的な事象が問題になっているのではないということを描写しようと試みました。それどころか、むしろ〈この受胎の出来事は、神の御言葉を聞いたところのマリアの耳を通して実現された〉のだと、よく語られてきたほどです。

「処女《おとめ》マリアより生まれ」。すなわち、もう一度、今や人間の側から見るなら、ここでは、男性が除外されています。男性は、この誕生とはいかなる関係もありません。――お望みとあれば〔こう言ってもいいでしょう〕――ここで問題になっているのは、神のある裁きの行為である、と。ここで始まるべき出来事に対しては、人間は、何事も自分の行為とその主導権《イニシアチブ》とをもって寄与すべきではないのです。とは言え、そうです、人間が全く除外されているのではありません。すなわち、処女《おとめ》〔マリア〕は、そこにいるのです〔から〕。しかしながら、男性は――人間的活動と歴史の特別な担い手として、人類（menschliche Geschlecht）を指導することに責任を持った男性は――今、ヨセフという無力な姿として背景に退いていなければなりません。これこそが女性問題に対するキリスト教の答えそのものであります。すなわち、ここでは、断然、女性が前面に立っています。しかも〈処女〉（virgo）が――あの処女《おとめ》マリアが、です。神は自惚《うぬぼ》れと傲慢との中にある人間ではなく、むしろ、弱さと謙遜の中にある人間を選び給い、歴史的役割の中にある人間ではなく、人間の自然本性の弱さの中にある――女性によって代表されるような――人間を選び給いました。すなわち、神に対して、「ごらん下さい、わたしは主の仕え女《め》です。お言葉どおりに、この身に成りますように！」〔ルカ福音書一・三八〕という言葉によってだけ向きあって立ちうる人間を選び給うたのです。

これが、この事柄《ザッヘ》における人間の協働なのです。――ただこれだけが！　私たちは、人間のこのような〈卑《いや》しい仕え女《め》としての現存〉（Magt-Existenz）から、またしても何らかの功績をつくり出そうとしてはなりません。被造物に、またしても何かの能力（Potenz）を帰すようなことを試みてはなりません。したがって、ここで重要なことは、ただ、神が無力さと謙遜の中にある人間を御覧になったということ、またマリアは、被造物がこのような〔神との〕出会いにおいて語りうるただ一つのことのみを口にしたということです。マリアがそのように行ない、それとともに被造物が神に対して〈然《しか》り〉を言うということ――そのこと自体が、神から人間の身に生じる〈大いなるものに受け容れられるという出来事〉（Angenommenwerden）に含まれているのです。

クリスマスの奇跡は、神と人間との位格的結合――〈実体的統一〉（unio hypostatica）という秘義の事実上の形式です。キリスト教会と神学は、繰り返し、こう確認してきました。すなわち、〈われわれは、「受肉の現実性、〔つまり〕クリスマスの秘義が、絶対的な必然性として、まさにこの奇跡というこの形式を取らなければならなかった」などと要求することはできない〉と。イエス・キリストの真《まこと》の神性と真《まこと》の人性との一体性は、キリストが「聖霊によりてやどり」、

「処女《おとめ》マリアより生まれ」た、ということに依存するものではありません。そうではなく、ただ、〈この秘義がこの形式と姿とで存在し、啓示されることは、神の御心に適ったのだ〉と言いうるにすぎないのです。

ということは、しかし〔他方では〕、次のように言うことができるという意味ではありません。すなわち、〈われわれは、奇跡というこの事実上の形式に対して、いわば自由であり、この形式を肯定しても良いし、あるいはしなくても良いのだ。だから、ここでは、われわれは〔たしかに〕聞いたが、われわれにとっては、この事柄《ザッヘ》が別の形を持つこともありうることを留保する〉と。

ここで問題になっている事柄《ザッヘ》と形式との関係は、おそらく皆さんがよくご存じの、あの中風の者の癒しの物語（マルコ福音書二章）を見ることによって、もしかしたら最も良く理解できるかもしれません。「人の子が地上で罪を赦す権威を持っていることを、あなたがたが知るために……あなたに命じる。起きよ、床を担ぎ、歩きなさい」〔一〇―一一節〕。――「あなたがたが知るために……」。そのように、処女降誕の奇跡も理解されるべきです。重要なのは、受肉という秘義なのであり、この秘義の目に見える形として、あの〔処女降誕という〕奇跡が起こるのです。もしも私たちが、主たる奇跡は罪の赦しであり、身体の癒しは二次的なのだ、とでもいうようにマルコによる福音書二章を読もうとするなら、私たちは、この個所を読み誤ることになるでしょう。

ここでは、明らかに、一方のことは他方のことに必然的に属しています。したがって、〈降誕〉

（nativitas）の奇跡を括弧に入れて、〔受肉の〕秘義そのものに固着しようとすることについても、警戒すべきでしょう。ただ一つ、確実に言えるのは、すなわち、この奇跡から逃げようとした場合には、そこでは、いつでも、あの秘義を、事実上、もはや理解することも尊重することもしない神学が営まれていたということです。むしろ、イエス・キリストにおける神と人間との統一という秘義を――神の自由なる恵みという秘義を――誤魔化して消してしまおうとする神学が営まれていました。〔逆に〕他方では、この秘義が理解され、そして人びとが自然神学のあらゆる試みから――そうした試みをもはや必要とはしなくなったので――避けていったとき、そこでは、この奇跡は、感謝と喜びとをもって承認されたのです。〔1〕この奇跡は、この場合には、いわば内的に必然的なものになったのです。

〔1〕たとえばバルトの短い注釈「神の御子の人間性の傍らを通り過ぎるのであれば……どのような神認識もなく、どのような神崇敬もない。……それゆえにまた、自然的宗教もなく、自然的神学もない！　なぜかと言えば、これらすべての概念において、〈自然的〉ということは、イエス・キリストの傍らを通り過ぎてということだからである」（バルト「人の子の高挙」『和解論』Ⅱ／2、井上良雄訳、所収）参照。

15　苦しみを受け

イエス・キリストの生涯は、勝利ではなく卑賤であり、成功ではなく失敗であり、喜びではなく苦難である。まさにそのことによって、イエス・キリストの生涯は、神に対する人間の反逆と、そこから必然的に帰結する人間への神の怒りを顕《あら》わに示す。しかしまた、あの憐れみ、すなわち、神が人間の事柄を、それゆえにまた人間の卑賤・失敗・苦難を――もはやそれが人間の事柄である必要がなくなるために――御自身のものとなし給うところの憐れみをも顕《あら》わに示す。

カルヴァンの信仰問答〔一五四二年〕の中に、私たちは、この箇所について次のような奇妙な確認を読むことができます。すなわち、〈使徒信条では、受難にいたるまでのイエスの生涯は無視されている。なぜなら、受難にいたるまでのその生涯において起こったことは、「われわれの救済の実質的なもの」には属していないからである〉と。[1] これに対して、私はあえて言わせてもらいますが、ここでは、カルヴァンは思い違いをしている、と考えます。イエスの〔受難以外の〕残りの生涯が、私たちの救いにとって実質的ではない、などと、どうして言ってよいでしょうか。それでは、イエスの残りの生涯は何を意味し、また、何を意味すべきなのでしょうか。単なる余計な史実《ヒストーリエ》でしょうか。私の考えるところでは、イエスの生涯全体において問題となるのは、この「苦しみを受け」という条項で始まっている事柄なのです。私たちは、このカルヴァンの場合に、どんなに偉大な先生であっても、その弟子たちの方が時には先生よりもいっそう良く物事を見ていることもある、という喜ばしい一例を眼前にしているのです。すなわち、カルヴァンの弟子のオレヴィアーヌスとウルジーヌスが作成した『ハイデルベルク信仰問答』〔一五六三年〕においては、第三十七問で、こう言われています。「君は〈苦しみを受け〉というこの小さな言葉について、何を理解しますか」、「この方が、その身体と魂とで、地上におけるその生涯のすべての時にわたって――しかし特に、その生涯の終わりに全人類の罪に対する神の怒りを担い給うた、ということを理解します」と。[2]

むろん、カルヴァンの意見に味方して、〈パウロやまた新約聖書の書簡が、一般にキリストの生涯のこうした《すべての時》に、ほとんど関わりを持っていない〉とか、また、〈使徒たちもまた、使徒言行録によれば、それに対して奇妙にもあまり関心を払っていなかったように見える〉とかいったことを、引き合いに出すことができるかもしれません。むしろ、使徒たちの眼前には、ただ一事だけ、つまり、キリストは、ユダヤ人に裏切られて異邦人に引き渡され、十字架につけられ、そして死人の中から復活し給うたのだ、という一事のみがあるように見えます。しかし、原始キリスト教会《ゲマインデ》があれほどにも完璧に、その眼差しを、あの十字架につけられ復活し給うた方に集中させたのだとすれば、それは、排他的《エクスクルシーフ》にではなく、内包的《インクルシーフ》に理解されなければなりません。すなわち、〈キリストが死んで復活し給うた〉ということは、イエスの生涯全体の要約ではありますが、しかし、私たちは、まさにその中〔キリストの死と復活〕に、イエスの生涯全体の展開をも見なければなりません。〔すなわち〕イエスの生涯全体は、この「苦しみを受け」という言葉の中に入るべきものなのです。

これは、最も目を瞠《みは》るべき事実です。それに対して、私たちは、これまで述べてきたことからは、直ぐには心の準備ができていません。イエス・キリスト、神の独《ひと》り子、われらの主、聖霊によりてやどり処女《おとめ》マリアより生まれ、真《まこと》の神の子にして真《まこと》の人の子。――このことに対して、「苦しみを受け」という徴《しるし》の下にある、この方の生涯全体について解き明かすことは、どのように関係するのでしょうか。普通なら、それとは〈別のもの〉、たとえば何か輝かしいもの、勝利に満ちたもの、大いに成功したもの、喜びに満ちたものを期待するでしょう。ところが、今や、私たちは、そういったものについては一言も聞かないで、むしろ、キリストの生涯全体に支配的なものとして、「苦しみを受け」という言葉を耳にするのです。これが本当に〈最後の〔言われるべき〕こと〉なのでしょうか。

　たしかに、私たちは、この全体がどのように終わっているのかということを、見過してはならないでしょう。それは、「三日目に死人のうちよりよみがえり」と言われています。そしてまた、イエスの生涯には、それ以外にも、来たるべき喜びや来たるべき勝利の徴候が全くないというわけではありません。あのように多くの「幸福《さいわい》なるかな」が口にされているのは、故なきことではありません。また、婚宴の喜びのイメージが、あのように度々言及されているのも、故なきことではありません。また、私たちは、イエスについて、彼が泣き給うたということは何度か聞きますが、笑い給うたということを一度も聞かない、ということを確認して、たしかに訝《いぶか》しさを覚えないわけではありません。しかし、こう言うこともできるのです。すなわち、この方の苦難を貫いて、たとえば、この方を取り囲んでいる自然に対する喜び、子どもたちに対する喜び、ことに御自身の現存《エクシステンツ》、御自身の使命に対する喜びもまた微かに透けて見える、と。またあるときは、私たちは、こう言われているのを聞いています。神が智恵ある者に隠して幼な子に現わし給うたことを、イエスが声をあげて喜び給うた、と〔マタイ福音書一一・二五、ルカ福音書一〇・二一〕。

　また、イエスのさまざまの奇跡の中には、勝利と喜びがあります。そこでは、癒しと助けとが人間の生活の只中に入り込んで来るのです。そこに登場している方は何者なのか、ということが目に見えるものとなるかのようです。あの山上の変容の物語では、地上のありとあらゆる白さよりも、イエスが、いっそう白く輝き給うのを弟子たちが見た、と語られています〔マルコ福音書九・三〕。そこでは、この〈別のもの〉が、〔つまり〕イエスの生涯の〈出口〉が、先取りされて目に見えるものとなっています。すなわち、その〈端初〉と〈根源〉と言ってもよいでしょう。ベンゲル[3]が、諸福音書における復活に先立つ章節について次のように言っているのは、紛れもなく正しいのです。「われわれは、イエスのこれらすべての出来事について、〈それらは復活を呼吸している〉(spirant resurrectionem)と言えるだろう」と。しかし、これ以上のことを、私たちは、じっさい、言うことはできません。それは、端初と終わりから来る一つの香りであり、そこに登場している勝利に満ちた神性の香りなのです。

しかし、その生涯の〈現在〉は、じつに最初から苦難であります。福音書記者ルカおよびマタイにとっては、疑いもなく、すでにイエスの幼年時代が〔つまり〕ベツレヘムの家畜小舎における その誕生が、苦難の徴《しるし》の下に立っていました。この男(Mann)は、その生涯にわたり迫害された者であり続け、その家族の中にあっては余所者《よそもの》であり続け——何という気に障《さわ》る言葉〔マタイ福音書一二・四八〕を彼は口にすることができるのでしょうか! ——また、その民の中にあっては余所者《よそもの》であり続け、国家と教会と文化といった領域の中にあっては余所者《よそもの》であり続けるのです。また、何という公然たる失敗の道を、彼は進むことでしょうか! 彼は、何という全く孤独な姿で非難の的とされながら、人びとの間に立ち、その民の指導者《フューラー》たちや群衆に向かいあって立ち、それどころか、自分の弟子たちのサークルの中においてさえ立っていたことでしょうか!

彼は、この〔弟子たちの〕最も親密なサークルの中に裏切者を見出すでしょう〔マタイ福音書二六・二一〕。また、彼が「あなたはペトロ〔＝岩〕である」〔マタイ福音書一六・一八〕と告げた男の中に、自分を三度否む者を見出すでしょう〔マタイ福音書二六・三四、など〕。そして最後には、「彼らはみな彼を見棄てた」〔マタイ福音書二六・五六、など〕と言われているのは、他ならぬ弟子たちについてなのです！　しかも、民は、声を合わせて「失《う》せてしまえ、十字架につけろ！」〔マタイ福音書二七・二二、など〕と叫ぶのです。

イエスの生涯全体は、このような孤独の中で営まれています。こうして、すでに十字架の影の中で営まれるのです。そして、復活の光があちこちで輝くときには、それは、原則を確証する例外なのです。人の子はエルサレムに上って行かねばなりません。そこで有罪判決を受け、鞭打たれ、十字架につけられねばなりません、――三日目に復活するために。しかし、差し当たっては、彼を処刑台《ガルゲン》へ導いていくのは、この支配的な〈ねばならない〉であります。

これは、何を意味するのでしょうか。これは、〈神が人と成り給うた〉という知らせから期待しうるものとは、正反対のことではないでしょうか。ここでは、苦難を受けているのです。御注意願いたいのですが、使徒信条において、私たちは、ここで初めて〈悪と苦難〉という大問題、〔つまり〕災い（Übel）の問題と、直接出会うのです。たしかに、私たちは、すでに何度か、この問題に関わらざるをえませんでした。しかし、文字通りには、ここで初めて、〈創造者と被造物との関係においては一切が最善の状態にあるのではない〉ということ、むしろ、〈この関係には、ある不法な状態、〔つまり〕ぶち壊しが支配している〉ということ、〈この関係には、痛みが与えられ、耐え忍ばれている〉ということ――そうした事実に対する示唆があるのです。ここで初めて、存在《ダーザイン》の〈暗黒面〉（Schattenseite）が、私たちの視野に入ってきます。それは、創造者なる神について語られている、すでにあの第一項において、では決してありません。〈天と地〉としての被造物の叙述において、では決してないのです。そうではなく、被造物と成り給うた創造者の現存《エクシステンツ》〔＝イエス・キリスト〕について叙述しているここで、〈悪〉（das Böse）が現われるのです。ここでは、遠くからではありますが、すでに〈死〉（Tod）もまた目に見えるようになります。

　事態がそのようであることは、いずれにしても、悪と災いをいわば独立して叙述することについては、すべて控えめな態度をとるように命じられている、ということを意味しています。後世になって人びとがそうしたことを企てたとき、〈これらすべてのことは、イエス・キリストとの関連において初めて登場するのだ〉ということを、多かれ少なかれ、見落としていたのです。この方が苦しみを受け給うたのです。この方が悪とは何か、神に対する人間の反逆とは何か、ということを目に見えるように示し給うたのです。いったい、私たちは、悪について、罪について、何を知っているでしょうか。苦難とは何か、死とは何を意味するのか、私たちは知っているのでしょうか。ここでこそ私たちは、それを知らされるのです。ここで、この闇全体が、その現実《レアリテ》性《ート》と真理性において現われます。ここで、告訴の声があげられ、処罰が行なわれるのです。ここで、神と人間との間がどうなっているのかということが、現実に目に見えるものとなるのです。

　ここで目に見えるものになることに較べれば、私たちのあらゆる嘆きの声などは何でしょうか。人間が自分の愚かさや罪性について、また世界の〈失われた状態〉について知っていると思っているすべてのことなど、何でしょうか。苦悩や死に関するあらゆる思弁など何でしょうか。あの方が、真《まこと》の神にして真《まこと》の人であるあの方が、苦しみを受け給うたのです。〔先述したような事どもについての〕一切の独立した言説――すなわち、あの方から切り離された言説――は、必然的に不十分なものであり、不完全なものでしょう。この中心から語られるのでなければ、この事柄については、いつも非本来的に語られることになるでしょう。人間が最も恐ろしい運命の打撃をも耐え忍ぶことができるということ、何物にも触れられないで――ちょうど俄雨の中を通り抜けるように――通り抜けていくということは、今日、私たちの眼前に示されています。まさに苦悩も悪も、その本来の現実性において私たちに的中しないということを、今や、私たちは知っています。それゆえに、私たちは、自分たちの罪責と罪業の認識を、いつも繰り返し、回避することができるのです。

　本来の認識が生まれてくるのは、次の場合だけです。すなわち、真《まこと》の神にして真《まこと》の人であるあの方が苦しみを受け給うたのだ、ということを私たちが認識する場合だけです。別の言葉で言うなら、苦悩とは何かということを見るためには信仰が必要なのだ、ということです。ここでこそ、苦しみを受けられたのです。ここで起こったことに較べるならば、私たちが苦悩として知っている他のすべてのことは、非本来的な苦悩です。ここから初めて――すなわち、あの方が苦しみを受け給うた、あの苦難にあずかるということにおいてこそ――〈この被造の世界《コスモス》において、いたるところで、人知れずまた公然と苦しみがある〉という事実とその理由とが認識されるのです。

こうして、あの方が「苦しみを受け給うた」ということに注目するとき、私たちは、まず、次の事実から出発しましょう。すなわち、〈たとえば被造界の不完全さのゆえではなく、また何らかの自然的連関のゆえでもなく、人間のゆえに――神に対する人間の態度のゆえに――今や苦しみ給わねばならなかったのは、イエス・キリストにおいて人間となり給うた神であった〉ということから。ベツレヘムから十字架にいたるまで、この方は、御自分を取り囲んでいる同時代の人びとから、見捨てられ、排斥され、迫害され、最後には告訴され、有罪とされて、十字架につけられ給うたのでした。これが、この方に対する――神御自身に対する――人間の攻撃です。ここにおいて、神に対する人間の反逆は顕《あら》わとなります。神の御子が、拒絶され、棄却されるのです。人間たちは、あの葡萄園の悪い農夫たちの譬えのようにしか、神の御子を扱うことを知りません。すなわち、「これは跡取りだ。さあ、これを殺して、その財産を手に入れよう」〔マタイ福音書二一・三八、など〕と。そのように人間は、神の恵みに満ちた現臨に対して答えるのです。人間は、神の恵みに対して、ただ憎悪に満ちた〈否〉を語ることしか知らないのです。

イエスという、自分たちのメシアを——自分たちの王を——棄却するのはイスラエルの民であります。イスラエルの民は、彼らに約束された自分たちの歴史全体の導き手《フューラー》を、すなわち、この歴史に意味を与え、これを完成し、成就し給う導き手を遂に殺すために異邦人の手に引き渡すより他の扱い方を知らないのです。イエスは、イスラエルによって異邦人の手に引き渡された者として、ローマの司法による死の刑罰に処せられます。このようにイスラエルは、自分たちの救い主を扱うのです。そして、ピラトという姿を取った異邦人の世界は、この引き渡しを、彼らの側でも、ただ受け取ることしかできません。異邦人の世界は、ユダヤ人が下した判決を執行し、そのことによって、同様に、神に対するこの反逆に加担するのです。ここでイスラエルがしていることは、イスラエルの歴史全体にわたってすでに存在していた一つの事態を顕《あら》わに示すものです。すなわち、神によって遣わされた人びとは、助け手・慰め手・癒し手として喜びをもって受け入れられるのではなく、むしろ、モーセ以来、そしてここ〔＝イエスの出来事〕で、今一度、決着をつけるように、人間から〈否〉を突きつけられる形で出会うのです。この〈否〉は、直接に神御自身に突き当たります。それゆえ、神のこの究極的で最も親密かつ直接的な現臨において、初めて、人間が神から決定的に離れていることが明らかになるのです。ここでこそ、罪とは何かということが顕《あら》わになります。罪とは、私たちに近づき給う神の恵み——私たちに対して現臨してい給う神の恵み——そのものを拒絶する、ということです。

イスラエルは、自分で自身を救うことができると考えています。この点から見て、私たちは、こう言わなければなりません。〈私たちが罪として知っていると思いこんでいるものの一切は、小さな副次的なものであり、この根源的な罪（Ursünde）の単なる適用に過ぎないのだ〉と。旧約聖書においては、あらゆる戒めは、〈イスラエルの民を神の恵みの契約の中へ拘束する〉という、ただ一つの意味しか持っていません。それと全く同様に、あらゆる戒めの侵犯は、そこにおいて神の恵みに対する人間の反抗が表明されているゆえに、歪んだ悪いものなのです。イエス――神の御子――が、ユダヤ人と異邦人のもとで苦難を受け給うた、ということ。これが、ただこれだけが、本当に〈悪〉を暴露するのです。ここから初めて、私たちは、人間が告訴されているということを、また、どの程度に告訴されているのか、さらに何ゆえに告訴されているのか、ということを理解することができるのです。

ここで初めて、私たちは、大小あらゆる侵犯の〈根っこ〉（Wurzel）の前に立つのです。私たちが大小の事柄に関して罪を犯し、また互いに罪を犯し合う中で、この〈根っこ〉を認識せず、キリストの苦難において自分たちが告訴されていることを見ず、そこで実行されている〈神御自身に対する人間の反逆〉の中に自分たちがいることを、今一度、認識しない限りは、あらゆる罪責の認識と罪責の告白とは空しいでしょう。なぜなら、この認識を抜きにしたあらゆる罪責認識を、私たちは、ちょうど水に濡れた尨犬《プードル》が身ぶるいしながら駆け出すように、それを自分から再び振り払うことができるでしょうから。私たちが、〈悪〉を、まだその本来の本性（Natur）において見ない限り——たとえ自分の罪責について、強い言葉で語るとしても——こう告白することに、しっかり結びつきません。すなわち、「私は天に対しても、また、あなたの前でも罪を犯しました」〔ルカ福音書一五・一八〕と。この「あなたの前でも」ということが、ここで顕《あら》わになります。しかも、それは、私たちがその中に立っている、あらゆる個々の罪責の核心および意味として明らかになるのです。それによって、この個別の罪責は副次的なものではなくなります。

個々の行為において人間によってなされることは、ピラトの行為からユダの行為にいたるまで、神の恵みを棄却することです。しかも、そこで人間によってなされることは、それ〔＝個々の行為〕がまさに神に対してなされているのだということによって、初めて、その全重量を持つようになるのです。〈悪〉についての私たちの認識にとって、一切は、私たちが次のことを認識する、ということにかかっています。すなわち、〈人間は、神を侮辱する者だという告訴の下に立っている〉ということを、です。私たちは、その罪の中で神に向かいあっている、その無限の罪責を見ることとしかできません。しかし、私たちが向かい会っているこの神とは、人間となり給うた、まさにその神なのです。私たちが人間に対して罪を犯すとき、私たちは、自動的《アウトマーティッシュ》に、この人間のことを想起します。なぜなら、私たちが侮辱して苦しめてきた一人一人の人間は、イエス・キリストが御自身の兄弟と呼び給うた人たちの一員だからです。しかし、私たちがこの方〔イエス・キリスト〕に対して加えたことは、神に対して加えたことなのであります。

さてしかし、イエスの生涯およびその受難史においては、単純に言えば一人の人間の生涯が演じられているのだ、ということも確かです。キリスト教芸術の偉大な作品の数々を考えてみて下さい。〈十字架上で苦しむ者〉についてのグリューネヴァルトのヴィジョン〔4〕、さらには、カトリック的敬虔のいわゆる〈苦難の道〉〔5〕における——才能の点では〔グリューネヴァルトに〕いささか劣る——さまざまの試みなどを考えて下さい。これらはすべて、——鞭打たれ、最後には死にいたるまで窮迫する試煉の中で、一段一段と深まっていく——苦悩の中にある人間〔の生〕でもあります。

しかし、この側面から見ましても、それは、死すべき存在として、この方が神ではないがゆえに苦しまざるをえないのだ、というような単に人間の不完全さではありません。なぜなら、苦しみ給うイエスの姿とは、有罪とされ、罰せられている者としての姿だからです。すでに最初から、イエスのこの苦難を引き起こしているのは、御自身の民の——最後に、はっきりと見えるようになる——法律上の行為です。彼らは、この方の中に、自分たちが待望していた者とは異なる自称〈メシア〉を——したがって、その者の主張に対しては、ただ抗議《プロテスト》することしかできないような自称〈メシア〉を——見るのです。最高議会に至るまでのファリサイ派の人びとの態度を考えてみて下さい。すなわち、そこでは、一つの判決が言い渡されます。この判決は、世俗の司法の前に持ち出され、そしてピラトによって執行されます。福音書は〔すべて〕、まさしくこの法律上の行為を、重視したのです。イエスは告訴された者・有罪とされた者・罰せられた者なのです。

ここにこそ――このような法律上の行為の中に――神に対する人間の反逆が顕《あら》わとされているのです。

しかし、この法律上の行為においては、人間に対する神の怒りもまた顕《あら》わになります。『ハイデルベルク信仰問答』においては、「苦しみを受け」とは、イエスが全生涯にわたって神の怒りを担い給うた、ということを意味しています。人間であるということは、神の御前において、この怒りを受けるに値した状態にいる、ということを意味するものです。神と人間とのこのような一体性においては、〈人間は、このように有罪とされた者、打たれた者である〉という以外ではありえません。神との一体性の中にある人間イエスは、神によって打たれた人間の姿です。この判決を執行する世俗の司法も、これを神の意志に従って行なうのです。神の御子が人間と成り給うたのは、〈この方において神の怒りの下にある人間が目に見えるものとなる〉ためなのです。人の子は、苦しみを受け、引き渡されて、十字架につけられねばならない、と新約聖書は語っています。この苦難において、無限の罪責と、この罪責に必然的に不可欠となる贖《あがな》いとの〈つながり〉が目に見えるものとなります。神の恵みが棄却されるときには、人間は、その災いの中へ突進するものだということが、目に見えるものとなります。神が人間と成り給うたここにおいて、人生の最も深い真理が啓示されます。すなわち、全体にわたる罪に相応する全体的な苦難という真理です。

人間であるということは、神の御前にあってイエスがそうであり給うた状態、すなわち、神の怒りの担い手である、ということを意味しています。処刑台《ガルゲン》での最期――それは、私たちにこそふさわしいものです！　しかし、それが最後のことなのではありません。すなわち、この人間の反逆も、そして神の怒りも、最後のことではありません。そうではなく、神の最も深い秘義とは、神御自身が人間イエスにおいて〈罪ある人間の位置にとって代わり、人間があるところの者、〔つまり〕反逆者となり〈神はいかなる罪も知らないイエスを罪に定め給うたのです〔Ⅱコリントの信徒への手紙五・二一〕〉、反逆者の苦難を苦しむことを避け給わなかった〉ということです。御自らが全体的な罪責であり、かつ全体的な贖《あがな》いであるということを、避け給わなかったということです！　これこそ、神がイエス・キリストにおいて行ない給うたことであります。たしかに、それは、この〔イエス・キリストの〕生涯の〈全く隠されたもの〉であって、この〈全く隠されたもの〉はキリストの復活において初めて白日の下に現われるのです。

しかしながら、もしも私たちが、人間とその運命について悲嘆の内にとどまろうとするなら、キリストの苦難を的外れのまま理解したことになるでしょう。本当のところ、キリストの苦難は、人間に対する抗議へと、さらには、神の憤怒に対する驚愕へと呼び出すことに尽きるものではありません。――それは、苦難の一面にすぎないのです。すでに旧約聖書も、それを超えたところを指し示しています。〈平和の契約〉〔民数記二五・一二、イザヤ書五四・一〇、エゼキエル書三四・

二五、三七・二六、シラ書四五・二四〕は、こうした言語道断の身の毛もよだつような人間のイメージを、越えて立っています。実に神こそが、ここで罪責ある者となり給い、かつ贖《あがな》い給うところの方なのですから。このようにして、全体としての罪責に対する全体としての助けという限界線が目に見えてきます。これが、〈最初のこと〉でもある〈最後のこと〉なのです。すなわち、〈神は現臨してい給い、その慈しみには終わりがない〉ということです。

しかし、それが何を意味するのかということは、後述の連関〔第17講〕において初めて私たちに明瞭になるでしょう。私たちは、今や、奇妙な仕方で挿入されている、一つの〔事実の〕考察へと移っていかなければなりません。すなわち、「ポンティオ・ピラトのもとに」についてであります。

〔1〕バルト『教会の信仰告白――ジュネーヴ教会信仰問答による使徒信条講解』（久米博訳）、参照。
〔2〕バルト『キリスト教の教理――ハイデルベルク信仰問答による』（井上良雄訳）、参照。
〔3〕この言葉はバルト愛用句の一つであり、すでに若い時代の講演「社会の中のキリスト者」（『バルト・セレクション4』天野有訳、所収）にも引かれ、また『和解論』（Ⅱ／1、井上良雄訳）でも用いられている。ベンゲルは、聖書テキストを聖霊の導きによって文献学的に解釈した『グノーモン』の著者として名高く、西南ドイツ〈敬虔主義の父〉と呼ばれる。
〔4〕イーゼンハイムの祭壇画「磔刑」を指す。バルトは、生涯を通して五〇回以上も著作の中でグリ

ューネヴァルトに言及し、しかも、この祭壇画においてキリストの十字架を指さす洗礼者ヨハネの〈人差指〉に注目すべきことを強調している。

〔5〕おそらくカトリック教会の聖堂の中などに掲げられたキリスト受難の壁画「十字架への道行き」＝〈ヴィア・ドロロサの一四の留《りゅう》〉を描いた画像のことであろう。

16　ポンティオ・ピラトのもとに

イエス・キリストの生と苦難は、この方と結びつけられているポンティオ・ピラトという名前によって、われわれの生もまたそこで営まれているのと同一の、世界史の一つの出来事である。そして、イエス・キリストの生と苦難は、この政治家が共に加わることによって、外部に向かっては、次のような活動という性格を獲得する。すなわち、そこでは、世の出来事において国家的秩序が神によって立てられたこと、およびその神的な義とともに国家的秩序の人間的転倒および人間的不義も働き、かつ、顕《あら》わとなるような活動という性格を獲得する。

どのようにして、ポンティオ・ピラトは、この使徒信条の中に登場してくるのでしょうか。その答えは、差し当たっては、やや荒っぽく、また辛辣に響くかもしれませんが、〈ちょうど、犬が立派な部屋に登場して来るように！〉です。〈ちょうど、政治が人間の生活の中へ登場し、そうしてまた、何らかの形で、教会の中へも登場して来るように！〉であります。

ポンティオ・ピラトとは、何者でしょうか。それは、際立って不愉快な性格を持つ、実に感じの悪い見栄《みば》えのしない人物です。ポンティオ・ピラトとは、何者でしょうか。それは、まことに自主性のない役人、エルサレムにおける占領軍政府の駐屯軍司令官です。彼は、そこで何をするのでしょうか。この地のユダヤ人共同体は、ある決議をしましたが、それを執行するためには、十分な権威を持っていませんでした。彼らは、死刑を決議したわけですが、その公認と執行権とを今やピラトから貰わなくてはなりません。するとピラトは、少し躊躇《ため》らった後で、求められたことを実行します。全く外面的な役割を果たす、実に取るに足らない男。というのも、一切の重要なこと、一切の宗教上のことは、イスラエルとキリストとの間にあって――キリストを訴え、棄却する――最高議会で行なわれるからです。制服を身につけたピラトは、その場に立ち会い、そして利用されます。彼の役目は、賞《ほ》められるものではありません。すなわち、彼は、この〔イエスという〕男が無罪であることを認識しながら、しかも、彼を死へと引き渡すのです〔から〕。彼は、厳正な法に従って行動すべきだったのに、そうはしないで、むしろ、《政治的な思惑》によって事を決するのです。彼は、あえて法の決定を守ろうとはしないで、むしろ、群衆の叫びに屈して、イエスを引き渡します。彼は、自分の指揮する歩兵隊《コホルテ》に命じて十字架刑を執行させます。

キリスト教会の信仰告白の只中で、私たちが神の最も深い秘義の場所へまさに足を踏み入れようとするその瞬間に、もしもこのようなことが出現するなら、私たちは、恐らくゲーテと共に叫びたくもなるでしょう。「いまいましい歌だ。ちぇっ、政治の歌など、止めろ！〔1〕」と。――しかし、そこには、「ポンティオ・ピラトのもとに」とあるのです。それゆえ、私たちは、それが何を意味しようとしているのか、自問せざるをえません。女流作家のドロシー・セイヤーズが、イギリスのラジオのために「王たるべく生まれし人」という放送劇を書きましたが、その中で、このピラトの妻プロクラの夢をこう説明しています。この妻は、夢の中で、幾世紀にもわたり、あらゆる国の言葉で、まさにこの「ポンティオ・ピラトのもとに苦しみを受け」という言葉が叫ばれているのを聞いたのだ、と。どのようにしてポンティオ・ピラトは、この使徒信条の中に登場するのでしょうか。

この名前は、キリストの苦難とのつながりの中で、聞き逃しえない仕方で、次のことを明らかにします。すなわち、イエス・キリストのこの苦難は、〔つまり〕人間の反逆と神の怒りのこのような顕現――しかしまた、神の憐れみの顕現――は、天上で起こったのではなく、どこかの遠い惑星の上で起こったのではなく、さらには何らかの観念世界で起こったのでもありません。それは、私たちの時間の中で、私たち人間の生が営まれている世界史の只中で、起こったのです。それゆえ、私たちは、この生から逃げてはなりません。何かいっそう良い国へ、あるいは、何か知らない高みへ、逃避してはなりません。何らか精神的な夢想郷やキリスト教的なお伽の国へ、逃避してはなりません。すなわち、神は、全く醜悪であさましい私たちの生の只中へ来たり給うたのです。言葉が肉と成ったということは、言葉が時間的・歴史的に成ったということでもあります。言葉は、人間という被造物にふさわしい姿を取ったのです。その中には、まさにこのポンティオ・ピラトのような人びとも存在しているのです！　私たちは、そのような人びとに属しており、そして私たち自身も、ある程度は、つねにそのような人びとなのです！

この事実に眼を閉じる必要はありません。なぜなら、神もまた、その御眼を閉じ給わなかったからです。すなわち、神は、〔以上〕すべてのことの中へ入り給うたのです。言葉の受肉とは、そこでは、ある人間の名前がある役割を演じることを許されているような極めて具体的な出来事です。神の御言葉は、〈ここで、そして、今〉（hic et nunc）という性格を持っています。あたかも神の御言葉が「永遠なる理性的真理」であって「偶然的な歴史的真理」ではない、と言うかのようなレッシングの意見〔第10講、参照〕は全く問題になりません。じっさい、神の歴史は、この小心な駐屯軍司令官〔ピラト〕と同様に、偶然的な歴史的真理なのです。このような偶然性の中に現存し給うことを、神は、恥とはし給いませんでした。ポンティオ・ピラトという名前によって、私たち人間の時間と人間の歴史を規定する諸要因に、イエスの生涯と苦難もまた属しているのです。私たちは、この途方もないような世界の中で、独りぼっちに残されているのではありません。そうではなく、この異郷の中へと、神は、私たちのもとへ到来し給いました。

むろん、〈イエス・キリストがポンティオ・ピラトのもとで、ただ苦しむことしか、さらに死ぬことしかなしえ給わない〉という、まさにこの事実は、明瞭に、この世界史を、極めていかがわしいものとして特徴づけています。ここで明らかになるのは、問題になっているのが過ぎ去りゆく世――古い時《アイオーン》――をめぐるものであり、世の典型的な代表者ポンティオ・ピラトが全くの無力感と途方に暮れた姿でイエスに向かいあっているのだということです。ローマにいる偉大な〈主《キュリオス》〉の総督としてピラトが恥をさらしているのとちょうど同様に、ローマの世界帝国が恥をさらけ出しています[2]。政治という営み全体は、近づきつつある神の国の光の下では、そのように見えるのです。すなわち、すべては解体に向かいつつあり、当初から、その誤りが反証されているということです。――キリストの来たり給うたこの世は、全くガタガタの弱さと愚かな姿をキリストによって照らし出されているということ。――これが一面です。

しかしながら、ここで止まってしまうのは正しくないでしょう。と言うのは、四福音書すべてにおいて、ピラトの挿話《エピソード》は、じっさい、あまりにも重視されているからです。〈ピラトとは、まさしく世俗の人間、人間一般のことだ〉と確認するだけで満足してはなりません。ピラトは、単に世俗の人間というだけではありません。そうではなく、彼は政治家です。それゆえ、この世と神の国の出会いは、ここでは、まさに特別な出会いなのです。ここで問題になっているのは、神の国と人間の学問との、〔また〕人間の社会との、〔さらに〕人間の労働との出会いなのではありません。

そうではなく、神の国と国家との出会いが問題なのです。それゆえ、ピラトは、〈イスラエルと教会〉が表わしている〈他の秩序〉に向かいあって立つ秩序を代表しています。彼は、皇帝ティベリウスの代理人です。世界史がいずれの時代にも国家という〔枠組みによって〕秩序づけられている限り、彼は、世界史を代表しています。

〈イエス・キリストはポンティオ・ピラトのもとに苦しみを受け給うた〉ということは、それゆえ、〈イエス・キリストは、御自身をこの国家秩序のもとに置き給うた〉ということをも意味しています。すなわち、「あなたは、上〔＝神〕から与えられているのでなければ、私に対していかなる権力《マハト》もないはずだ」〔ヨハネ福音書一九・一一〕とある通りです。イエス・キリストは、「皇帝のものは皇帝に与えよ！」〔マタイ福音書二二・二一、など〕という御自身の言葉を、全く真剣に実行しておられるのです。〔3〕この方は、皇帝のものを皇帝に与え給い、ピラトの権威を損ない給わないのです。この方は、苦しみ給います。しかし、この方は、ピラトが御自身に対して判決を下さねばならないということに対しては、決して抗議し給いません。

別の言葉で言うなら、国家秩序――国家《ポリス》――は、そこにおいて、この方の行為――神の永遠なる御言葉の行為――もまた演じられているその空間だ、ということなのです。それは、人間的な洞察に従って、物理的な強制力《ゲヴァルト》の威嚇と行使をなしつつ、人間の外的生活において法と不法とが決定される空間です〔バルメン宣言、第五テーゼ〕。これが〈国家〉であります。これが私たちによって〈政治〉と呼ばれているものです。〈政治的なるもの〉の領域において起こっている一切のことは、何らかの仕方で、この試みを適用したものです。世界の出来事は、いつも国家という〔枠組によって〕秩序づけられています、――幸いなことにも、単に国家という枠組によるものだけではないとしても！　――ところで、この国家という〔枠組によって〕秩序づけられた世界の只中に、今やイエス・キリストが現われ給います。この方は、ポンティオ・ピラトのもとに苦しみを受け給うことによって、この〔国家という〕秩序にも関与し給うのです。したがって、この事実が何を意味しうるのかということを熟考してみるのは有益です。〔すなわち〕この事実において外的秩序に関して何が目に見えるものとなるのか、この苦しみ給う主から〈ポンティオ・ピラトという現実全体〉に関して、何が目に見えるようになるのか、それを熟考してみるということです。

ここでは、キリスト教の国家論――それは、キリスト教の教会論と切り離せないものですが――を、展開すべきではありません〔4〕。しかし、二、三の言葉は、ここでも、やはり語っておかなければならないでしょう。なぜかと言えば、イエスとピラトとのこの出会いの中に、福音から国家《ポリス》の領域に対して考えるべき、また語られるべき一切のことが、要約した形で（in nuce）まとめられているというのは、明らかだからです。

国家秩序・国家権力――それはイエスに向かいあうポンティオ・ピラトによって代表されてい

ます――は、ここでは、まずは、疑いようもなく、その否定的な姿において、〔つまり〕その人間的に全く転倒した、人間的に全く不正な姿で目に見えるものとなっています。私たちは、恐らく、次のように言ってもよいでしょう。すなわち、もしも国家がどこかで不法な国家として目に見えるものになるとすれば、それは、ここでだ、と。また、もしも国家がどこかで笑いものとして己れを現わし、政治がどこかで己れを怪物として示すとしたら、それは、ここでだ、と。

ピラトは、何をするのでしょうか。彼は、政治家たちが――程度の差はあれ――いつもやってきたこと、そしてまた、恐らくいつの時代にも政治の遂行に含まれていたことをするのであります。すなわち、彼は、エルサレムにおける秩序を救い、かつ保持しようと努め、同時に、それによって自分自身の権力的地位を守ろうと努めるのです。――〔しかも〕それを彼は、本来、その保護者として任命されていたところの曇りのない法〔＝正義〕を放棄することによって実行するのです。何という矛盾！　彼は、法と不法とを決定すべき存在です。それが、彼の存在理由《レゾンデートル》です。しかも、彼は、自分の地位に留まることができるように、《ユダヤ人に対する不安から》〔ヨハネ福音書一九・八、参照〕、自分のなすべきことを実行するのを断念します。つまり、彼は譲歩するのです。なるほど、彼は、イエスに有罪判決を下しません。――彼は、有罪判決を下すことができないのです。彼は、イエスの無罪を認めているのです〔から〕。――しかし、彼は、イエスを見捨てます。そしてイエスを見捨てることによって、彼は、自分自身を見捨てるのです。彼が教会のあらゆる迫害者の原型となることによって、そして彼において、すでに〔ローマ帝国第五代皇帝〕ネロが目に見えるようになることによって、したがってまた、そこに不法な国家が登場することによって、まさに国家そのものが冒瀆されるのです。

国家は、ピラトという人物において、国家自身の存在根拠を否定し、そして盗賊の巣窟、ギャングの国家となり、無責任な徒党の秩序と化するのです。これが、いいが今や国家《ポリス》であり、これ、いいが今や政治を意味します。人びとがそれから全く顔をそむけたくなることに何の不思議があるでしょうか。もしも国家というものが何年も何十年にもわたって、ただそのような姿だけ見せてきたのだとしたら、人びとが政治的領域全体にうんざりしてしまったとしても、何の不思議があるでしょうか。じじつ、そのように見られている国家《ポリス》——さまざまのピラトという姿の国家——は、教会と神の国に対して絶対に対立している国家《ポリス》なのです。これが、新約聖書の黙示録一三章で、深淵から上ってきた獣として描かれている国家《ポリス》です。——この獣は、大きな口を持ったもう一匹の獣を伴い、この口は、第一の獣を、たえず褒《ほ》めそやし賛美しています。キリストの受難は、国家と名づけられるこの獣の〔本性の〕暴露となり、危機となり、断罪となるのです。

しかしながら、これがすべてではありません。私たちは、ここに立ち止まっていることはできません。ピラトは、まず、国家の堕落を、それゆえ不法な国家を端的に示したのですが、しかし、このような凹面鏡においても、私たちが見落としてはならないのは、ここに立てられてきた、またそうであり続けて活動している、神の優れた良き秩序のことです。すなわち、人間の不正な行為によって冒瀆されてはいるけれども、神によって立てられ、神の定めたもの（Anordnung）であるゆえに――正しい教会と同様に――全面的に取り除かれることはありえないところの正しい国家であります。ピラトが所有している権力は、それをピラトが乱用するからといって、〈上から与えられたもの〉〔ヨハネ福音書一九・一一〕でなくなるわけではありません。イエスは、そのことを承認し給いました。まさにそのように、後にパウロは、ローマのキリスト者に向かって呼びかけたのです。ネロの国家にも神の定めと神によって立てられていることを承認し、この定めに従い、それゆえ、全く非政治的な（apolitisch）キリスト教であることを止め、むしろ、この国家の保持に対して責任を自覚するように、と〔5〕。

〈国家秩序そのものが神の秩序である〉ということは、じっさい、ピラトの場合にも――彼が悪しき政治家としてイエスを死刑に処しながらも――正しい政治家としてイエスの無罪を正式には言明せざるをえない、という事実に現われています。さらに、それ以上に、物すごいほどに力強く、次の事実に現われています。すなわち、悪しき政治家であるピラトは、なるほど、正しい政治家として意志し行動しなければならなかったはずのこととは正反対のことを意志し、また行なう――すなわち、バラバを釈放し、イエスを死刑に処して（ペテロの第一の手紙二章一四節〔6〕に見込まれているのとは異なって！）「悪を行なう者に褒美を与え、善を行なう者を罰する」――ことはできます。しかし、彼は、それによっても、結果においては、最高の正義《レヒト》を執行せざるをえないという事実です（そのことは、ピラトの罪を免除するものではありません。ただ、それは、神の智恵を義とするのであります！）。なぜなら、〈義《ただ》しき方であるイエスが、不義なる人間に代わって死に給う〉ということ――したがって、この人間が（バラバが！）、イエスの代わりに放免されるということ――これこそ、実にイエス・キリストの受難における神の御心《みこころ》だったのですから。

まさにこのような仕方で、イエス・キリストの受難は、悪しき――その意志に反して正しき！――政治家ポンティオ・ピラトのもとでの苦難なのです。そしてまた、〈イエスがユダヤ人から異邦人へ引き渡され給う〉ということ、〈神の御言葉がイスラエルの民という狭い領域を越えて広い諸民族の世界に出て行く〉ということ、それこそが、イエス・キリストの受難における神の御心《みこころ》だったのです。この異邦人、〔つまり〕ユダと祭司長たち、さらにエルサレムの民の汚れた手からイエスを受け取り、彼自身も汚れた手を持つ男。この異邦人とは、悪しき――その意に反して正しき！――政治家ポンティオ・ピラトです。彼は、この点においても、ハーマンが名づけたように「新約の執行人」〔7〕であり、ある意味では、まさしくユダヤ人と異邦人とから成る教会の創立者であります。

このようにして、イエスは、その悪事のもとで御自分が苦しみ給わねばならない、その人に打ち勝ち給うのです。このようにして、イエスは、そこに入ることによって、御自分が苦しみ給わねばならない、この世に打ち勝ち給うのです。このようにして、イエスは、御自分が人間によって棄却され給うところにおいても、主であり給うのです。このようにして、まさに国家秩序は、人間の罪責によるその堕落にもかかわらず、イエスが国家秩序に服し給うときに、〈国家秩序は、真実にはイエスに服しているのだ〉ということを、必然的に明らかにするのです。

それゆえに、キリスト者は、この国家秩序の担い手たちのために祈ります。それゆえに、キリスト者は、自分でも国家秩序の保持のために責任を負います。それゆえに〈町〔の平安〕〉〔エレミヤ書二九・七〕のために最善のものを求めること、〔つまり〕最善の知識に従って、悪しき国家を選ばず、欲せず、正しき国家を選び、かつ欲することによって、神による国家の定めと制定とを尊重するということ。これが、キリスト者の課題の一つです。正しい国家とは、その権力を「上から」〔ヨハネ福音書一九・一一〕もっているという事実を――ピラトのように――辱《はずかし》めるのではなく、むしろ、その事実に名誉を与えるような国家のことであります。

それればかりか、キリスト者は、神の正義《レヒト》が政治生活において人間によって誤認され、踏みにじられる場合でも、〈神の正義は、イエスの受難のゆえに――天と地の一切の権力が与えられているイエスの受難のゆえに――優越している〉ということを確信しています。あの悪しき小心なピラトが、結局は無駄骨を折ることになるように〔神の〕配慮がなされているのです。そうだとしたら、どうしてキリスト者が、ピラトの仲間になるようなことができるでしょうか。

〔1〕『ファウスト』第一部「アウエルバッハの酒場」の場面で、馬鹿騒ぎする仲間の一人ブランダー

の叫ぶせりふ。

〔2〕ピラトは紀元二六年に第五代目のローマ総督としてユダヤに赴任し、一〇年間にわたって統治した。それは、後で出てくるローマ帝国第二代目の皇帝ティベリウス（一四―三七年）の治世下であった。

〔3〕ヨハネ福音書一九・一一のテキストについては、たとえばバルトの一九三八年の講演「義認と法」（『バルト・セレクション5』天野有訳、所収）でも詳しく分析されている。後出のマタイ福音書二二・二一のテキストについては、たとえば一九三七年のバーゼル説教（『バルト・セレクション1』天野有訳、所収）を参照。その中には〈皇帝〉をめぐる神学的註釈もなされている。

〔4〕バルトの国家観については、前掲の講演「義認と法」のほか、本講義の行なわれた同じ年の夏、ドイツ各地での巡回講演「キリスト者共同体と市民共同体」（一九四六年『バルト・セレクション6』天野有訳、所収）があり、さらに前掲の最終講義『キリスト教的生Ⅱ』（たとえば第78節など）も、参照。

〔5〕ローマの信徒への手紙一三・一―七。このパウロの代表的なテキストについては、バルトの解釈も含む影響史的分析として、宮田光雄『国家と宗教』（二〇一〇年）参照。

〔6〕「悪を行なう者を罰し、善を行なう者を褒めるために、王が派遣した総督であろうと、服従しなさい」。

〔7〕〈新約の執行人〉とは、新しい契約の実行者の意。J・G・ハーマンは、啓蒙的合理主義に反対し、信仰・体験・感情の哲学を説き、〈北方の魔術師〉と呼ばれた。ハーマンのこの言葉について

は、バルト『創造論Ⅱ／1』にも出ているが、『和解論Ⅳ（断片）』ではベンゲルの言葉として引用されている。ピラトが「教会の創設者」だったという驚くべき言い回しは、前掲「義認と法」では、それが「十字架の下での百卒長の証言（マルコ福音書一五・三九）において確証されたのであった」と断言されている！

17　十字架につけられ、死にて葬られ、陰府《よみ》にくだり

イエス・キリストの死において、神は、御自身を低いものとされ、また、御自身を引き渡し給うた。それは、罪ある人間に向かいあい、次のような仕方で、御自身の義《レヒト》を実行するためである。すなわち、〈神が人間の代わりとなり、それゆえ、人間に投げかかる呪い、人間が受けるにふさわしい処罰、人間がそこへ急ぎ向かう過去、人間が陥っている見捨てられた状態を、最後決定的に御自身に引き受け、人間から取り去り給う〉という仕方によってである。

受肉という秘義は、聖金曜日および復活節という秘義へ発展します。そして、信仰のこうした秘義全体においてしばしばそうであったように、ここでも事情は変わりません。すなわち、私たちは、いつでも、この両者を一緒に眺めなければならないのです。いつでも、一方を他方から理

解しなくてはならないのです。もちろん、キリスト教信仰の歴史において、いつも生じたのは、キリスト者の認識が、時には一方の側に、時には他方の側に、いっそう多く傾いたということです。

私たちは、次のことを確認できます。すなわち、西方教会――西欧の教会――は、〈十字架の神学〉(theologia crucis)に向かう決定的な傾向を持ち、それゆえ「彼〔主イエス〕は、われわれの罪過のゆえに死に渡された!」〔ローマの信徒への手紙四・二五〕ということを際立たせ強調する方に向かう決定的な傾向を持っています。これに対して、他方、東方教会は、「彼〔主イエス〕は、われわれの義認のゆえに復活せしめられた!」ということを、いっそう強く前面に出し、それゆえ〈栄光の神学〉(theologia gloriae)に傾いています。この事柄に関しては、一方を他方に対立させるようなことは無意味です。ご承知の通り、ルターは、最初から、西欧〔教会〕的な関心を強く出すことに苦心していました。「栄光の神学でなく、十字架の神学を!」と。これによってルターが考えていたことは正しいものです。しかし、ここでは、決して対立を立ち上げたり、それを固定化したりすべきではありません。なぜかと言えば、いかなる十字架の神学でも、自分の補完物を栄光の神学の内に持たないようなものは存在しないからです。たしかに、聖金曜日なしの復活節《イースター》はありませんが、しかし同じく、復活節《イースター》なしの聖金曜日も存在しません!

あまりにも多くの暗い気分と、さらには重苦しさまでも、キリスト教の中へ容易に取りこまれがちです。しかし、十字架がイエス・キリストの十字架であって、十字架についての思弁ではない――そんなものなら、基本的には、どの異教徒でも持ちうるものです――とすれば、〈十字架につけられ給うた方は、三日目に死人の中から復活し給うた！〉ということが一瞬たりとも忘れられたり、無視されたりすることは不可能です。その場合には、私たちは、聖金曜日を、全く別の仕方で祝う〔べき〕でしょう。その場合には、もしかしたら、まさに聖金曜日にこそ、沈鬱で悲しげな受難の賛美歌を歌うのではなく、むしろ、すでに復活節《イースター》の賛美歌を歌い始める方がよいのかもしれません。聖金曜日に起こったことは、何ら心を暗くする痛ましい事柄ではありません。彼は復活し給うたのですから。

〔これから〕私たちは、イエス・キリストの死について、またその受難について語らねばならないのですが、私は、それを決して抽象的に理解するのではなく、すでにそれを越えて、イエス・キリストの栄光が啓示される場所へ眼差しを向けたい、――こういう願いをもって、以上のことを前もって申しあげたかったわけです。

キリスト論のこの中心は、昔の神学においては、二つの主要概念、すなわち、キリストの〈卑賤〉(exinanitio) と〈高挙〉(exaltatio) という概念の下に語られてきました。ここで言われている卑賤 (Erniedrigung) とは何を意味し、高挙 (Erhöhung) とは何を意味するものでしょうか。キリストの卑賤〔＝低くされ給うこと〕とは、あの全体――「ポンティオ・ピラトのもとに苦しみを受け」に始まり、「十字架につけられ、死にて葬られ、陰府《よみ》にくだり」において決定的に目に見えるものとなる、あの全体を包含します。たしかに、そこで苦しみを受け、死に、最も深い暗闇の中にまで歩むのは、さしあたっては、この人間であり、この人間の卑賤です。しかしながら、この人間の卑賤と〔自己〕放棄とにその意味を何よりもまず与えているのは、〈この人が神の御子である〉ということ、それゆえ、〈この人において身を低くし、身を捧げ給うのは、神御自身以外の何者でもない〉ということです。

そして、今、この事実に対して、復活節《イースター》の秘義としてイエス・キリストの高挙が立ち現われるとき、この栄光化は、たしかに、神の自己栄光化であり、そこで勝利し給う神の誉れです。すなわち、「神は喜びの叫びの中を上られる」〔詩編四七・六〕とあるように。しかしながら、復活節《イースター》の本来の秘義とは、〈神がそこで栄光化され給う〉ということではなく、〈ここでは人間の高挙が起こる〉ということ、〈人間が神の右に挙げられ、罪と死と悪魔とに勝利することを許されている〉ということなのです〔1〕。

以上のことをまとめると、私たちの眼前に浮かび上るイメージは、ある理解を絶した交換――すなわち、取替え（katallage）――というイメージです。人間と神との和解という出来事が生じるのは、〈神が御自身を人間の位置に置き給い、そして人間が神の位置に置かれる〉ということにおいてであります。――徹頭徹尾、恵みの業《わざ》として。まさにこのような理解を絶した奇跡が、私たちの和解なのです。

この使徒信条自身、この「十字架につけられ、死にて葬られ、陰府《よみ》にくだり」ということを、すでに外形的に見ただけでも、他の場合にはないほど多くの言葉を連ねて、詳細かつ完璧に強調しています。福音書もまた、この十字架の物語《ゲシヒテ》をあのように力強く展開していますし、さらに、いずれの時代にも、イエスの十字架は、キリスト教信仰全体の本来的中心として、たえず繰り返し突出して現われ、また、どの世紀にも「ああ、わが唯一の希望なる十字架よ！」〔Ave crux unica spes mea!〕〔ラテン語聖歌〕という声が、たえず繰り返し響き渡っているのです。そうだとすれば、私たちは、次の事実を、はっきりさせておかなければなりません。すなわち、ここで本当に問題なのは、何か宗教開祖の殉教の死を栄光化したり強調したりすることではない、ということです。

もちろん、〔世の中には〕もっと印象的な殉教者物語がたくさんあるわけですが、ここで重要なのは、そういったことではありません。――しかしまた、ここでは、いたるところで見られるこの世の苦難の表現――たとえば、人間実存の限界を象徴するものとして十字架を見る、というようなことが問題なのでもありません。そういうことであれば、私たちは、十字架につけられ給うたイエス・キリストを証ししてきた人びとの認識から離れてしまいます。使徒的証言の意味では、イエス・キリストの十字架とは、神御自身の具体的な行為・活動であります。神が御自身を変え給い、神が御自身〔の体面〕を傷つけ給うのです〔フィリピの信徒への手紙二・六―八〕。神は、神的であることを、或る〈獲物〉のように見なされるのではありません。つまり、盗賊のように略奪したものを固くつかまえて手放さない、というのではなく、かえって、御自身を放棄し給うのです。神が《無私《ゼルプストロース》》でありえ給うということ、御自身を傷つけ給うことができるということ、これが、神の神性の栄光なのです。

もちろん、神は、御自身に対してつねに信実であり給います。しかし、それは、神が御自身をその神性に限定していなければならないというわけではない、というまさにその事実によってであります。神性の深み、神の栄光の偉大さは、〈神性がその完全な反対物の中へ――被造物の最も深い棄却と最大の悲惨の中へ――全く御自身を隠し給うこともできる〉という、まさにその事実において啓示されるのです。キリストの十字架において起こっている出来事とは、これでありますす。〔つまり〕自分の被造物性から離れ、自ら創造者であろうとする被造物――反逆の只中にある被造物――にこそ帰すべき事柄を、神の御子が御自身のものとなし給うた、ということです。また神の御子は、この被造物の困窮の中へ身を置き給い、被造物を放ったままにはし給わないのです。神の御子は、被造物を、単に外側から助け、遠くからこれに挨拶を送り給うというだけではありません。神の御子は、その被造物の悲惨を御自身のものとなし給うのです。

何のために？　それは、御自身の被造物が自由に歩むことを許されるためです。被造物がその肩に負わされた重荷が、担いとられ運び去られるためであります。被造物自身は、その重荷によって破滅せざるをえなかったでしょう。しかし、神は、それを欲し給いません。被造物が救われることを欲し給います。被造物の破滅は、かくも大きく、神の自己犠牲以下のものでは、その救いに十分ではないほどです。しかし、神は、かくも大いなる方であり、御自身を献げ給うということ、そのことが、まさに神の御心《みこころ》なのです。人間に取り代わり給う神——これが和解であります。

(ここで、一言コメントをしておきましょう。神がどこまでわれわれに取り代わり給うか、ということ。——この中心的な秘義に関しては、いかなる教説も、この秘義を余すところなく、かつ厳密に把握すること、また言い表わすことはできません。〔つまり、ここでの〕和解に関する私の理論を事柄《ザッヘ》そのものと取り違えないでください。どのような和解論もヒントでしかありえません。しかしまた、皆さんは、この《われわれのために》ということに御注意ください。この点については、何一つ削除されてはなりません。ある和解論が何を表現しようとするにせよ、それは、このことを、必ず語らなくてはなりません!)

神は、イエス・キリストの死において、その義《レヒト》を遂行し給いました。神は、イエス・キリストの死において、裁き主として、人間に対して行動し給いました。人間は、自分に対する神の判決が語られている場所、そして、その判決が不可避的に実行される場所へ赴くことになったのです。人間は、神の御前に罪人として立っています。〔つまり〕神に対して自分を離れた者として。

自分に許されているはずの在り方に反抗する者として。彼は、恵みに対して反抗します。恵みは、彼にとって、あまりにも小さなものであり、彼は、感謝の思いを持つことから離反します。これが人間の生であります。このような絶えざる離反、このように粗野な、また繊細な仕方で犯す罪。このような罪を犯すことが、人間を訳の分からない難儀の中に導き入れます。すなわち、人間は、神の御前に出られなくなるのです。人間は、神が自分を見ることのできない所へ身を置くのです〈創世記三・八―一〇〉。人間は、いわば神の恵みの裏側に身を置くのです。しかし、神の〈然り〉の裏側は、神の〈否〉であり、裁きであります。神の恵みがかくも不可抗的なものであればあるほど、神の裁きもまた不可抗的なものなのです。

そして今や、私たちは、キリストについて語られている「十字架につけられ、死にて葬られ……」という言葉を、人間に対する神の裁きの帰結として、人間に対して今や実際に遂行されている出来事の表現として理解しなければなりません。

「十字架につけられ」。――一人のイスラエル人が十字架につけられたとき、それは、呪われること意味しました。〔つまり〕単に生ける者たちの国からだけではなく、神との契約からも締め出され、選ばれた者たちの群れから遠ざけられたということでした。「十字架につけられ」ということは、棄却され、異邦人たちの処刑台《ガルゲン》の死に処せられるという意味なのです。私たちは、はっきりさせておきましょう。神の裁きにおいて問題となるのは、〔つまり〕人間という被造物が罪ある被造物として神の側から受けねばならない苦しみとは、棄却であり、呪いである、ということを。「十字架にかけられた者は神に呪われた者だからである」〔申命記二一・二三、ガラテヤの信徒への手紙三・一三〕。そこでキリストの身に起こること。それは、〔本来〕私たちの身に起こるべきことだったのです。

「死にて」。――死（Tod）とは、現存する一切の生の可能性が終わるということです。死ぬこと（Sterben）は、私たちに与えられている、もろもろの可能性を最後のものまで汲み尽すことを意味します。[2] 死ということを、私たちが物理的にであれ、形而上的にであれ、どのように説明するとしても、また、そこでは何が起こるとしても、次のことは確実です。すなわち、そこでは、被造物の現存《エクシステンツ》において、起こりうる最後の行為が起こるのだ、ということです。死の彼方で何が起こるにせよ、とにかく、それは、この生の継続とは別のものであるにちがいありません。死とは、本当に終結を意味します。それは、私たちの生がその下に立っているところの裁きであります。すなわち、私たちの生を待っているのは死なのです。生まれ、成長し、成熟し、年老いる、ということは、私たちが皆、そこで終結する――決定的に終結する――瞬間に向かって進んでいくということです。このような側面から見れば、死とは、私たちがあまり考えたくないような私たちの生の一要素をなす事柄であります。

「葬られ」。——この言葉は、まことに目立たないように、また、ほとんど余計なもののように、そこにあります。しかし、それは、理由なくそこにあるのではありません。私たちは、やがていつか、葬られるでしょう。やがていつか、一群の人びとが、どこかの墓地に出かけて行き、一つの棺を埋めて、みな家路につくでしょう。けれども、一人だけは帰ってくることがないでしょう。そして、その一人が私でしょう。人びとが私を葬るということ——生ける者たちの国では余計な邪魔な一切れとして。それが死〔を確証するところ〕の封印でしょう。「葬られ」——これは、死に対して消失と衰滅という性格を与え、人間の現存《エクシステンツ》に対して〈過ぎ去ること〉と〈朽ち果てること〉という性格を与えるのです。

それでは、人生とは何を意味するのでしょうか。それは、墓に向かって急ぐということです。人間は、自分の過ぎ去ることに向かって急ぐのです。そこには、もはやいかなる未来もない、この過ぎ去りいくことが最後のものでしょう。すなわち、私たちが現にあるところの一切は、やがて、かつてあったもの、朽ち果てたものとなっているでしょう。私たちを記憶している人たちがいる間は、もしかしたら、まだ何らかの思い出も残っているかもしれません。しかし、その人びとも、いつかは死に、それとともに、この思い出も、やがて過ぎ去るでしょう。人類史上のどんな偉大な名前であっても、いつの日か、やがて忘れられた名前にならないものはありません。それが「葬られ」という意味であります。そして、人間が墓の中で忘れられるということ、これが人間に対する裁きです。埋葬され、忘れられる、というより以外には、罪ある人間に関しては、なす術《すべ》がないということ。――これが、罪に対する神の回答であります。

「陰府にくだり」。――旧新約聖書においては、陰府《よみ》（Hölle）の姿は、それから後世に生みだされたものとは別のものです。陰府《よみ》――〈死者の国〉（inferi）、旧約聖書の意味での〈冥府〉（Hades）――は、たしかに、苦悩の場所、完全な隔離の場所であり、そこでは、人間は、本来、ただ存在しない者としてだけ存在するのです。〈影〉（Schatten）としてだけ存在するにすぎません。イスラエル人は、この場所を、そこでは、人間がただゆらめく影のように、あちこち漂《ただよ》う場所と考えていました。そして、このような〈陰府《よみ》の-中の-存在〉にとって、惨めなことは、旧約聖書の意味においては、〈死者たちは、もはや神を賛美できない〉ということ、〈死者たちは、神の御顔《みかお》をもはや仰ぎ見ることができない〉ということ、〈死者たちは、もはやイスラエルの礼拝に参加することができない〉ということです。それは、神から排除されていることであり、それが死をかくも恐ろしいものに、〔つまり〕陰府《よみ》を陰府《よみ》〔＝地獄〕とするのであります。

人間が神から分離されているということ、それは、苦悩の場所にいるという意味です。「そこでは泣きわめいて、歯ぎしりするであろう」〔マタイ福音書八・一二〕。私たちの想像力は、このような現実性――神なしにこのように存在すること――にまで達しません。無神論者は、神なき状態（Gott-losigkeit）ということが、どんなものかを知りません。神なき状態とは、陰府《よみ》における存在であります。罪の結果として、これ以外に何が残るでしょうか。人間は、自分の行為によって神から離れてしまったのではないでしょうか。「陰府《よみ》にくだり」というのは、単にその確証にすぎません。神の裁きは正しい。すなわち、神の裁きは、人間に人間の欲したところのものを与える、ということです。もしも、このような判決とこの判決の執行が起こらないでいるとしたら、神は神ではなく、創造者は創造者ではなく、被造物は被造物ではなく、人間は人間ではないことになるでしょう。

しかし、今や、使徒信条は、この判決の執行が神によって次のような仕方で行なわれる、ということを私たちに語ります。すなわち、〈神は御自身が、真《まこと》の神にして同時に真《まこと》の人間である御子イエス・キリストにおいて、有罪判決を受けた人間を代理し給う〉という仕方で。神の判決は遂行され、神の義《レヒト》が、その道を進みます。しかし、神の義《レヒト》がその道を進むのは、〈人間が苦しみ耐えねばならなかったことが、神の御子として、他のすべての者のために力となり給うこの一人の方によって、苦しみ耐えられた〉という仕方において、であります。これが、イエス・キリストの支配権《ヘルシャフト》〈＝主であり給うこと〉なのです。私たちに帰すべきことを御自身に引き受け給うことによって、私たちのために神の御前に立ち給うイエス・キリスト――このイエス・キリストの支配権《ヘルシャフト》であります。私たちが呪《のろ》われ、罪を犯し、失われている、まさにそのところで、神は、イエス・キリストにおいて、御自身に責任を負わせ給うのです。御子における神こそは、ゴルゴタで、この十字架につけられた人間という人格において、私たちが負わねばならないはずの一切のものを担い給う方なのです。このようにして、御子における神は、呪《のろ》いに結末をつけ給うのです。

神は、人間が失われていくことを欲し給いません。神は、人間が支払わねばならないはずのものを人間が支払うことを欲し給いません。別の言葉で言えば、神は罪を拒絶し給う、ということです。そして、神がなし給うのは、御自身の正義（Gerechtigkeit）にもかかわらず、というのではありません。むしろ、このことこそ、まさに神の正義なのです。すなわち、神――この聖なる方――が〔イエス・キリストにおいて〕聖ならざる者である私たちのために執り成し給うということ、この方が私たちを救うことを欲し、また救い給うということ、であります。旧約聖書の意味における正義は、罪ある者に償わせる〔通常の〕裁判官の正義ではありません[3]。そうではなく、それは、告訴された者の中に悲惨な者を認めるなら、これをきちんと正すことによって救おうとする裁き主として行動することです。これが、正義という意味であります。正義（Gerechtigkeit）とは、まっすぐに起こす（Aufrichten）ということです。そして、これこそが、神のなし給うところのことなのです。

もちろん、刑罰が行なわれないというのではありません。困窮が全く襲いかかって来ないというのではありません。ただ、そういうことが起こるのは、神が罪ある者を代理し給うことによってなのです。〈御自身の被造物の役割を引き受ける！〉ということ――それをすることが許され、またそうすることができる方、そうすることにおいて義とされてい給う方——その方が、代理し給うことによってであります！　神の憐れみと神の正義とは、互いに衝突するものではありません。「その御子を神は　惜しみ給わず、否、わがために御子を捧げ給う。尊き血により永遠《とこしえ》の業《ごう》火《か》より　われを救い出し、とらえるために！」〔賛美歌〕。これが聖金曜日の秘義であります。

しかし、私たちが〈神は、われわれに代わり、われわれの刑罰を御自身に引き受け給う〉と言うとき、事実上、私たちは、聖金曜日を超えたところに目を向けているのです。〔なぜなら〕神は、そうすることによって、実際に刑罰を私たちから取り去り給うたからです。[4] あらゆる苦難も、あらゆる試煉も、また私たちの死ぬということもまた、神が私たちの益となるために、すでに遂行し給うた裁きの〈影〉にすぎません。真に私たちにふりかからざるをえず、また、ふりかかるはずだった事柄は、キリストの死において、じじつ、すでに私たちから取り除かれているのです。このことを、十字架上のイエスのあの言葉は語っています。「すべては、成し遂げられた！」〔ヨハネ福音書一九・三〇〕と。

それゆえ、私たちは、キリストの十字架に直面して、一方では、私たちの罪の大きさと重さに対して、次のことを認識するように招かれています。〈私たちに赦しが与えられるために、どれだけの犠牲が払われていたのか〉ということ、を。罪を本当に認識することは、厳密に言えば、ただキリストの十字架の光の中においてのみ可能なのです。なぜなら、罪とは何かということを理解するのは、ただ、自分の罪が赦されていることを知っている人だけだからです。さらに他方では、私たちは、〔キリストの十字架に直面して〕次の認識をすることを許されています。〈自分たちのために代償がすでに支払われていること、それで私たちは、罪とそこから出てくるもろもろの結果から解放されている〉ということ、を。

私たちは、もはや、自分の罪責のために裁きを受けねばならない罪人として、神から語りかけられ、また見られているのではありません。私たちは、もはや、何ら〔そのために〕支払う必要がありません。私たちは、無償（gratis）で、ただ恵みによってのみ（sola gratia）――私たちのための神御自身の執り成しによって――解放されているのであります。

〔1〕〈高挙〉については、第19講にも短い説明がなされている。これらの箇所で、バルトは、伝統的理解に従って、〈高挙〉をイエス・キリストの〈復活〉と関連づけているが、後の『教会教義学』「人の子の高挙」においては、〈十字架〉に至るイエス・キリストの全生涯と関連づけてとらえている（『和解論Ⅱ／1』井上良雄訳、所収）。

〔2〕後の『教会教義学』においては、〈死〉（Tod）を「罪が支払う報酬」（ローマの信徒への手紙六・二三）、〈死ぬこと〉（Sterben）を神によって創造された「善き自然的本性」（Natur）として区別して論じている（「時間の中での人間」『創造論Ⅱ／3』吉永正義訳、所収）。

〔3〕後出の第20講の注〔7〕におけるバルトの説明を参照。

〔4〕『教会教義学』におけるバルトの説明によれば、〈刑罰〉とは、堕罪した人間がたえず「それに向かって走り寄る虚無」のことであり、われわれすべての人間は、この〈刑罰〉を自分に引き寄せてしまった。しかし、イエス・キリストは「罪人としてのわれわれの道」を「極限の闇にいたるまで歩み抜かれ」、それによって「われわれの刑罰を受けて苦しんでくださった」(「神の子の従順」『和解論Ⅰ／2井上良雄訳、所収)と説かれている。

18　三日目に死人のうちよりよみがえり

イエス・キリストの復活において、人間は最後決定的に次のことへ〔向かって〕高く挙げられ、また、定められている。すなわち、自分のあらゆる敵に抗して、神の御許《みもと》に自分の義《レヒト》を見出し、それゆえ、解放されて新しい生を生きる。この新しい生において、人間は、罪を、それゆえにまた、呪いと死と墓と地獄をも、もはや自分の行く手には持たず、自分の背後に持つのである。

「三日目に死人のうちよりよみがえり」――これが、復活節《イースター》の使信であります。この使信が述べているのは次のことです。〔すなわち〕神は、御子において何の理由もなく御自身を低くされ給うたのではないこと、むしろ、神がそのようになし給うとき、神は、たしかに、それを御自身の誉れのためにも、また、御自身の栄光の確証のためにもなし給うのだ、ということです。神の憐れみがまさに御自身の〈卑賤〉〔＝低められること〕においてこそ勝利することによって、実にイエス・キリストの〈高挙〉〔＝高められること〕が起こるのです。私たちが先に〈低くされ給うことにおいて問題になるのは、神の御子に関わることであり、それゆえ、神御自身に関わるのだ〉と言ったとすれば、今度は〈高められ給うことにおいて問題になるのは、人間に関わるのだ〉ということを、強調しなければなりません。

人間は、イエス・キリストにおいて高く挙げられて、あの生へ――そのために神がイエス・キリストの死において、人間を解放し給うたあの生へ――定められるのです。神は、いわば、栄光の場を捨て去り給い、人間が、今や、この場所に入ることを許されているのです。これが、復活節《イースター》の使信であり、和解の目標であり、人間の救いであります。このことが、すでに聖金曜日に目に見えるものとなった目標なのです。神が人間のために執り成し給うことによって――新約聖書の記者たちは《支払う》という表現を用いることを恐れませんでした――人間は〈身代金を払って自由にされた者〉（Losgekaufter）なのです。

〈贖《あがな》い〉（apolytrosis）というのは、身代金による奴隷の解放を言い表わす法律上の概念です。人間が別の法的状態に移されるということ、それが目標です。人間は、もはや自分に対して何らかの権利を持つ者に所属するのではありません。〔つまり〕人間は、もはや呪いと死と地獄という、あの領域には属してはいません。そうではなく、人間は、神の愛し給う御子の国に移されているのです〔コロサイの信徒への手紙一・一三〕。すなわち、罪人としての人間の身分・状態・法律的地位は、正式に剥奪されているということです。人間は、罪人としては、神からは、もはや真剣に考えられていないのです。人間がどのようなものであるにしても、また、人間について何が言われねばならないとしても、また、人間が自分自身に対して非難すべき何があるとしても、神は、人間を罪人としては、もはや真剣には考え給いません。人間は、罪に対しては死んでいるのです。〔まさに〕あそこで――ゴルゴタの十字架において。

人間は、もはや罪に対しては存在しないのであります。人間は、神の御前において、義なる者として、神の意に適う者として、承認され、確定されているのです。人間は、なるほど、今、実際にそうであるように、自分の現存在《ダーザイン》を罪の内に、それゆえ自分の咎《とが》の内に持ってはいます。しかし、それを自分の背後にしているのです。転換〈Wendung〉が、〈最後決定的〉〈ein für allemal〉に行なわれたのです。それは、「私は最後決定的に身を転じました」「私はそれ〔転換〕を経験しました」などと、私たちが〔自分で〕言いうるというようなことではありません。否、この〈最後決定的〉とは、イエス・キリストの〈最後決定的〉であります。しかし、私たちがイエス・キリストを信じるならば、それは、私たちに対して当てはまります。人間は、人間のために死に給うたイエス・キリストにおいては、その方の復活によれば、神の愛し給う子なのです。神の御心《みこころ》によって生き、神の御心《みこころ》に適うために生きることを許された神の愛し給う子なのです。

これが復活節《イースター》の使信であるなら、皆さんは、次のことを理解なさるでしょう。すなわち、イエス・キリストの復活において問題となるのは、本来は単純に、キリストの死のまだ隠されていた果実〔＝転換〕が啓示されたことである、と。まさにこのような転換こそが、実に、イエス・キリストの死においては、まだ隠されているところのものなのです。すなわち、人間があそこ〔イエス・キリストの十字架〕では神の怒りに焼き尽くされているという、あの局面の下では、隠されている、この転換のことであります。ところが今や、新約聖書は、私たちに証言します。すなわち、〈このような人間の局面は、ゴルゴタにおけるあの出来事の意味ではないのだ。そうではなく、このような局面の背後にあって、この出来事の本来の意味とは、三日目に顕《あら》わに示されるところのものである〉と。この三日目に、人間の新しい歴史が始まるのです。

こうして、イエスの生も、二つの大きな時期に分かつことができるでしょう。すなわち、その死に至るまでの三十三年間と、その死および昇天との間の四十日という、全く短い、そして決定的な期間という二つであります。この三日目に、イエスの新しい生が始まるのです。しかし、それと同時に、この三日目に、一つの新しい時《アイオーン》〔＝世〕が始まります。〔つまり〕イエス・キリストの死において、古い世界が、徹頭徹尾、取り去られ、片づけられた後で、世の新しい姿が始まるのです。これが、復活節《イースター》であります。すなわち、人間イエスの現存《エクシステンツ》における、新しい時と新しい世界が開け初《あ》《そ》めるのです。イエスは、御自身に負わされた〈人間の罪の重荷〉を今や克服しつつ、打ち勝ちつつ担い給う方として、また、それを絶滅し給う方として、新しい生を始め給うのです。人間イエスのこの変革された現存《エクシステンツ》の中に、最初の教会《ゲマインデ》は、単に、それ以前の〔十字架の死にいたるまでの」イエスの生の——たとえば超自然的な——継続を見たのではなく、むしろ、全く新しい生、すなわち、高く挙げられ給うたイエス・キリストの生を、また、同時に一つの新しい世界の開始を見たのです。

私たちが、復活節《イースター》を、被造物の生において起こる或る種の更新——たとえば、春とか人間の朝の眼ざめとか、その他の多くのものにおいて起こる更新——に関連づけようと思っても、それは無力な試みです。春には、止《とど》めようもなく冬が続き、眼ざめには寝入りが続きます。そこで行われているのは、〈新しくなること〉と〈古くなること〉との循環運動です。しかし、復活節《イースター》における〈新しくなること〉は、〈最後決定的に新しくなること〉であります！　新約聖書によれば、イエス・キリストの復活において〈人間のための神の勝利は、御子その人（Person）において、すでに全く獲得されているのだ〉という表明がなされています。

復活節《イースター》は、たしかに、まずは私たちの希望の大きな担保です。しかし、同時に、復活節《イースター》の使信における、この将来は、すでに現在でもあります。復活節《イースター》は、すでに獲得された勝利を告知するものです。戦いはもう終わったのです、——降伏についてまだ何ひとつ耳にされないために、あちこちでは、まだ一部の部隊が発砲しているとしても[1]。勝負はついたのです、——たとえ競技している者は、まだ二、三手、駒を進めることはできるとしても。事実上、ゲームは王手詰めになっているのです。時計はすでに止まったのです、——たとえ振子はまだ、二、三回、行ったり来たり揺れるとしても。

このような中間的な空間に、私たちは生きています。「古いものは過ぎ去った、見よ、すべてが新しくなった」〔IIコリントの信徒への手紙五・一七〕とあるように。復活節《イースター》の使信は、私たちの敵、罪・呪い・死という敵が打ち倒された、ということを私たちに告げています。それらのものは、つまるところ、もはや害を加えることはできません。それらのものは、まだゲームが決着せず、戦闘で敗けていないかのように振舞っています。私たちは、まだ、それらのものを考慮に入れていなければならないのです。しかし、私たちは、もはや基本的には、それらのものを怖れる必要はありません。

復活節《イースター》の使信を聞いた者は、もはや、悲劇的な顔つきをしながら駆けずりまわり、何一つ希望を持たない人間のように、ユーモアなき生活を送ることはできません。〈イエスは勝利者なり〉〔2〕——ただ、このことだけが〈ものを言う〉のであり、ただ、この一事だけが本当に真剣なことなのです。この一事を無視して——ロトの妻〔創世記一九・二六〕のように——後ろを振りかえろうとするような真剣さは、キリスト教の真剣さではありません〔ルカ福音書一七・二八—三三、参照〕。その背後では火が燃えているかもしれません——そして、たしかに火は燃えています。——しかし、私たちは、それに視線を向ける必要はありません。私たちが見なければならないのは、別のことです。すなわち、私たちは招かれているということ、〈この人間イエスにおける神の栄光の勝利を真剣に考え、受けとめ、かつ、この勝利を喜ぶ〉ように呼びかけられている、ということです。そのとき、私たちは、感謝の中に生きること、そして恐怖の中に生きないことを、許されているのです。

イエス・キリストの復活は、このような勝利の告知を啓示し、また、それを遂行するものであります。私たちは、この復活を何らか精神的な事象のように解釈を変えてはなりません。そこには空《から》の墓があったということ、死の彼岸の新しい生が目に見えるようにされたということ――そのことを、私たちは、聞かねばなりませんし、また、そのことが語られなければなりません。「これは〔この死から移された人間は〕わたしの愛する子、わたしの心に適う者である」〔マタイ福音書三・一七、など〕。このヨルダン川のほとりでの〔イエス〕受洗の際に告げられたことが、今や出来事となり、啓示されたのです。それを知る人びとにとっては、これによって、古い世界が取り去られ、新しい世界が開け初《あそ》めたことが宣べ伝えられます。彼らは、まだ多少の道のりを走破しなければなりません、――〈神はイエス・キリストにおいて一切のことを彼らのためにすでに成し遂げ給うた〉ということが、〔宣べ伝えられている人びとすべてに〕目に見えるものとなる、その時まで。

〔1〕バルトは、バーゼル刑務所での復活節説教〔一九五九年〕の中で、戦後一四年間もフィリッピンのジャングルにひそみ、戦争の終わったことも知らず、近づく者に発砲していた日本兵の新聞ニ

ュースに言及していた。「変な人たちだとは思いませんか。でも、私たちこそが、全くもってこのような人たちなのです」と（「死――しかし、生命！」（前掲『バルト・セレクション１』所収）。

〔2〕バルト「イエスは勝利者だ！」（前掲『和解論Ⅲ／2』所収）参照。

19　天にのぼり、全能の父なる神の右に坐したまえり

最後決定的に起こったイエス・キリストの御業《みわざ》の目標は、御自身の復活の証人たちに委託された認識――〈神の全能と、イエス・キリストにおいて働き顕《あら》わに示された神の恵みとは、同一である〉という認識――によって、御自身の教会《キルヒェ》を創設することである。こうして、この御業《みわざ》の終わりは、同時に、終末の時の開始である。すなわち、そこでは、教会《キルヒェ》が〈イエスにおける神の恵みの全能と全能の恵み〉とを全世界に知らさねばならない時――そのような時の開始である。

この使徒信条のテキストを追っていくと、私たちに示されるのは、すでに外形的にも、私たちがある目標に、すなわち、イエス・キリストの御業《みわざ》――この御業《みわざ》がすでに最後決定的に起こった限り――の目標に近づいて来ている、ということです。この行程の中のあるもの、――それ

は、将来的なものであり、使徒信条〔第二項〕の末尾で目に見えるようになるものでしょう。――すなわち、「かしこより来たりて……〔裁き給わん〕」ということは、まだ起こってはいません。しかし、すでに最後決定的に起こったことは、今や完結したものとして私たちの眼前にあります。「やどり・生まれ・苦しみを受け・十字架につけられ・死にて・葬られ・〔陰府《よみ》に〕くだり・よみがえり給うた」という、一連の完了形で。ところが、今や突然、一つの現在形が出てきます。「彼は神の右に坐したまえり」と。それは、あたかも私たちが登山をして、今や山頂に達したかのようであります。この現在形は、〔あの一連の完了形の〕最後の完了形――「天にのぼり給うた」――によって補足されています。しかし、この最後の完了形自身が、〔その直前の完了形である〕「死人のうちよりよみがえり給うた」を、さらに補足しているのです。

この「父なる神の右に坐し給えり」によって、私たちは、明らかに、一つの新しい時間――〈われわれの現在の時〉であり教会《キルヒェ》の時である一つの新しい時――の中へ歩み入ります。それは、すなわち、イエス・キリストの御業《みわざ》によって開かれ基礎づけられた〈終末の時〉（Endzeit）であります。新約聖書においては、この〔「父なる神の右に坐し給えり」という〕出来事に関する報道は、イエス・キリストの復活に関するもろもろの報道の終結となっています。新約聖書においては、キリストの昇天について述べている線は――ほぼ降誕節《クリスマス》の奇跡に対応して――比較的、細い線です。ここかしこで、ただ復活のことだけが言及され、それからすぐに、〈父なる神の右に坐し給う〉ということに触れています。福音書においても、昇天は、比較的、僅かに言及されているにすぎません。問題の中心にあるのは、この移行――啓示の時から〈われわれの時〉への転換――であります。

昇天とは何でしょうか。私たちが前に「天と地」〔第9講〕について確認したところによれば、昇天とは、いずれにしても、次のことも意味しています。すなわち、それは、イエスがこの地的空間――それゆえ、われわれにとって把握しうる空間であり、われわれのためにイエスが訪れ給うた空間――を立ち去り給うたのだ、ということです。イエスは、私たちがこの空間に属しているようには、もはやこの空間に属してはおられません。それは、この空間がイエスにとって疎遠なものになる、〔つまり〕〈この空間がイエスの空間でもある、ということはないのだ〉、などと言おうとしているのではありません。その反対です。すなわち、イエスは、この空間を超えてい給うことによって、この空間を満たし給い、また、この空間に対して現臨し給うのです。ところで、それは、むろん、その啓示の時やその地上で活動された時のような仕方においてでは、もはやありません。昇天とは、〈キリストが被造世界の、あのもう一つの領域――すなわち、われわれには把握し難いあの領域〔＝天〕――へ移行してしまわれた〉ということを決して意味してはいないのです。「父なる神の右に」とは、単に被造世界の中の把握しうる領域から把握しえない領域への移行を意味しているのではありません。イエスが遠ざかり給うたのは、神的空間という

――人間にとっては全く隠された――秘義の方向に向かって、なのです。〈天〉が、イエスの滞在地なのではありません。すなわち、イエスは神の御許《みもと》におられるのです。十字架につけられ復活し給うた方は、神の在《いま》すところにおられるのです。彼がそこへ赴き給うということ。これが、その地上での、そして歴史における、彼の働きの目標なのです。

受肉と磔刑における問題の中心にあるのは、神の卑賤ということです。しかし、イエス・キリストの復活において問題になるのは、人間の高挙であります。キリストは、今や人性〔＝人類〕(Menschheit)の担い手として――われわれの代表者として――神の在《いま》すところに、神が在《いま》すのと同じ仕方でおられるのです。われわれの肉――われわれの人間的本質――は、キリストにおいて、神へと高く挙げられるのです。このことこそ、その御業《みわざ》の終わり〔＝目的〕です。すなわち、われわれは、この方と共に上〔なる所〕にいる！ われわれは、この方と共に神の御許《みもと》にいる！ このことこそが御業《みわざ》の終わり〔＝目的〕なのです。

そこから、私たちは、後方を振りかえり、また、前方を見なければなりません。もし、私たちが、イエス・キリストの生と働きのこのような結末について証言する新約聖書を正しく理解するなら、この結末は、次のような二重のものとして性格づけられます。

（1）この最後に述べた事実〔イエス・キリストの生と働きの結末〕から、一つの光が現われ、それは、彼の使徒たちによって認められます。彼の復活の証人たちには、〔彼の生と働きの〕締めくくりとして、一つの**認識**が**委託される**のです。マタイ福音書には、次のようなイエスの言葉が記されています。「わたしは、天においても地においても、いっさいの権能が授けられている」（二八章一八節）と。この言葉を「全能の父なる神の右に坐し給えり」と関連づけることは、意義深くあり、かつ不可欠なことです。〈全能〉という概念が、ここでは共通に出てきます。エフェソの信徒への手紙四章一〇節には、同じ認識がこう言い表わされています。「彼〔＝この降りて来られた方〕御自身が、すべてのものを満たすために、〔あらゆる天よりもさらに高く〕昇られたのです」と、――この意志と言葉とをもって満たすために。彼は、今や高きところにおられます。彼は、今や主であり、そのような方として啓示されています。

ここで、私たちは、先に使徒信条の第一項を講解した際に〔第7講〕、すでに触れた事柄に帰ってみましょう。万物の上に在《いま》し給う〈全能者なる神〉について私たちが正しく語るとき、私たちに要求されているのは、〈神の全能〉ということによって――いかなる場合にも、いかなる意味でも――まさにこの使徒信条の第二項が語っている現実以外のものを決して理解しない、ということです。あの認識、〔つまり〕使徒たちがキリストの復活に基づいて得た認識、さらにキリストの昇天がその終結を成している認識――これは、本質的には、次のような根本的認識です。すなわち、一方では、〈イエス・キリストにおいて起こった和解とは、何らかの付随的な出来事のようなものではなく、われわれは、この神の恵みの御業《みわざ》において、神の全能と関わっているのだ〉ということ、それゆえ、〈ここでは、その背後には他のいかなる現実も存在しないような究極かつ最高のものが登場しているのだ〉という認識です。使徒信条の第二項および第三項が語っているこの出来事を凌駕するような、いかなるものも存在しません。キリストは、あらゆる権《ゲヴァ》力《ルト》を持ち給う方なのです。そして、私たちが信じるときには、私たちは、この彼と関わっているのです。また逆に〔他方では〕、神の全能は、イエス・キリストの和解の恵みにおいて、徹頭徹尾、啓示され、働いているのです。神の恵みと神の全能とは同一のものです。一方のものを他方のものを抜きにして理解することは決して許されません。

私たちは、ここで今一度、受肉という秘義の啓示に関わっています。すなわち、〈この人間は神の御子であり、また神の御子はこの人間である〉という秘義に。イエス・キリストは、私たちに対して、また究極の現実性において、このような場所を持ち、このような権能を持ち給うのです。イエス・キリストは、神との関係においては、その権力を全面的に委託された方として立っておられます。ちょうど王がその全権力を委ねた総督や総理大臣のように。イエス・キリストは、神として語り、神として行動し給います。そして、逆も同様です。すなわち、もしも私たちが神の語りかけと神の行動とを認識したいと思うなら、ただ、この人を見さえすればよいのです。イエス・キリストにおける神と人間とのこのような同一性、これこそは、イエス・キリストの最後決定的に起こった御業《みわざ》が、それをもって終結を見出した認識——〔正確に言えば〕その認識の啓示——なのであります。

（2）「父なる神の右に坐したまえり」。すなわち、高みに到達されたのです。完了形は私たちの背後にあり、私たちは、現在形の領域へ歩み入ります。〈われわれの時〉について言われねばならないところのことは、これです。すなわち、〈時の中のわれわれの存在〉について妥当する最初にして最後のこととは、これです。〔時の中の〕〈われわれの存在〉の根底にあるのは、このイエス・キリストの存在――「父なる神の右に坐したまえり」――なのです。私たちの空間において、いかなる興隆と敗退が起こるにしても、また、何が生じ何が過ぎ去っていくとしても、そこには、ある恒常的なもの、持続的なもの、一貫したもの、すなわち、この「父なる神の右に坐したまえり」が存在するのです。この事柄《ザッヘ》に匹敵するような、いかなる歴史的転換点も存在しません。ここにあるのは、私たちが世界史・教会史・文化史と名づけているものの秘義であり、一切の根底にあるものです。

　このことが意味するのは、先ずは極めて端的に、これもマタイ福音書の末尾で言い表わされているところのものです。あの、いわゆる伝道命令（Missionbefehl）によって！　すなわち、「あなたがたは行って、すべての民を弟子にしなさい。彼らに洗礼《バプテスマ》を授け、あなたがたに命じたすべてのことを守るように教えなさい」〔マタイ福音書二八・一九―二〇〕と。それゆえ、あの認識――「神の全能とは神の恵みである」――は、無為のままにぶらぶらする認識ではありません。また、〔復活から昇天にいたる〕啓示の時の終結は、幕が降りて観客は家路につくことができる、というような芝居の終わりのことではありません。そうではなく、啓示の時は、一つの呼び掛け、一つの命令をもって終わります。救いの出来事が、今や、世界の出来事の一部となるのです。今や、使徒たちにおいて目に見えるものに対応する次のような事実が出てきます。すなわち、〈今や、この地上においても、一つの人間的歴史として、弟子たちの一つの行動として、あの天の場所に対応する一つの地の場所が――イエス・キリストの復活の証人たちの存在と行動が――存在する〉という事実が出てくるのです。

イエス・キリストが父のもとに赴き給うとともに、地上では、ある企てが始まります。イエス・キリストの別離は、終わりではなく、一つの開始をも意味しているのです。――たとえ、それが、たしかに、イエス・キリストの受肉[1]を継続するものとしてではなかったとしても、です。すなわち、こんなふうに言うべきではないでしょう。〈イエス・キリストの御業《みわざ》は、キリスト者の生において、そしてまた教会の現存《エクシステンツ》において、そのまま継続されているのだ〉など、と。聖徒たちの生活は、イエス・キリストの啓示を地上において延長するものではありません。そのようなことは、あの「すべては成し遂げられた！」〔ヨハネ福音書一九・三〇〕と矛盾するでしょう。イエス・キリストにおいて起こったことは、いかなる継続をも必要とはしません。

しかしながら、むろん、あの最後決定的に起こった出来事は、今や地上において起こることの中に、一つの対応（Entsprechung）、一つの対型（Gegenbild）、――一つの反復（Wiederholung）ではないけれども――一つの比喩（Gleichnis）を持つのです。そして、キリストに対する信仰において営まれるキリスト教的生のすべて、教会が意味するところのすべては、この比喩なのであり、〔つまり〕御自身の身体の首《かしら》であるイエス・キリストの存在のシルエットなのです。キリストは、父のもとに赴き給うとともに、御自身をその使徒たちに認識させることによって、御自身の教会を創設し給うのです。このような認識そのものが、あの呼びかけを意味しています。「全世界に行って、すべての造られたものに福音を宣べ伝えなさい」〔マルコ福音書一六・一五〕と。「キリストは主なり！」――これこそ、すべての被造物が、すべての民が、知るべきことであります。それゆえに、イエスの御業《みわざ》の終結とは、無為に過ごすために使徒たちに与えられた機会などではなく、世界へ彼らを派遣することなのです。そこでは、いかなる休止状態もありません。むしろ、そこでは、走ること、疾走することが必要です。そこでは、伝道が、すなわち、この世への、また世のための、教会の派遣が始まるのです。

今や始まるこの時、教会の時は、同時に、〈終末の時〉（Endzeit）、最後の時であります。すなわち、被造世界の現存《エクシステンツ》――あるいは被造世界の現存《エクシステンツ》の意味――が、その目標に達する時であります。私たちがキリストの十字架と復活について語ったとき、このように聞きました。〈戦いは勝利に終わった。時計は止まった。しかし、なおも神は忍耐を持ち給い、なおも神は待ち給う〉と。神は、この御自身の忍耐の時のために、教会《キルヒェ》をこの世の中へ置き給うたのです。そして、〈この最後の時が福音の使信によって満たされる〉ということ、また、〈世が、この使信を聞くという、〔神から〕提供されたものを持っている〉ということ、それが、この最後の時の意味なのです。私たちは、イエス・キリストの昇天とともに始まったこの時を、〔神の〕御言葉の時と名づけることができます。もしかしたら、地上における教会が〈置き去りにされている〉（Verlassenheit）時、また、ある意味では教会の〈独りきりでいる〉（Einsamkeit）時、と呼ぶこともできるかもしれません。そこでは、教会がキリストと——今やまさに全く信仰においてのみ、ただ聖霊によってのみ——結ばれている時。〈キリストの地上での一回的な存在〉と〈栄光におけるその再臨〉とのあいだの中間時。すなわち、大いなる機会の時、この世に対する教会の課題の時、伝道の時であります。

すでに言いましたように、それは、神の忍耐の時であり、そこでは、神は教会を待ち給い、教会と共に世を待ち給うのです。それというのも、イエス・キリストにおいて時の成就として終結的に起こったこと。このことは、——じっさい、人間の参与なしには、また、人間の口から出る神の賛美なしには、また、〔神の〕御言葉を聞くべき人間の耳なしには、また、それによって自分たちが福音の使者となるべき人間の手と足なしには——完成されることを明らかに望まれてはいないからです。イエス・キリストにおいて神と人間とが一つと成ったということ。これは、今や、まず第一に、このイエス・キリストの証人たることを許されている神の人びと（Gottes-menschen）が地上に存在する、という事実において目に見えるものとならなければならないのです。

教会の時・終末の時・最後の時――このような時を重かつ大なるものにするのは、それが最後の時だということではありません。そうではなく、このような時が〈聞くこと、信じること、悔い改めること、さらに使信を宣べ伝えること、それを把握することに対して場を与える〉ということです。それは、イエス・キリストに対して次のような関係に立っている時であります。すなわち、「見よ、私は戸口に立って扉を叩いている」〔ヨハネ黙示録三・二〇〕と。彼は、最も直接的に、すぐ傍らに在《いま》し給います。彼は、入ることを欲しておられます。すでに全く近くにおられますが、なおも外に、戸の前に、立っておられます。そして、私たちは、内にいながらも、すでに彼の御声を聞くことを許され、中に入ってこられるのを今か今かと待ち受けているのです。

さて、このような中間時、終末の時の中に、このような待望と神の忍耐の時の中に、神的摂理のあの二重の秩序は属しています。すなわち、教会と国家が――対立しながらも配列させられている――内的領域と外的領域との〈つながり〉が、属しています。これらの二重の秩序は、決して究極の秩序ではなく、また、究極の言葉でもありません。しかし、正しく理解するなら、これらの二重の秩序は、目標を目指す善き秩序――神の恵みに対応する秩序――なのです。昇天は、このような〈われわれの時〉の開始であります。

〔1〕〈チューリヒ版〉では「到来」（Zukunft）となっているが、〈カイザー出版社版〉に従い、「受肉」（Inkarnation）に訂正。

20　裁き主なるイエス・キリストの将来

教会《キルヒエ》の想起は教会《キルヒエ》の待望でもあり、さらに、世に対する教会《キルヒエ》の使信は世の希望でもある。なぜなら、イエス・キリストの御言葉と御業《みわざ》から、教会《キルヒエ》は――知りつつ――世は――まだ知らないままに――由来しているのであるが、まさにこのイエス・キリストこそが、終わりに向かって進みゆく時〔＝終末の時〕の目標として、教会《キルヒエ》と世に向かって到来し給うのと同じ方だからである。イエス・キリストが到来し給うのは、御自身において起こった決断を、最後決定的（endgültig）に、かつ、すべての人に対して目に見えるものとなし給うためである。その決断とは、すなわち、人類全体と一人一人の人間的現存がそれによって測られる尺度としての神の恵みと神の義である。

「かしこより来たりて、生ける者と死ねる者とを裁きたまわん！」――あの多くの完了形とあの〔一つの〕現在形の後に、今や〔一つの〕未来形が続きます。「彼は、到来し給うであろう」と。この使徒信条の第二項全体は、次の三つの規定によって総括できるでしょう。〈「到来し給うた」、「父なる神の右に坐し給う」、そして「到来し給うであろう」〉と。

ここでキリスト教的な時間概念について、あらかじめ少しお話しさせて下さい。見誤ってならないのは、ある全く独特な光が、正真正銘の、かつ本来的な意味で〈現実の〔＝本当の〕時間（wirkliche Zeit）〉と呼ばれているものの上に射しているということです。すなわち、神の時――永遠――の光の中にある時間、ということであります。

イエス・キリストが到来し給うたということ――それゆえ、あの完了形――は、私たちが過去と呼んでいるものに対応するでしょう。しかし、あの出来事について、〈それは過ぎ去った〉などと言うのは、何と不適切なことではないでしょうか。イエス・キリストが苦しみ給い、また、なし給うたところのことは、じっさい、過ぎ去ってなどいません。むしろ、過ぎ去ったのは、あの古いものであります。すなわち、人間の世界、不従順と無秩序の世界、悲惨と罪と死の世界であります。罪は取り消され、死は克服されたのです。罪と死は、あった〔のだが、もはやない〕のです。世界史全体は――キリストの降誕以後（Post Christum）、現在に至るまで進行した世界史もまた――あった〔のだが、もはやない〕のです。こうした一切のことは、キリストにおいて過ぎ去りました。そうした一切のことを、私たちは、なお回想することができるだけです。

しかし、イエス・キリストは、苦しみを受け、死より復活し給うた方として、父なる神の右に坐し給います。これが、現在です。神が現在的であり給うのと同じく、イエスがこのように現在的であり給うことによって、すでにこう言われるのです。〈かつて在《いま》し給うた方として、彼は、再び到来し給うであろう〉と。昨日あり給うたように今日もあり給う方――その方は、明日も同じ方であり給うでしょう。すなわち「イエス・キリストは、昨日も、今日も、また永遠に同じ方であり給う！」〔ヘブライ人への手紙一三・八〕。イエス・キリストがかつてあり給うた方として〔現在〕あり給うことによって、彼は、明らかに、一つの新しい時間の開始であります。それは、私たちが知っている時間とは異なった時間――そこでは、いかなる〈過ぎ去ること〉も存在しない時間、しかし、〈昨日〉と〈今日〉と〈明日〉とを持っている〈現実の〔＝本当の〕時間〉であります。しかし、イエス・キリストの昨日は、彼の今日でもあり、また彼の明日でもあるのです。無時間性が、〔つまり〕空虚な永遠性が、彼の時間に取って代わるのではありません。彼の時間は、終わることがありません。そうではなく、昨日から今日へと進む運動において、明日へと入って行きます。彼の時間は、〈われわれの現在〉にあるゾッとするような果敢《はか》なさを持ってはいません。イエス・キリストが父なる神の右に坐し給うときには、神の御許《みもと》におけるこの彼の存在――われわれ人間に対する神の恵みと力の所有者・代表者としての彼の存在――は、私たちが愚かにも〈永遠〉という言葉で思い描きがちなもの、すなわち、〈時間なき存在〉とは何の関わりもないのです。

この〈父なる神の右におけるイエス・キリストの存在〉が、もしも現実の存在（wirkliches Sein）であり、そのようなものとして、一切の存在の尺度であるなら、それは、時間の中における存在でもあります、――たとえ、その時間が私たちの知っている時間とは異なった時間だとしても。父なる神の右におけるイエス・キリストの支配と統治が、私たちが自分たちの世界史や生涯史の存在として眼前にしているものの意味であるなら、このようなイエス・キリストの存在は、決して無時間的な存在ではなく、さらにまた、永遠は無時間的な永遠ではありません。無時間的であるのは、死であり、無《ニヒツ》であります。無時間的であるのは、私たち人間、〔つまり〕神なしに――さらにキリストなしに――いるときの人間です。そのときには、私たちは、いかなる時間も持ってはいないのです。しかし、このような無時間性を、キリストは克服し給いました。キリストは、時間を――時の充満を――持っておられます。到来し、行動し、苦しまれ、死において勝利し給うた方として、神の右に坐し給います。キリストが神の右に坐し給うということは、たとえばこの〔イエス・キリストの〕歴史から引き出された抽出物《エクストラクト》にすぎないのではなく、このイエス・キリストの〕歴史における〈永遠なるもの〉なのです。

そして、このようなキリストの永遠の存在に、今や、キリストが〈存在と成り給うという ことも対応します。かつてあったもの、それが到来します。かつて〔出来事として〕起こったもの、それが起こるでしょう。キリストは、始《アルファ》めであり終《オメガ》わりであります。現実の時の中心、〔すなわち〕空虚な過ぎ去りゆく時ではない、神の時の中心であります。それは、私たちが知っているような現在ではありません。――私たちが知っている現在は、そこにおいて、すべての〈今〉が〈もはやない〉(Nicht-mehr)から〈未だない〉(Noch-nicht)への跳躍でしかないのです！　そんなことが現在でしょうか。このように陰府《ハデース》の蔭でヒラヒラ飛び回ることが？　イエス・キリストの生において私たちが出会うのは、そんなものとは別の現在――〔まさに〕自己自身の過去である〔＝過ぎ去ってはいない〕現在――であり、それゆえ無《ニヒツ》に導く無時間性などではありません。そして、イエス・キリストが〈再び来たり給う〉と言われるとき、この再臨は、無限なものの中に横たわっているところの或る目標などではありません。《無限性》とは、慰めのない事柄であり、神の述語《プレディカート》となるものではありません。むしろ、それは、被造物の堕落した性質に属する述語の一つです。このような〈終わりのない終わり〉は、ゾッとするものです。それは、人間の〈失われている状態〉の模写であります。目標を失い終わりもない状態に落ち込んでいること、それが人間にまつわる姿です。この〈無限なるもの〉という夢想は、神とは何の関わりもありません。このような時間に対しては、むしろ、一つの限界が置かれているのです。イエス・キリストは、現実の〔＝本当の〕時間〔そのもの〕であり、現実の時間〔そのもの〕をもたらし給います。しかし、神の時間は、始めを持ち中心を持っているのと同様に、また目標を持っているのです。人間は、あらゆる側面から取りまかれ、支えられています。それが人生なのです。このように人間の現存《エクシステンツ》は、第二項では、目に見えるものとされるのです、――すなわち、イエス・キリストの過去、現在、将来に即して。

キリスト教会《ゲマインデ》が、キリストにおける出来事、すなわち、キリストの最初の臨在《パルージー》〔1〕――その生涯・死・復活――を回顧するとき、教会《ゲマインデ》がこの**想起**において生きるとき、それは、単なる想起、〔つまり〕私たちが史実《ヒストーリエ》と呼んでいるものではありません。それどころか、最後決定的に起こったあの出来事は、神的現在の力を持っています。かつて起こったこと。それは、今もなお起こるのです。さらに、そのようなものとして、将来もまた起こるでしょう。キリスト教会が――イエス・キリストに対する信仰告白をたずさえながら――そこから由来した場所は、キリスト教会がそこへ向かっていくのと同じ場所なのです。キリスト教会の想起は教会の待望でもあります。そして、キリスト教会がこの世に近づいていく場合、その使信は、一見、たしかに、いつでも史実上の物語という性格を示しています。そのときには、アウグストゥス帝の治世に生まれ、後にポンティオ・ピラトのもとで苦しみを受けたナザレのイエスについて、語られることでしょう。

しかし、この世に対するキリスト教の使信が、もしもこの〔史実上の〕出来事の中にはまり込んでしまい、にっちもさっちも行かないなら、それは実に禍なるかな！　その場合には、きっと、この物語の内容と対象とが、かつて生きた一人の人間〔のこと〕、もしくは、多くの民族が似たような仕方で回顧する一人の伝説的人物、または他にもある、さまざまの宗教開祖の中の一人〔のこと〕になってしまうでしょう！　それによって、世は、真にあったし、また真にあること――すなわち、「救い主はあらわれぬ、汝、喜べ、主にある民よ！」[2]――という、あの喜ばしい使信に関して、いかに思い違いをしてしまうことでしょうか。この「救い主あらわれぬ」という完了形は、この世に対しても、その現実性《アクテュアリテート》において宣べ伝えられなければなりません。――この世もまた、それに対して希望を抱くことを許されているもの、世界史もまた、それに向かって進んでいくところのものとして。

時には、キリスト教信仰が**待望**および希望として理解されることもありうるでしょう。しかし、〔そこで取り上げられている〕この待望は、空虚で一般的な性格のものかもしれません。人は、〔一般に〕いっそう良い時代を、いっそう良い状態を――《此岸》においてか、あるいは、いわゆる《彼岸》における別の生活という形で――望むものです。このようにして、キリスト教的希望は、何らかの夢想された栄光という定かでない希望の中に容易に解消されてしまうのです。〔そこでは〕キリスト教的待望の本来の内容と対象とが忘れられます。すなわち、〈到来し給う方は、かつて在《いま》し給うたあの方だ〉という本来の内容と対象とが。私たちは、その方から私たちが由来している、その方に向かって進んでいくのです。このことが、世に対する教会《キルヒェ》の関係においても、教会の使信の実体《ズブスタンツ》でなければなりません。すなわち、教会が人びとに勇気と希望とを与えるときには、教会は、虚空を指差すのではありません。そうではなく、教会は、すでに起こったことに目を注ぎながら、勇気と希望とを与えることが許されています。

「すべては、成し遂げられた！」〔ヨハネ福音書一九・三〇〕というあの御言葉は、完全な妥当性を持っているのです。キリスト教的完了形は、過去形ではありません。正しく理解された完了形は、未来形の力を持っています。「私の時はあなたの御手の内にあります」〔詩編三一・一六〕。このようにして、私たちは、エリヤのように、この食物の力に養われて、四十日四十夜、ホレブと呼ばれる神の山に到るまで旅して行くのです〔列王記上一九・三―八〕。彷徨《さまよい》の旅はまだ続きます、まだ目標には達していません。しかし、これは目標からの旅なのです！　このようにして、私たちキリスト者は、非キリスト者に向かって語らなければならないでしょう。私たちは、悲しみに沈む梟《ふくろう》のように、彼らの間に坐っていてはなりません。むしろ、私たちは、他のすべての確かさを凌駕する、私たちの目標の確かさの中に生きていなければなりません。

しかし、いかにしばしば、私たちは、恥じ入りつつ、この世の子らの傍らに立っていることでしょうか。私たちの使信が彼らに満足を与えられないときには、私たちは、どうしても彼らを理解しなければならないのです！「私の時はあなたの御手の内にあります」というこの御言葉を知っている者。このような人は、この世の人びとを高慢な態度で見下したりはしないでしょう。彼らは、しばしば――私たちを恥じ入らせるほどの――ある確固とした希望をもって自分の道を歩んでいるのです〔から〕。むしろ、この御言葉を知っている者は、この世の人びとが自分自身を理解している以上に、いっそう良く彼らを理解するでしょう。御言葉を知っている者は、この世の人びとの希望を、一つの比喩と一つの徴《しるし》として見るでしょう、――〈世は見捨てられてはおらず、むしろ、一つの開始と一つの目標を持っている〉ということを指示する比喩と徴《しるし》として。〔すなわち〕私たちキリスト者は、このような世俗《ゼクラール》の思考や希望の中へ、あの正しい始まり《アルファ》と終わり《オメガ》〔＝イエス・キリスト〕を入れなければなりません。しかし、そのようなことを私たちができるのは、私たちが確信という点で世を凌駕しているときだけであります。

　じっさい、こういうことです。すなわち、世は**知らないままに**――しかし、教会《キルヒェ》は**知りつつ**――**イエス・キリストから**、その御業《みわざ》から由来しています。客観的な事態としてあるのは、イエス・キリストが到来し、その御言葉を語り、その御業《みわざ》をなし給うたという、このことです。このことは、私たち人間がそれを信じるか否かには全く依存することなく、存在しています。このことは、すべての人に――キリスト者にも非キリスト者にも――妥当します。キリストが来たり給うたということ、そこから、私たちは由来しています。そして、これに基づいて、私たちは、この世を見るべきでしょう。世が《この世的》であるということ。それは、自明のことです。しかし、この世は、その中心においてイエス・キリストが十字架につけられ、そして復活し給うたところの世であります。教会もまた、そこから由来したのであり、その点では、この世との違いはありません。ただし、教会は、このこと〔＝世の中心においてイエス・キリストが十字架につけられ復活し給うたこと〕を知っている場所なのです。
そして、このことは、やはり、教会《キルヒェ》とこの世との間の途方もなく大きな違いであります。私たちキリスト者は、これを知ることを許されています。私たちは、開かれた眼をもって、明け初《そ》めてきた光――キリストの臨在《パルージー》の光――を見ることが許されています。このことには特別の恵みがあり、この恵みを、私たちは、朝毎に喜ぶことが許されています。私たちは、このような恵みにまことに値するものではありませんでした。キリスト者が、この世の子らよりも優れているわけではないのです。ここで重要なのは、キリスト者が自分たちが知っていることの中から、幾分でも、〔それを〕知らない他の人びとに示すということでしかありません。キリスト者は、自分たちに与えられている、その小さな光〔マタイ福音書五・一四、など〕を輝かすべきであります。

そして、教会《キルヒェ》と世は、両者ともに、自分たちの前方に、そこから自分たちが由来しているその方を持っています。そして両者にとって奇跡であるのは、このことです。この希望の目標がどこかに立っていて、われわれが骨を折りながら、そこまで辿って行かなければならないのではないということ、そうではなく、使徒信条でこう言われていることです。「来たり給わん！」〈venturus est〉と。私たちが〔希望の目標に向かって〕行かなければならないのではなく、彼が到来し給うのです。いったい、私たちは、走ったり、さ迷ったりして、どんなところに行き着くべきなのでしょうか。どんなところに行き着こうとするのでしょうか。活況を呈する世界史、戦争や休戦を伴なう世界史、さまざまな幻想や胡散《うさん》くささを伴なう文化史。――それが、道なのでしょうか。私たちは、笑わざるをえません。

しかし、もしもあの方が到来し給うのであれば、行動するあの方が到来し給うのであれば、そのときには、そこから一切のものは――われわれの〈進歩主義〉という点では、かくも貧弱な一切のものは――ある別の光の中へ移し入れられるのです。教会の――そしてまた世の――恐るべき愚かさと弱さとは、この光によって照らし出されます。「キリストは生まれ給うた」〔前出の賛美歌〕。これが、ふたたび待降節《アドヴェント》であります。キリストの再臨は、すでに在《いま》し給うた方の再臨です。そのことによって、異教徒の愚かさが、そしてまた教会の弱さが免責されはしません。しかし、そのような愚かさや弱さは、復活日の光の中へ歩み入るのです。「悪しき世はくだかれぬ、キリストは生まれ給うた」〔前出の賛美歌〕とあるように。しかし、キリストは、私たちのために、単に執り成し給うただけではありません。キリストは〔将来も〕私たちのために執り成して下さるでしょう。こうして、人間的現存《エクシステンツ》およびキリスト教的現存《エクシステンツ》は、それ自身の始まりからも、その終わりからも支えられています。キリストは、私たちの兄弟と呼ばれることを恥じ給いませんでしたし、また〔将来も〕恥じ給わないでしょう。

「かしこより彼は、到来し給うであろう」。この「かしこより」ということでは、とりわけ、次の事実が意味されています。すなわち、〈彼は、今なお、われわれにとっては、隠された状態―

―そこでは、彼は、教会によって宣べ伝えられ、信じられて、〔つまり〕彼は御自身の言葉によってのみ、われわれに現臨し給います――から歩み出《い》で給うであろう〉と。この将来の到来について、新約聖書では、こう言われています。「彼〔＝人の子〕は、天の雲に乗って大いなる力と栄光を帯びて、到来するであろう」〔マタイ福音書二四・三〇〕、また「ちょうど、稲妻が東から西へひらめき渡るように、人の子の再臨《パルージー》もあるであろう」〔マタイ福音書二四・二七〕と。これらは、みな比喩ですが、いずれにしても、次のことを示す究極的現実の比喩なのです。〈そのことは、もはや隠された状態ではなく、端的に啓示されたものとして起こる〉ということです。もはや、何びとも、〈これが現実である〉ということについて思い違いすることはできないでしょう。そのようにして、彼は、到来し給うでしょう。彼は、天を引き裂き〔イザヤ書六三・一九、参照〕、そして私たちの前に、そのあるがままの方として立ち給うでしょう、――父なる神の右に坐し給いつつ。彼は、神的全能を所有し、かつ行使しつつ、到来し給います。彼は、その御手の内にわれわれの現存《エクシステンツ》全体が包まれている方として到来し給います。この方を、私たちは、待ち望んでいるのです。この方が到来し給うのであり、この方は、私たちが今すでに知っている方として顕《あら》わに示されるのです。一切は、すでに起こっていたのです。なお、残っているのは、ただ覆いが取り除かれ、すべての者がその一切を見ることができるようになる、ということだけです。この方は、その一切を、すでに成し遂げられて、さらに、その一切を顕《あら》わに示す力を持ち給うのです。

この方の御手の内にあるのは、現実の〔＝本当の〕時間であります。それは、われわれが決して時間を持つことのない、あの無限の時間のことではありません。今すでに、このような充溢〔した時間〕がそこにあることを許されているのです。私たちの生は、ある成就を持っており、この成就が顕《あら》わに示されるでしょう。われわれの将来とは、次のようなことが示されるということです。すなわち、〈われわれの現存において、また、この悪しき世界史において、さらにまた――奇跡につぐ奇跡！――それらよりいっそう悪しき教会史において、一切は正しく善かった〉ということが。そのことを、私たちは〔まだ〕見ていません。すなわち、ホイシの書物に書いてあることは、良くありません。〔3〕また、新聞に載っていること、それも同じです。にもかかわらず、〈それは正しかったのだ、なぜなら、キリストが中心に在《いま》し給うたゆえに〉ということが、やがていつの日にか顕《あら》わに示されるでしょう。キリストは、父の右に坐して、統治してい給います。このことがやがて顕《あら》わとなり、すべての涙は拭われるでしょう〔ヨハネ黙示録二一・四〕。これこそ奇跡であります。この奇跡に向かって私たちは進んで行くことを許されています。それは、イエス・キリストがその栄光の内に――「稲妻が東から西にひらめき渡るように」――到来し給うとき、すでに存在する事実として、この方において私たちに示されるでしょう。

「生ける者と死ねる者とを裁くために……」。――もしも、ここで正しく理解しようと思うなら、私たちは、あらかじめ世界審判の或る種の絵画を、一旦《の》、できる限り押し退けて、そのような絵画が描写しているものを、差しあたり考えないように努めなければなりません。それは、偉大な画家たちが世界審判について再現しているような一切の幻《ビジョン》のことです。〔たとえば〕システィーナ礼拝堂におけるミケランジェロのように。すなわち、拳を固めたキリストが登場し、右側にいる者たちを左側にいる者たちから分かち給う、――左側にいる者たちに、じっと眼を注ぎつつ〔といったヴィジョン〕。画家たちは、そのように永遠の罰を下された人びとが地獄の池に沈む有様を、いささか快楽を覚えつつ思い描いたのです。しかし、そのようなことが決して問題なのではありません。

『ハイデルベルク信仰問答』第五十二問には、こう記されています。「生ける者と死ねる者とを裁くために、キリストの再臨は、君にどういう慰めを与えますか」。答え、「あらゆる患難と迫害の中にあっても、私は、あらかじめ神の裁きに対して、私のために御自身を差し出し、すべての呪いを私から取り除き給うた、まさにあの裁き主が天から到来し給うのを頭を上げて待ち望んでいる、……ということです」。――ここには、ある別の響きが鳴り渡っています。生ける者と死ねる者とを裁くためのイエス・キリストの再臨とは、喜びの使信なのです。《頭を上げて》、キリスト者は、教会は、このような将来を望み見ることを許されています。また、望み見るべきです。なぜなら、ここに到来し給う方は、かつて御自身を神の裁きに捧げ給うたのと、まさに同じ方だからです。この方の再臨を、私たちは、待ち望んでいるのです。もしもミケランジェロや他の画家たちに、このことを聞き、また見ることが許されていたならば！

裁きのためのイエス・キリストの再臨――イエス・キリストが最終的、かつ普遍的に目に見えるものとなること――は、新約聖書においては、しばしば、啓示そのものとして特徴づけられています。イエス・キリストは、単に教会《ゲマインデ》に対してだけではなく、むしろ、すべての者に対して、そのあるがままの方として啓示され給うでしょう。彼は、〔そのとき〕初めて裁き主であり給う、というのではないでしょう。彼は、すでに裁き主であり給うのです。しかしながら、そのとき初めて明らかになるのは、〈問題は、われわれの然りと否、信仰と不信仰に関わることではない〉ということでしょう。完全な明瞭さと公然とした仕方で、あの《すべては成し遂げられた》が顕《あら》わとなるでしょう。そのことを教会は待っています。そして、世もまた――そのことを知らないままに――それを待っているのです。〈すでに存在するもの〉がこのように啓示されることに向かって、私たちすべての者は進んで行くのです。

〈神の恵みと義《レヒト》とが、それによって人類全体と一人一人の人間が測られる尺度として本当に妥当する〉〔4〕というようには、まだ見えません。〈いったい、そんなことが本当に妥当するのだろうか〉と、私たちは、まだ疑いと思い煩いとを持っています。敬虔な人びとと神無き人びととが口にする〈業《わざ》による義〉と大言壮語とにも、まだ余地が残されています。まだ、あたかも偶像たちが現実性《レアリテート》を持つことができるかのように見えます。教会《キルヒェ》は、事実はそうではないことを知っており、また見ています。〔5〕教会《ゲマインデ》は、キリストを宣べ伝え、キリストにおいて下された決断を宣べ伝えています。しかし、この教会《ゲマインデ》もまた、終わりに向かって進み行くこの〔終末の〕時の中に、なお生きており、大きな弱さのあらゆる徴候を身につけています。何を、あの将来はもたらすのでしょうか。もう一度、歴史の転換というようなものが、もたらされるのではありません。そうではなく、〈すでにあるもの〉の啓示であります。それは、〔たしかに〕将来ではありますが、しかし、教会が想起していることの将来です。すなわち、すでに最後決定的に起こったことの将来なのです。始め《アルファ》と終わり《オメガ》とは同一のものです。イエス・キリストの再臨は、次のように歌ったゲーテを正しいと認めるでしょう。

「東は神のもの　西は神のもの　北の地と南の地とは　御手の平和の内に安らう[6]」

裁き主とは、聖書的な思考世界においては、まず第一に、〈ある者たちに報い、他の者たちを罰する〉方ではありません。むしろ、裁き主とは、〈秩序を創り、破壊されたものを回復する〉方です[7]。この裁き主に向かって、この回復に向かって——あるいは、いっそう良く言えば——この回復の啓示に向かって、私たちは、無条件の信頼をもって進んで行くことを許されています。なぜなら、この方が裁き主なのですから。私たちは、じっさい、この方の啓示からすでに由来する者たちであり、それゆえに、無条件の信頼をもって進んで行くことができるのです。〈現在〉と〔いうもの〕は、かくも小さく貧弱に見え、私たちを満足させてはくれません。そのことは、教会とキリスト教界の現在もまた同様です！　しかしながら、まさにこのキリスト教界こそは、たえず繰り返し、呼びかけられ、呼び戻されることを許されており、また、呼びかけられ、呼び戻されなければならないのです。〔すなわち〕自分の初めへと、またイエス・キリストの将来に向かって――昨日も今日も、それゆえ明日もまた同じ方であり給う神御自身の、輝きと栄光に満ちた将来に向かって。

裁きという思想の真剣さが損なわれるということは、決してありません。なぜなら、そのときには、〈神の恵みと義とは、それによって人類全体と一人一人の人間が測られる尺度なのだ〉ということが、啓示されるでしょうから。「来たりて……裁きたまわん」(venturus iudicare)。すなわち、神は、そこにあり、また生ずる一切のことを知り給います。そのときには、私たちは、たしかに驚愕するでしょう。その限りでは、あの最後の審判の幻《ビジョン》は、全く無意味というわけではありません。神の恵みと義とから存在していないものは、存続することができません。無限に多くの人間的な《偉大さ》が――そしてまたキリスト教的《偉大さ》も――そのときには、もしかしたら最も深い闇の中に転落するかもしれません。そのような神の〈否〉が存在するということ、そのことも、むろん、この「裁きたまわん」(iudicare)の中に含まれているのです。

しかし、このことを認めるや否や直ちに、私たちは、あの真理に立ち返らなければなりません。すなわち、〈ある者たちを左に他の者たちを右に置き給う裁き主は、実に私のために御自身を神の裁きに捧げ、すべての呪いを私から取り去り給うた、まさにその方である〉という、あの真理に。この方こそは、十字架において死に、復活節《イースター》に復活し給うた、その方であります。イエス・

キリストの内にあっては、神への畏れとは、あの喜びと信頼の内にある畏れ以外の何ものでもありえません。すなわち、「キリストの再臨は、君にどういう慰めを与えるか」〔に対する答え〕にある通りです。それは、普遍救済説《アポカタスタシス》〔8〕に導くものではありません。〔そこでは〕一つの決断があり、分離があるのです〔から〕。だが、それは、私たちのために執り成して下さっているその方による決断であり、分離なのです。まさにこの裁き主についての使信――これ以上に鋭い分離、また、これ以上に切迫した呼びかけが、すでに今日、存在するでしょうか。

〔1〕ここで〈臨在〉と訳したドイツ語（Parusie）は、ギリシャ語にもとづき、一般には〈再臨〉として理解される言葉である。この講義では、バルトは、イエス・キリストの〈生涯・死・復活〉をも〈最初のパルージー〉として理解し、さらに後出の終末における〈再臨〉として二重にとらえている。しかし、後の『教会教義学』では、いっそう包括的に〈聖霊の助けにおける再臨〉をも含むものとしてとらえている（『和解論』Ⅲ／2、井上良雄訳、参照）。

〔2〕前出（第10講）の有名なクリスマス賛美歌（O du fröliche）の一節。本講で後出の賛美歌の歌詞も、ともに同じ賛美歌の一節。

〔3〕カール・ホイシは、ルター主義の教会史家。その著書『教会史要覧』（初版、一九〇七年）は、手頃な教会史として版を重ね、ときおり小改訂を加えつつ、多くの学生たちに利用されてきた教科書（受験参考書）である。著者の没後にも、なお最終的に第一八版（一九九一年）まで重版さ

れている！　しかし、このバルトの講義が行なわれた当時、彼が手にしえたはずの直近の改訂版（一九三三年版ないし一九三七年版）では、同時代史に関するホイシの教会史記述には、こうした〈終末論的な〉留保が欠落していた。ナチズムはヴァイマル危機からドイツを「救済した」と位置づけ、告白教会の評価もバルメン宣言にたいする言及も全くない。バルトの厳しい断言の仕方には、若い聴講学生たちに向かってホイシのベストセラーをも慎重に読むべきことを促したいという思いがあったのであろう。

〔4〕ここには、本講冒頭の論題《ライトザッツ》の末尾の文章が用いられ、明確に「尺度としての神の恵みと神の義（Recht）」として説明されている。原書には〈カイザー出版社版〉も含め論題《ライトザッツ》に「神の国（Reich）」と印刷されているが、誤植とみなして訂正した（井上良雄氏の指摘による）。

〔5〕井上訳の原書テキスト（チューリヒ版）には脱落している短い文章を〈カイザー出版社版〉に従い加筆・補正。「あたかも偶像たち……見ています」まで。「訳者あとがき」参照。

〔6〕ゲーテ『西東詩編』の一節。

〔7〕バルトは、旧約聖書の「士師」（ドイツ語では、Richter と訳される）の主たる役割について、こうした外交政策的機能に付随して狭義の審判者としても働いたようだ、と記し、「したがって、審判者の到来は、新約聖書においても、救助者の到来という根本的な意味を持つ」と注釈している（バルト「神の子の従順」『和解論』II／2、井上良雄訳）。

〔8〕〈普遍救済説〉（Apokatastasis）は、神学史上かなり多義的な内容を持った用語だが、ここでの文脈では、〈普遍的救済〉を客観的に論ずる〈一般的理論〉として見るのではなく、あくまでもイエ

ス・キリストの出来事に現われる神の〈具体的決断〉として受けとめるべきだ、というバルトのユニークな〈予定信仰〉を踏まえた言及であろう（バルト『神論』Ⅱ／1、吉永正義訳、参照）。

21　われは聖霊を信ず

人間は、イエス・キリストと、次のような仕方でつながっている〔と考えてみよう〕。すなわち、〈人間は、イエス・キリストの御言葉を自分たちにも語られた御言葉として、〔また〕その御業《みわざ》を自分たちのためにもなされた御業《みわざ》として、〔さらに〕イエス・キリストについての使信を自分たちの課題としても認識するという自由を持ち、さらにまた、自分たちの側でも、他のすべての人間のためにも最善のことを希望するという自由を持つ〉という仕方でつながっている、と。それ〔＝こうした認識と希望〕は、たしかに、人間的な経験および行為として起こるであろう。しかし、それは、彼らの人間的な能力・決意・努力の力において起こることではなく、ただ神の自由なる賜物に基づいてのみ起こるのである。この神の自由なる賜物において、これら一切のことは、まさしく彼らに贈与される。この贈与と賜物における神が聖霊である。

使徒信条は、この個所で、今一度、「われは信ず」という言葉を繰り返しています。これには単に文体上の意味があるだけではなく、むしろ、私たちは、ここで、切実に次のことに注意するように促されているのです。すなわち、〈このキリスト教信仰告白の内容は、今やもう一度、ある新しい光の中に移される。ここからの部分は、これまでの部分に自明のものとして接続するのではないのだ〉と。これは、ちょうど一息《ひといき》つくようなものであります。それは昇天と五旬節《ペンテコステ》との間の注目すべき小休止です。

第三項で言い表わされていることは、人間を目指しています。第一項が神について語り、第二項が神人（Gottmenschen）について語るのに対して、今度は第三項で、人間について語っているわけです。この場合、私たちは、もちろん、これら三つの項目を分離するのではなく、むしろ統一的に理解しなければなりません。ここで問題になっているのは、神の行為に参与する人間――しかも能動的に参与する人間です。使徒信条には、人間が含まれているのです。これは、前代未聞の秘義であります。その秘義に、私たちは、今、近づいているのです。人間に対する信仰というものが――この人間が自由に、かつ、能動的に神の御業《みわざ》に参与する限りは――存在するのです。そのような参与が出来事になるということ、これが聖霊の御業《みわざ》です。〔一〕地上における神の御業《みわざ》です。この御業《みわざ》は、それに対応するものを、神のあの隠れた御業《みわざ》、〔すなわち〕父と御子から聖霊が注ぎ出されているという事実の中に持っているのです。

このように神の御業《みわざ》に人間が参与するとは、〔つまり〕人間の自由な能動的参与とは、どのようなことでしょうか。もしも一切が客観的な事実にとどまるというのであれば、それは、わびしい限りでしょう。主体的なものもまた、存在するのです。そして、この主体的なものが近代において肥大化されて拡がったこと――それは、すでに十七世紀の半ばに始まり、シュライエルマッハーによって体系的に秩序づけられました――を、私たちは、この第三項の真理を主張しようとした痙攣《けいれん》的な試みとして理解することができます。

キリストとすべての人間との普遍的な〈つながり〉というものが存在するのです。すべての人間は、キリストの兄弟なのです。キリストは、すべての人間のために死に、そしてすべての人間のために復活し給いました。そのように一人一人の人間は、イエス・キリストの御業《みわざ》の受け取り人なのです。事態はこのようである、ということが人類全体にとっての一つの約束です。そして、これこそ、私たちが人間性（Humanität）と呼ぶものにとって、最も重要、かつ、唯一の根本的な根拠づけであります。〈神が人間となり給うた〉ということを一度理解した者は、非人間的に語ったり行動したりすることは不可能です。

しかしながら、聖霊について語る場合、私たちは、まずは、すべての人間にではなく、イエス・キリストに対する特別な人間たちの特別な帰属関係に目を向けてみましょう。私たちが聖霊について語る場合に問題となるのは、イエス・キリストに特別な仕方でつながっている人たちです。すなわち、〈イエス・キリストの御言葉・御業《みわざ》・使信をある特定の仕方で認識し、それゆえ、自分たちの側でも、〔他の〕すべての人間のために最善のことを希望する自由を持つ〉――そういう仕方で、イエス・キリストとつながっている人たちであります。

信仰について語ったとき、私たちは、すでに**自由**という概念を強調しました〔第2講〕。主の霊のあるところ、そこには、自由があります〔IIコリントの信徒への手紙三・一七〕。もし、聖霊の秘義を、別の言葉で言い換えようと思うなら、私たちは、この〔自由という〕概念を選ぶのが、一番よいのです。霊を受け、霊を所有し、霊において生きるということ。それは、解放されていることを許され、自由において生きることを許されている、ということです。すべての人間が自由であるわけではありません。自由とは、自明なことではなく、無造作《むぞうさ》に、〈人間であること〉の述語《プレディカート》となるのではありません。すべての人間は、自由へと定められてはいます。しかし、すべての者が、この自由の中に立っているわけではありません。その境界線がどこを走っているのかということは、私たち人間には隠されています。霊は、その欲するところに吹きます。人間が霊を所有するというのは、じっさい、人間の自然状態ではないのです。むしろ、それは、つねに一つの優遇であり、神の賜物でしょう。

この事柄で問題になるのは、全く端的にイエス・キリストへの帰属ということです。聖霊において問題なのは、イエス・キリストとは何か別のもの・新しいものではありません。そのようなものとして聖霊を理解するのは、いつも誤った聖霊観でした。聖霊とは、イエス・キリストの霊であります。すなわち、「私のものを受けて、あなたがたに告げる」〔ヨハネ福音書一六・一四〕とあるように。聖霊とは、人間に対する〔神の〕御言葉の特定の関係以外のものではありません。五旬節《ペンテコステ》での聖霊の降臨〔使徒言行録二・一―一三〕において重要なのは、キリストから人間に向かう運動――〈霊〉(pneuma)とは風を意味しています――です。イエスは、彼らに息を吹きかけ給います。「聖霊を受けよ!」〔ヨハネ福音書二〇・二二〕と。キリスト者とは、そのような、キリストによって息を吹きかけられている者たちのことです。それゆえ、私たちは、ある意味では、十分に醒めているのでなければ、聖霊について語ることができないのです。そこでは、キリストの御言葉と御業《みわざ》とに対して人間が参与することが問題なのです〔から〕。

しかし、この単純なことが、同時に、まことに把握し難いことなのです。なぜなら、人間のこの関与は、能動的な参与を意味しているからです。このことが、究極のところ何を意味するのかということについてだけ考えてみましょう。〔それは〕すなわち、すべての人間に妥当するイエス・キリストの大いなる希望の中に能動的に取り入れられるということ〔であり、それ〕は、まことに自明的な事柄ではありません。それは、朝毎に私たちに突きつけられている問いに対する答えです。ここで問題となっているのは、キリスト教会《キルヒエ》の使信であり、私がこの使信を聞くとき、それは、私自身の課題となるのです。この使信は、一人のキリスト者としての私にも委ねられており、私もまた、この使信の担い手となっているのです。しかし、そのことによって、私は、〈自分の側でも、人びとを——すべての人びとを——それまでとは全く違った仕方で見ないわけにはいかない〉という状況の中へ置かれます。すなわち、私は、〈今やすべての者のために最善のことを希望する〉という以外には、もはや何ごともなしえないのです。

キリストの御言葉に対して内的な耳を持つということ。キリストの御業《みわざ》に対して感謝し、同時に、キリストについての使信に対して責任を持ち、最後に、キリストのゆえに人間に対してまさに信頼を抱くということ。すなわち、これこそ、キリストが私たちに息を吹きかけ給うときに、〔つまり〕キリストが私たちに御自身の聖霊を送り給うときに、私たちに与えられる自由であります。キリストが私から、史実的《ヒストーリッシュ》に、あるいは天的に、神学的に、あるいは教会〔生活〕的に、もはや遠くに離れてい給うのではないとき、〔つまり〕キリストが私に向かって近づいて来られ、そして私を捉え給うとき——そのときには、結果として次のことが起こるでしょう。私は〈聞き、感謝し、責任を持ち、そして最後には自分のためと他のすべての人びとのために希望を持つ〉ことを許されるということ。別の言葉で言えば、私が〈キリスト教的に生きることを許される〉ということが、起こるでしょう。このような自由を得るということ。それは、途方もなく大きいことで、何ら自明なことではありません。それゆえ、私たちは、毎日毎時――キリストの御言葉を聞きつつ、また感謝しつつ――祈らなければなりません。「来たりませ、創り主なる御霊《みたま》よ！」（Veni creator Spiritus !）〔中世の賛美歌〕と。これは、一つの閉じられた円環であります。私たちは、このような自由を《所有》しているのではありません。この自由は、私たちに、繰り返し神から与えられるのです。

使徒信条の第一項を説明する際に、私はこう語りました。「創造は、キリストの処女降誕よりも小さな奇跡ではない」と。そして今度は、私は、第三の事実として、こう言いたいのです。「キリスト者、〔つまり〕このような自由を持つ人びとが存在するという事実。これは、聖霊と処女《おとめ》マリアからイエス・キリストが誕生し給うたという事実、また、無からの世界の創造という事実よりも、小さな奇跡なのではない」と。なぜなら、〈われわれとは何なのか、誰なのか、またどのような状態にいるのか〉を考えるとき、私たちは、こう叫びたくなるからです。「主よ、われらを憐れみ給え！」と。弟子たちは、このような奇跡を、主の昇天後、十日間、待ちます。このような小休止の後で、初めて聖霊降臨が起こり、それと共に、新しい教会《ゲマインデ》が成立するのです。それゆえ、一つの新しい神の行為が起こるわけですが、しかし、それは、神のあらゆる行為と同様に、それに先立つ神の行為の一つの確証でしかありません。御霊《みたま》は、イエス・キリストから分離されるものではありません。パウロの言うように「主は霊です」〔Ⅱコリントの信徒への手紙三・

一七〕。

人間が聖霊を受けることを、そして持つことを許されるとき、そこで起こっているのは、たしかに、一つの人間的経験であり、人間的行為であります。それは、全く、悟性の事柄でもあり、意志の事柄でもあり、さらには想像力《ファンタジー》の事柄でもある、とさえ私は言いたい。そうしたこともまた、〈キリスト者である〉ことの一部であります。全体としての人間――いわゆる《無意識的なもの》という最内奥の領域に至るまでの全体としての人間――が要求されているのです。人間に対する神の関係は、人間の全体性を包み込んでいます。しかし、そのことによって、あたかも聖霊（der Heilige Geist）が人間の精神（der menschliche Geist）の一つの形態《ゲシュタルト》にすぎないのだ、というように誤解することは許されません。〔たしかに〕神学は、伝統的には《精神科学》（Geisteswissenschaften）の一つに数えられています。この事実を、神学は、ユーモアをもって受け入れることができます。しかしながら、聖霊は、人間精神と同一ではありません。そうではなく、聖霊は人間精神に出会うのです。私たちは、むろん、人間精神を軽んじようなどとは思っていません。――まさに、この新しい〔戦後の〕ドイツにおいては、この人間精神というものを少しばかり育成することが必要です！　――そして神学者も、そこでは宗教家臭く、かつ、高慢にソッポを向いたりすべきでないでしょう。しかし、キリスト教的生のあの自由は、人間的な精神から来るものではありません。何らかの人間的な能力や可能性や努力といったものでは、このような自由に達することができないのです。

人間があの自由を自分のものとすること、また、〈聞く者〉・〈責任を持つ者〉・〈感謝する者〉・〈希望を持つ者〉になるということ。それが起こるのは、人間精神の或る働きに基づいて、ではありません。そうではなく、それは、ただ聖霊の働きに基づいてのみ起こります。こうして、それは――別の言葉で言えば――神の賜物なのです。ここで重要なのは一つの新しい誕生です。つまり、聖霊の業《わざ》こそが問題なのです。

〔1〕こうした論点についてはバルト『和解論』Ⅱ／2の末尾、さらに〈聖霊〉による教会形成の問題については、『和解論』Ⅱ／4に詳説されている。

〔2〕本講義に少し先立って同年五月初め、スイス各地で行なわれた講演「戦後の新建設のための精神的諸前提」（『バルト・セレクション6』所収）参照。

22　教会《ゲマインデ》――その一体性と聖性と公同性

人間は、ここかしこで聖霊を通してイエス・キリストと出会い、またこのようにして互いに出会うことによって、ここかしこにキリスト教会《ゲマインデ》が目に見えるものとして成立し存続する。キリスト教会が神の一にして・聖なる・公同の民の姿であり、さらに、聖なる者たちと聖なる業との交わりであることは、次の事実において示されている。すなわち、キリスト教会《ゲマインデ》は、〈その根ざしているイエス・キリストによってのみ統治もされ、その先触れの使者としての奉仕を遂行することにのみ生きようとし、自らの限界である希望においてのみ自らの目標を認識する〉という事実においてである。

本来なら大いに詳細に論じられるべきこの章を、私たちは、簡潔に話さなければなりません。私たちの授業時間は、もう残りが僅かしかないのですから。しかし、もしかしたら、それはそれで一向に差支えないかもしれません。今日では、教会《キルヒェ》について、あまりに僅かしか語られていないというよりは、むしろ、あまりにも多く語られているのです〔から〕。〔しかし〕もっと良いことがあるのですよ。すなわち、〔教会について語るよりも〕私たち〔自ら〕が教会にならうではありませんか！

ルターのあの切実な関心が貫徹されて、教会《キルヒェ》という言葉の代りに教会《ゲマインデ》〔＝信仰者の交わり〕という言葉が取って代わるなら、それは益するところが多いでしょう。たしかに、教会（Kirche）という言葉の中にも、善いもの・真実なものを見出すことができるでしょう。すなわち、教会《キルヒェ》とは〈主の家〉（kyriake oikia）、あるいは〈～の周りに〉（circa）という言葉から導き出された〈丸く囲まれた空間〉であり、どちらの説明も可能です。ところが、〈教会〉（ekklesia）は、確実に、ある召喚によって成立した民の集団（Gemeinde）、集会（Zusammenkunft）を意味しています。すなわち、使者の呼び声によって、あるいは先触れのラッパの響きによって集まってくる民衆の集まりであります。

教会《ゲマインデ》は、聖霊によってイエス・キリストとつながれた者たちの集会です。私たちが先に〔第21講で〕聞いたのは、〈イエス・キリストに対する特別な人間の特別な帰属関係が存在する〉ということでした。このような帰属関係が出来事となるのは、人間が聖霊によってキリストの御言葉と御業《みわざ》とに参与するために召喚されているときであります。この特別な所属関係は、この地平の線上では、これらの人たち相互の帰属関係として対応しています。聖霊の降臨は、直接に、これらの人たちの集合を引き起こすのです。私たちは、「われは教会を信ず」（credo ecclesiam）、すなわち、「われは教会の現存《エクシステンツ》を信ず」と続けることなしには、聖霊について語ることはできません——それゆえ、ここでは、直ちに教会《ゲマインデ》という事実が現われて来るわけです。また逆に、もしも私たちが、教会《キルヒェ》を、徹頭徹尾、聖霊の御業《みわざ》に基づけることなしに教会《キルヒェ》について語りうると思うなら禍なるかな、です。「われは聖霊を信ず」（credo in Spiritum Sanctum）とは記されていますが、「われは〔信仰の対象として〕教会を信ず」（credo in ecclesiam）ではないのです！　むしろ、私は、聖霊を信じることに基づいて、教会《キルヒェ》の、〔つまり〕教会《ゲマインデ》の現存《エクシステンツ》をも信じるのです〔一〕。

それゆえ、私たちは、その他の人間的な集会や団体——あるものは自然に生じ、あるものは歴史を通して契約と合意とに基づいて生じた人間的な集会や団体——に関する一切の観念を排除しなければなりません。キリスト教会《ゲマインデ》が成立し存続するのは、自然にでもなければ、人びとの歴史的決断によってでもなく、神の〈召集〉（convocatio）としてであります。聖霊の御業《みわざ》によって呼び集められた者たちは、自分たちの王の召集部隊として集まるのです。教会《キルヒェ》が自然的な生の共同体と——それゆえ、たとえば民族というような共同体と——一致するときには、いつも誤解の危険が生じます。教会は、人間の手によって作られることはできません。それゆえに、〔たとえば〕アメリカや、一時はオランダでも生まれたような、熱烈で迅速な教会《キルヒェ》建設というのは疑わしい事柄です。カルヴァンは、教会《キルヒェ》に対して好んで〈信仰者の部隊〉（la compagnie des fidèles）という軍隊用語を用いました。部隊とは、一般には、ある命令に基づいて召集されるものであり、自由な合意に基づいて集まってくるのではありません。

人間がここかしこで聖霊において集まるとき、ここかしこで目に見えるキリスト教会が成立します。〈目に見えないもの〉という概念を教会《キルヒェ》に適用するのは、最善とは言えません。私たちはみな、その概念によって、何か〈プラトン的国家〉（civitas platonica）や架空の国——そこでは、目に見える教会《キルヒェ》は軽視され、キリスト者たちが内面的な目に見えない形で集まる〔と考えられる〕——方向へ脱線してしまいがちです。使徒信条では、目に見えない形態ではなく、十二使徒に始まりを持つ、はっきり目に見える集まりのことが語られているのです。最初の教会《ゲマインデ》は、一つの目に見える群れであり、この群れが目に見える公然たる激動を引き起こしたのです。もしも教会《キルヒェ》が、このような可見性を持たないときには、それは、教会《キルヒェ》ではありません。私が教会《ゲマインデ》と言うとき、私は、まず、特定の場所にある教会《ゲマインデ》の具体的な姿のことを考えています、——ローマの教会《ゲマインデ》、エルサレムの教会《ゲマインデ》などというように。これらのどの教会《ゲマインデ》も、それぞれの問題を抱えていることは自明です。新約聖書は、このような〔各個教会の〕問題を抜きにしては、教会《キルヒェ》のことを決して述べていません。そこでは、直ちに各個教会《ゲマインデ》のさまざまな相違——分裂に至りうるような相違——の問題が、起こっているのです。

これら一切のことは、使徒信条の第三項で語られている目に見える教会《キルヒェ》に属する事柄です。〈われわれは教会《キルヒェ》の現存《エクシステンツ》を信じる〉とは、〈われわれは、これらの各個教会《ゲマインデ》をキリストの教会《ゲマインデ》として信じる〉ということを意味しています。皆さん、よく銘記しておいて下さい。もしもある牧師が〈現にそこにいる男たち、女たち、お婆ちゃんたちや子どもたちが共にいる、この自分の教会《ゲマインデ》においてキリストの教会《ゲマインデ》が現実に存在している〉ということを信じていないとしたら、彼は、そもそも教会《キルヒェ》の現存を信じていないのです。なぜなら、「われは教会を信ず」（credo ecclesiam）とは、何を意味しているのでしょうか。それは、じっさい〔2〕〈ここで、この場所で、この目に見える集会で聖霊の御業《みわざ》が生じることを私は信じる〉という意味なのです。

それによって、何らかの被造物の神化が言われているのではありません。教会《キルヒェ》は、信仰の対象ではないのです。私たちは、〔信仰の対象として〕教会を信じる（galauben *an* die Kirche）のではありません。しかし、私たちは、この教会《ゲマインデ》において聖霊の御業《みわざ》が出来事となる、ということを信じています。〈そのような、さまざまの〔目に見える〕形態をとる〉ことは、聖霊にとって、あまりにも取るに足らないことではない、という事実。――この事実が、教会《キルヒェ》の秘義（Mysterium）であります。それゆえに、本当は、多くの教会《キルヒェ》が存在するのではなく、一なる教会《キルヒェ》が存在するのです。これら一つ一つの具体的な教会が、自分をその一なる教会として再認識し、さらにまた、他のすべての教会にも一なる教会を再認識すべきでしょう。

「われは一なる教会を信ず」（Credo unam ecclesiam）。すなわち、私は、主の御声を聞いた神の一なる民の姿を信じる、ということです。たとえば、私たち〔プロテスタント〕の教会《キルヒェ》とローマ・

カトリック教会《キルヒェ》との間にあるような、危険な相違も存在します。その中に一なる教会《キルヒェ》を再認識することは簡単ではありません。しかし、そこでもまた、多かれ少なかれ、教会《キルヒェ》が認識されうるのです。しかし、まずは、キリスト者は、端的に自分たちが今まさに召されている教会《キルヒェ》の共通の根源・共通の目標として、神を信じるように召集されています。私たちは、何かある塔の上に立っていて、そこから、さまざまな教会《キルヒェ》をみな見渡すことができる、などというわけではありません。そうではなく、私たちは、端的に、地上の特定の場所に立っているのです。〔すなわち〕そこに教会《キルヒェ》があり、一なる教会《キルヒェ》があるのです。

　私たちがそれぞれ自分の具体的な教会《キルヒェ》を信じるときに、私たちは、教会《キルヒェ》の一体性、もろもろの教会《ゲマインデ》の一体性を信じるのです。私たちがこの〔具体的な〕教会《キルヒェ》における聖霊を信じるときには、私たちは――最悪のときにも――他の諸教会《ゲマインデ》から全く分離されているのではありません。さまざまな相違をわざと軽く見たり、その上をフラフラと飛び回ったりする者たちが、真にエキュメニカルなキリスト者ではないのです。そうではなく、それぞれ自分の教会《キルヒェ》において全く具体的に教会《キルヒェ》である者たちが、真にエキュメニカルなキリスト者なのです。「二人または三人が、私の名によって集まるところには、私もその中にいるのである」〔マタイ福音書一八・二〇〕。そこに教会《キルヒェ》はあるのです。この方において、私たちは、個々の教会《ゲマインデ》のあらゆる相異にもかかわらず、何らかの仕方で互いに結ばれているでしょう。

「われは、一にして聖なる……教会《キルヒェ》を信ず」。——〈聖なる教会〉（sancta ecclesia）とは何でしょうか。この言葉の聖書的用法によれば、それは、〈引き離された〉ということです。そして、私たちは、教会の成立のことを、呼び出された人びとのことを考えます。教会は、いつも、〈引き離されている〉ことを意味するでしょう。すでに述べたことですが、世の中には、自然的な団体や歴史的な団体が存在します。しかし、〈聖なる集会〉（ecclesia sancta）は、ただキリスト教会《ゲマインデ》だけであります。教会《ゲマインデ》は、そのようなすべての団体から、自己の委託とその根拠づけ、さらにその目標に基づいて区別されます。

「われは、一にして聖なる公同の……教会《キルヒェ》を（ecclesiam catholicam）信ず」。——公同性（Katholizität）というこの概念は、私たちに負担を感じさせるものです。なぜなら、その際、私たちは、ローマ・カトリック教徒のことを考えるからです。しかし、宗教改革者たちは、この概念を、あくまでも、なお自己のために要求したのでした。それは、一にして・聖なる・公同の、神の民のことであります。これら三つの概念は、根本的には、同一のことを語っています。すなわち、〈公同の教会〉（ecclesia catholica）が意味するのは、〈キリスト教会《キルヒェ》は、歴史全体を貫いて自己自身と同一であり続ける〉ということです。キリスト教会《キルヒェ》は、その本質において、変わることがありえません。なるほど、多くの教会《キルヒェ》の中には、さまざまの形があります。また、あらゆる教会《キルヒェ》のさまざまの弱点、倒錯、誤謬があります。しかし、実体において（substantiell）違っている教会《キルヒェ》は存在しません。それらの教会《キルヒェ》の対立があるとすれば、ただ真の教会《キルヒェ》と誤った教会《キルヒェ》との対立でしかありえないでしょう。私たちは、この対立を、あまり性急に、また、あまりにしばしば、議論の種になどしない方が良いでしょう。

教会《キルヒェ》は、〈聖徒の交わり〉（communio sanctorum）です。ここに、解釈上の一つの問題が生じます。すなわち、〔〈聖徒の〉という原語 sanctorum の〕一格は sancti〔聖なる者たち〕なのか、sancta〔聖なる物〕なのか、という問題です。私は、この論争を決定しようとは思いません。むしろ、ここでは、いっそう深い意味で注目すべき〔別の〕両義性が含まれているのではないか、ということを率直に問うてみたい。というのも、私たちが両方の理解を共に保持するときに初めて、この事柄は、その完全な良い意味を得るからです。〈聖徒たち〉（sancti）とは、特別にすばらしい人びとのことを言っているのではありません。むしろ、たとえば《コリントの聖徒たち》のように、とても変な聖徒だった人びとのことを言っているのです。この変な人びと――それには私たちも属することを許されています――彼らが、〈聖徒たち〉、〈引き離された者〉たちです。すなわち、〈聖なる物〉（sancta）のために、〔つまり〕聖なる賜物と聖なる業のために〈引き離された者〉たちなのです。教会《ゲマインデ》は、神の御言葉が宣べ伝えられ、聖礼典《サクラメント》が執行され、祈りの交わりが起こる場所であります、――こうした外的な賜物と業《わざ》の意味であるところの内的な賜物と業《わざ》については言わないとしても。こうして、〈聖徒たち〉は〈聖なる物〉に属しており、逆もまた然りであります。

以上のことを総括してみましょう。「われは教会を信ず」（credo ecclesiam）とは、こういう意味です。〈私が属する教会《ゲマインデ》——そこにおいて私が信仰へと召され、自分の信仰に対して責任を負っている教会《ゲマインデ》、そこにおいて私が奉仕する教会《ゲマインデ》——その教会《ゲマインデ》が、一にして・聖なる・公同の教《キル》会《ヒェ》そのものである〉と。もしも私が、このことを、ここ〔私の教会《ゲマインデ》〕で信じないとしたら、私は、このことを全く信じてはいないのです。この教会《ゲマインデ》が何らすばらしくはないこと、「皺《しわ》と染《し》み」〔エフェソの信徒への手紙五・二七〕だらけだということで惑わされてはなりません。ここで問題になっているのは、信仰箇条（Glaubensartikel）なのです。《真の》教会《ゲマインデ》を捜し求めて自分の具体的な教会《ゲマインデ》を棄てる、などというのはナンセンスです。いたるところで、また、繰り返し繰り返し、《人間的な破れ》は出てきます。たしかに、何らかの分裂が出てくるのを排除することはできません。むしろ、それが即事的には必然的になることもありうるでしょう。しかし、いかなる分裂でも、その結果、この新しく分離した聖霊の教会《ゲマインデ》では、もはや《人間的な破れ》が出なくなる、というわけではないでしょう。

宗教改革者たちが登場し、ローマ〔・カトリック〕教会《キルヒェ》が宗教改革の教会《キルヒェ》についていけなくなり、これと分離したとき、そこでは、福音主義教会《キルヒェ》においても、何ら非の打ちどころのない教《キル》会《ヒェ》が出現したというわけではありません。そうではなく、福音主義教会《キルヒェ》もまた、今日に至るまで《皺《しわ》と染《し》み》に満ちていたし、また、満ちています。信仰において私は証言します。すなわち、私が属している具体的な教会《ゲマインデ》、またその生に対して私が責任を負っている具体的な教会《ゲマインデ》、その教会《ゲマインデ》が、〈この場所で、この姿において、一にして・聖なる・公同の教会《キルヒェ》を目に見えるものとするように定められているのだ〉と。この〔私の〕教会《ゲマインデ》に対して――聖霊によって他の教会《ゲマインデ》と一体となっているものとして――〈然り〉と私が言うとき、私は次のことに希望を持ち、また期待しているのです。すなわち、〈イエス・キリストのただ一つの御霊が、今やまさにこの〔私の〕具体的な教会《ゲマインデ》において、またこの教会《ゲマインデ》を通して、他の諸教会《ゲマインデ》にも御自身を証言し、確証してくださるであろう〉、〈この〔私の〕具体的な教会《ゲマインデ》において、教会《キルヒェ》の一にして・公同の・聖なる本質が目に見えるものとなるであろう〉と。

ニカイア・コンスタンティノポリス信条においては、教会《キルヒェ》のこれら三つの述語に、なお第四の述語が付け加えられます。「われは一にして・聖なる・公同の・使徒的教会《キルヒェ》を信ず」と。しかし、この四番目の述語は、他の三つの述語と単純に同列に立つのではなく、むしろ、それらを説明するものです。単一性・公同性・聖性とは何を意味するのでしょうか。教会《ゲマインデ》を、自然的ないし歴史的な性質を持つ他のあらゆる共同団体から区別するものは、何でしょうか。それに対して、私たちは、おそらく次のように言うことができるでしょう。それは、教会《ゲマインデ》が〈使徒的教会〉（ecclesia apostolica）であるということ――すなわち、〔使徒たちの証言に基づく教会《キルヒェ》であり、この証言を伝承する教会《キルヒェ》、このような使徒たちの証言を聞くことによって形成された教会《キルヒェ》、また、たえず新たに形成される教会《キルヒェ》である〉という、このことだ、と。私たちは、ここで、教会《キルヒェ》の現存全体の豊かさと同時にたくさんの——それらについて詳しく論じるには、もはや私たちには時間も場所もないような——問題の前に立たされています。しかし、私は、教会《キルヒェ》の使徒性〈Apostolizität〉とは何を意味するのかについて、三つの線に即して明らかにしてみようと思います。

われわれの論題《ライトザッツ》においては、こう記されています。「キリスト教会《ゲマインデ》が……聖なる者たちと聖なる業《わざ》との交わりであることは、次の事実において示されている。すなわち、キリスト教会《ゲマインデ》が〈その根ざしているイエス・キリストによってのみ統治もされ、その先触れの使者としての奉仕を遂行することにのみ生きようとし、自らの限界である希望においてのみ自らの目標を認識する〉という事実においてである」と。ここに、問題となっている三つの線が認められるでしょう。

（1）キリスト教会《キルヒェ》が存在するところ、そこでは、私たちは、言うまでもなく、何らかの形でイエス・キリストと関わっています。この御名は、教会《キルヒェ》の一体性と聖性と公同性を指示していますす。この御名にこのように根ざし、この御名へこのように召されていることが、果たして〈正当に〉〈de jure〉生じているかどうかということ。そのことが、個々の場所に置かれている個別の教会《ゲマインデ》に対して向けられねばならない問いであります。使徒的教会《キルヒェ》――使徒たちの証言を聞き、さらに伝承する教会《キルヒェ》――が存在するところでは、ある特定の標識《メルクマール》が活き活きとしているでしょう。すなわち、〈イエス・キリストは、単に、教会《キルヒェ》がそこから由来する方であるだけではなく、教会《ゲマインデ》を**統治する**方だ〉という〈教会の標識〉(nota ecclesiae)です。この方が、そしてこの方だけが、です! 教会《キルヒェ》は、いかなる時、いかなる所でも、自分自身に基づいて自分を保持するような権威《インスタンツ》ではありません。そうではなく――ここから教会統治(Kirchenregiment)に関する一つの重要な原則が出てくるのですが――教会《キルヒェ》は、原則として、君主制的にも、民主制的にも、統治されることはありえないのです。ここで統治し給うのは、ただひとりイエス・キリストのみであります。

そして、人間によるあらゆる統治は、このイエス・キリストの統治を表わすことができるだけです。人間によるあらゆる統治は、イエス・キリストの統治によって測られなければならないでしょう。ところで、イエス・キリストは、その御言葉において、聖霊によって統治し給います。それゆえ、教会《キルヒェ》統治とは聖書と同一のものです。なぜなら、聖書はイエス・キリストについて証しするのですから。このようにして教会《キルヒェ》は、聖書の講解と適用という行為にたえず携わっていなければなりません。聖書が表紙に十字架をつけた金縁の死んだ書物になるときには、そこでは、イエス・キリストの教会《キルヒェ》統治は、うたた寝をしています。そこでは、教会《キルヒェ》は、もはや一にして・聖なる・公同の教会《キルヒェ》ではありません。むしろ、そこでは、聖ならざるもの・分離させるものが侵入する危険が迫っています。たしかに、このような《教会《キルヒェ》》もまた、イエス・キリストの御名を呼びつつ登場することでしょう。しかし重要なのは言葉ではなく、リアリティです。そして、まさにこのリアリティを、そのような教会《キルヒェ》が出現させることは不可能でしょう。

（2）一にして・聖なる・公同の教会《キルヒェ》の生は、教会《キルヒェ》に託された**先触れの使者としての奉仕**を遂行するということによって規定されています。教会《キルヒェ》は、他のさまざまの共同団体が生きているのと同様に生きています。しかし、教会《キルヒェ》の本質は、自らの行なう神奉仕〔＝礼拝〕（Gottesdienst）において現われます。すなわち、神の御言葉の宣教、聖礼典《サクラメント》の執行、さまざまに発展した典礼《リトゥルギー》、教会法の適用（ルードルフ・ゾームの命題〔3〕は、明らかに空想的なものです。というのも、少なくとも一つの教会法的な秩序を、すでに最初の教会《ゲマインデ》も持っていたのですから。すなわち、使徒と教会《ゲマインデ》とを！）、そして最後に神学です。教会《キルヒェ》がたえず繰り返し答えねばならない大きな問題とは、これらすべての機能によって、また、これらすべての機能において、何が起こるのかということです。重要なのは建徳（Erbauung）でしょうか。個人の、あるいはすべての者の浄福でしょうか。重要なのは、宗教的生活の育成でしょうか。それとも、厳密に即事的に重要なのは、（教会《キルヒェ》の或る存在論的（ontologisch）な理解に従った）一つの秩序、〔つまり〕〈神の業《わざ》〉（opus Dei）として単純に遂行されねばならない一つの秩序でしょうか。教会《キルヒェ》の生が、教会《キルヒェ》自身に奉仕するということに尽きているときには、そこでは死臭が漂《ただよ》っています。

そこでは、あの決定的な事柄が忘れられているのです。すなわち、この〔教会の〕生全体は、実に私たちが教会《キルヒェ》の〈先触れの使者としての奉仕〉と呼んだものを実行すること、〔つまり〕宣教（kerygma）においてのみ生きるのだ、ということが。自己の委託を認識している教会《キルヒェ》は、その諸機能のいずれにおいても、自己自身のための教会《キルヒェ》であることに決して固執はしませんし、また、固執することはできません。〈キリストを信じる群れ〉は〔たしかに〕存在しますが、しかし、この群れは派遣されるのです。「出て行って、福音を宣べ伝えよ！」〔マルコ福音書一六・一五〕とある通りです。それは、こう言われているのではありません。「出て行って、神礼拝を行なえ」、「出て行って、説教を聞いて自分たちの徳を建てよ！」、「出て行って、聖礼典《サクラメント》を執り行なえ！」、「出て行って典礼《リトゥルギー》――もしかしたら天上の典礼《リトゥルギー》を反復するかもしれない典礼《リトゥルギー》――において、自分を表現せよ！」、「出て行って、聖トマス〔・アクィナス〕の神学大全《スンマ》のような輝かしく展開される神学を構想せよ！」などとは言われていません。たしかに、これらの一切ことが禁止されているわけではありません。それどころか、これら一切のことを行なうために、とても多くの理由さえ存在しています。ただし、これら一切は、自己自身のためではありません。断じてそうではありません。そうではなく、これら一切のことにおいては、ただ一つのことが妥当しなければならないのです。「すべての創られたものに福音を宣べ伝えよ！」と。

教会《キルヒェ》は、使信を伝えるために、ちょうど〈先触れの使者〉（Herold）のように走ります。教会《キルヒェ》は、ただ蝸牛《かたつむり》ではないのです。自分のこじんまりした家を背中に背負い、その中に快適に住んで、ただときおり、触角を伸ばし《世間の要求》にも十分応えている！　などと考えるような存在ではありません。否、教会《キルヒェ》は、自らの〈先触れの使者〉としての委託によって生きるのです。教会《キルヒェ》は、〈神の部隊〉(la compagnie de Dieu) なのです！　教会《キルヒェ》が生きているときには、自問し続けなければなりません。〈教会《キルヒェ》は、この委託に仕えているのか、それとも教会《キルヒェ》は自己目的なのか〉と。後者である場合には、《宗教的な》(sakral) 臭《くさ》みがし始めます。信心ぶった顔つき、宗教家ぶった身振り、モグモグとわけの分からぬ話をし始めるのが常であります。鋭敏な鼻を持った者なら、このことを嗅ぎつけてゾッとするでしょう！　キリスト教は、《宗教的な》〔臭《くさ》みのする〕ものではありません。そうではなく、キリスト教においては、霊の爽やかな風が吹いています。そうでないなら、それはキリスト教ではありません。キリスト教は、徹頭徹尾《この世的な《ヴェルトリッヒ》》事柄、すなわち、全人類に向かって開かれたものなのです。「全世界に出て行って、すべての創られたものに福音を宣べ伝えよ！」とある通りに。

（3）さて、もう一つ最後のことです。教会《キルヒェ》が存在するところ、そこでは、教会《キルヒェ》は、一つの目標、神の国という目標を持ちます。教会《キルヒェ》のこの目標は、教会《キルヒェ》における人びとにとって、たえず落ち着きをなくさせる種ではないでしょうか、――自分たちの行為は、この目標の偉大さに対して全く釣り合っていないのではないか、と。それ以外のことがどうして起こりうるでしょうか。〔しかし〕そのことによって、私たちがキリスト教的な、すなわち、教会《キルヒェ》的な、そしてまた神学的な現存《エクシステンツ》をも嫌がるようなことがあってはなりません。なるほど、教会《キルヒェ》をその〔大きな〕目標と比較するときには、〈鋤《すき》に手をかけていながら、その手をおろしたくなる〉〔ルカ福音書九・六二、参照〕ようなことが起こるかも知れません。また、私たちが、教会《キルヒェ》の存在全体〔＝現状〕に対して、しばしば、吐き気を覚えるようなこともありうるでしょう。このような胸苦しさを知らない人、教会《キルヒェ》の壁の中で単純に心地よく感じている人、そのような人は、明らかに、この事柄のもっている本来のダイナミズムをまだ見たことがない人です。

私たちは、教会《キルヒェ》の中で、たえず繰り返し金網につき当たる籠の中の鳥のようなものでしかありえないのです。〔たしかに〕ここで問題なのは、私たちのちっぽけな説教や典礼《リトゥルギー》より、もっと偉大なものであります！　しかし、いい、です。使徒的教会《キルヒェ》が生きているところ、そこでは、私たちは、たしかに、この憧憬を知っています。私たちは、たしかに、自分たちのために備えられた家を慕っています。けれども、私たちは、こっそりずらかったりはしません。私たちは、単純に逃げ出したりはしません。そこでは、私たちは、御国への希望によって、〈神の部隊〉（la compagnie de Dieu）に属する一兵卒として立ち、そのようにして、あの目標に向かって進むことを拒みはしません。この目標によって、私たちのために、限界が置かれているのです。もしも私たちが本当に神の国に希望を抱いているのなら、そのときには、私たちは、貧弱な姿をした教会《キルヒェ》にも耐えていくことができるのです。そのときには、私たちは、この具体的な教会《ゲマインデ》の中に、一にして・聖なる・公同の教会《キルヒェ》を見出すことを恥じないでしょう。また、そのときには、私たち一人一人も、自分の特別な教派〔に属していること〕を恥じないでしょう。

　キリスト教的希望は、——これは、人が考えうる限り最も革命的なものであり、これに較べるなら、他のすべての革命などちっぽけな〔演習用の〕空砲にすぎません——規律された希望です。この希望は、人間を、そのもろもろの限定の中に入れます。すなわち、〈君は、ここに踏みとどまることを許されているのだ。神の国は到来する。だから、君は、神の国に向かって飛行を開始する必要はない。君は、君の場所に身をおき、君の場所において一人の忠実な《神の御言葉の奉仕者》(minister verbi divini) であれ。君は、革命的でありうるが、しかし、保守的でもありうるのだ〉と。このような革命的なものと保守的なものとの対照《コントラスト》が人間の中で一つにされているなら、〔つまり〕その人が全くじっとしてはおられないこともあれば、同時に、全く平然としていることも許されているなら、また、人間がこのような具合に教会《ゲマインデ》の中で他の人びとと共にいることを許されているなら——そこでは、〔教会の〕構成員が神のユーモアの光の中で、あの憧憬と謙遜とを持ちつつ、互いに自分たち自身を再確認するわけです。——人間は、自分のなすべきことをなすでしょう。このような神のユーモアの光の中で、私たちのすべての教会《キルヒェ》的行為は許されています。それればかりか、それは命じられているのです。

　こうして教会《キルヒェ》は、待ちつつ、また急ぎつつ、主の将来に向かって進んでいくのであります。

〔1〕本章では、〈教会《キルヒェ》〉と〈教会《ゲマインデ》〉という言葉が交互に用いられているが、実体としては同一の内容を持つ。後者は〈信仰者の交わり〉であり、具体的な個別教会を指すものとして理解すると分かりやすい。

〔2〕井上訳の原書テキスト(チューリヒ版)には脱落している短い文章を〈カイザー出版社版〉に従い補足。

〔3〕ルードルフ・ゾーム。ドイツのルター主義者、教会法学者。大著『教会法』(一八九二年)によれば、初代教会は何らの法的組織を持たず、〈教会法〉という観念は、聖霊による「恩寵の賜物」(〈カリスマ〉)によって支配されたエクレシアの本質に矛盾する。カリスマに基づく初代教会のイエス運動は、その後、ローマ・カトリシズムによる法制的な官僚主義支配に転換されていった、とされる。マックス・ウェーバーの有名な社会学的概念の一つ〈カリスマ的支配〉は、ゾームが初代教会に帰した用語に由来している。

23　罪の赦し

キリスト者は、後方を顧みて、自分の罪にもかかわらず、イエス・キリストの死について——それゆえ自分自身の生の義認について——聖霊の証しと聖なる洗礼の証しとを受ける。自分自身の生の義認に対するキリスト者の信仰は、〈神御自身がイエス・キリストにおいて人間の代わりになり給うたことによって、人間の道に対する無条件の責任を御自身に引き受け給うた〉という事実に基づいている。

これが、キリスト者の——神の恵みによって形づくられ、自分の場所を教会の中に持つキリスト者の——道です。それゆえ、私たちは、〈もろもろの罪の赦し・身体《からだ》のよみがえり・永遠《とこしえ》の生命《いのち》〉という、なおこれから聞かねばならない事柄を、いかなる場合にも、次のことから、すなわち、〈神は、聖霊によって、聞く人間が存在し、教会が成立するように創造し給う〉ということから、切り離してはなりません。

キリスト者の道は、〈もろもろの罪の赦し〉に由来し、〈身体《からだ》のよみがえり〉と〈永遠《とこしえ》の生命《いのち》〉へと向かいます。キリスト者のこの〈どこから〉（Woher）と〈どこへ〉（Wohin）は、ある唯一の場所に、リアルに、また実体的に包含されています。この場所とは、〔使徒信条〕第二項の中心、すなわち、イエス・キリストの苦難と行動のことであります。私たちは、このイエス・キリストと、聖霊において共に結ばれています。私たちは、イエス・キリストの教会《ゲマインデ》であり、私たちの所有している一切のものは、根源的かつ本来的に彼の所有であります。私たちは、彼の所有し給うものによって生きています。私たちは、あらゆる真理のこの中心点から脱落してはなりません。〈もろもろの罪の赦し・復活・永遠《とこしえ》の生命《いのち》〉は、キリストの外部にある何かではなく、むしろ、イエス・キリストにおける神の行動なのです。

キリスト——この唯一なる方——が輝き給い、キリスト者は、その光の中を歩むのです。キリスト者が、キリストから発するこの円錐形の光の中に立っているということ——そのことが、キリスト者を他のものから際立たせているのです。しかし、この光の中におけるキリスト者の現存《エクシステンツ》は自己目的ではありません。そうではなく、キリスト者は、自らが一つの光として存在するために、この光の中を歩むのです。「神は、その独《ひと》り子を賜うほどに世を愛し給うた……」〔ヨハネ福音書三・一六〕。キリスト者は、キリストに代わる使者です〔IIコリント人への手紙五・二〇〕。しかし、キリストが人間にとって——すべての人間にとって——何であり給うかということは、ここ教会《ゲマインデ》おいてこそ認識され、見られ、経験されるのです。そのことが、この教会《ゲマインデ》から外に向かって証しされるために。

「われは罪の赦しを信ず」。――ここでキリスト者は、明らかに自分が由来してきた道を顧みます。それは、たとえば、神への《回心》の瞬間というのではありません。むしろ、いつでも〈キリスト者が後方を顧みるときには、もろもろの罪の赦しを見る〉ということです。これこそが、キリスト者に慰めを与え、彼を立ち上がらせる出来事です。これこそが、であり、他のいかなるものでもありません。そこに付け加えられるべきものは何もありません――たとえば、罪の赦しと私の経験とか、罪の赦しと私の業績とか！　私たちが後方を顧みながら自分について知っていること。それは、いつも、ただ〈われわれは赦しによって生きている〉ということでしかありません。〈われわれは乞食である〉〔ルター〕。これは、まさに真実です。

もしも罪の赦しが私たちの背後にあるもののすべてだとしたら、その事実において、私たちの生に対する一つの判決が下されているのです。そこにあるのは、いずれにしても、いかなる功績でもありません。たとえば、感謝しながら私が神様にいろいろのものを献げてきた、その感謝の功績などではありません。〈私は闘士であった！〉とか、〈神学者であった！〉とか、〈それどころか、もしかしたら幾冊もの書物を書いた！〉とか。否、そんなことではありません。私が過去にそうであったし、また、過去に行なってきたことのすべては、あの判決の下に立っているのです。「そのすべては罪であった」と。そして、罪とは踏み越えること、逸脱することであります。そして、それとは別の何かがあったときには、それは、いつも、〈上から来たもの〉だったのです。それについて私たちが誇る何の理由もないものです、――神の憐れみ以外には。私たちは、日毎に、この信仰告白をもって始めるべきであり、また始めることを許されています。すなわち、「われわれは、もろもろの罪の赦しを信ず」と。私たちの死の瞬間においても、私たちには他に言うべきことはないでしょう。

〈赦し〉(Vergebung)、〈赦罪〉(remissio)という概念は、次のように言えば、最も良く明らかになるかもしれません。――ここに何かが書かれています。それは、私たちの人生です。ところが、今や、その全体を帳消しにする一本の太い線が引かれます。私たちの人生は、帳消しされるのに値するのです。そして――神に感謝すべきかな――私たちの人生は、実際に帳消しされます。私の罪にもかかわらず、今や、私は、〈私の罪は私には算入されない〉という一つの証しを受け取ることが許されています。その証しを、私は、自分で自分のものにすることはできません。なぜなら、罪とは、何といっても人間の永遠に失われた状態を意味するからです。この状態を自分で廃棄するようなことが、どうして私たちにできるでしょうか。私が罪を犯してきたということ。これは、私が罪人なのだ、ということを意味しているのです〔から〕。

このような事実に対して、また、このような事実にもかかわらず、**聖霊の証し**が、〔つまり〕聞きとられた神の御言葉の証しが、そして**洗礼**の証しが与えられています。[1] すなわち、ここに聖なる洗礼が入ってくるのです。つまり、私たちは、自分は洗礼を受けているのだという事実を、生涯にわたり忘れないことが許されています。ちょうどルターが試煉にあったときに、白墨で机上に「私は洗礼を受けている」（baptizatus sum）と書き記したようにです。洗礼は、そっくりそのまま私に関わっています、――聖霊の証しをいつも同じように生き生きと私が感じとっているか否かとは、全く関わりなしに。私たちが感じとっているというようなことは、アヤフヤなものです。そこには浮き沈みがあります。御言葉が私にとって生き生きとしていない時があります。まさにそのような時こそ、〈私は洗礼を受けている〉という事実がグッと介入してくることを許されています。私の生の中には、私が依り頼むことを許される一つの徴が、すでにしっかりと固定されているのです、――たとえ聖霊の証しが私に届かないような場合でも。私が生まれたちょうどそのように、私は、一度、洗礼を受けたのです。洗礼を受けた者として、私は、自分自身に対して、証人となるのです。洗礼は、聖霊が証しするもの以外のことを何も証しすることはできません。しかし、私自身、洗礼を受けた者として、自分に対して聖霊の証人であり、そして、この証しによって再び立ち上がることを許されています。洗礼は、私に日毎の悔い改めを想起させることによって、私を、再び証しの奉仕へと呼び出します。洗礼は、私たちの生の中に立てられた標識です。水の中に一度落ちた者が泳ぎを再び思い出すように、洗礼は、私たちに証しを想起させるのです。

しかし、この証しは、私たちに対する次のような神の御言葉であります。すなわち、〈自分の罪を抱えた人間である君は、徹頭徹尾、イエス・キリストの所有《もの》として、把握しえない神の憐れみの領域に属しているのだ。この神は、私たちを、その現に生きているままの者、また、現に行為するままの者とは見ようとなさらずに、むしろ、こう約束して下さる。「君は義とされている」と。君は、私にとっては、もはや罪人ではない。君のいるその場所には、ある他者が立っているのだ。私は、この他者に眼をとめている。そして、もしも君が、自分はどのように悔い改めることができるのかと思い煩うなら、「君のためには、すでに悔い改めがなされている」という言葉を聞くがよい。また、君が「私には何が達成できるだろうか。神との交わりにおいて、私は、自分の生をどのように形作っていくことができるのだろうか」と自問するなら、「君の生のための贖《あがな》いは、すでに果たされている。神と君との交わりは、すでになし遂げられている」という答えを聞くが良い。おお、人の子よ。神が君を現にあるがままの被造物として御自身の光の中で新しく御覧になり、新しく受け容れて下さっているというこの状況を、君が受け容れること――ただそれだけが、君の行為でありうるのだ〉と。

「私たちは、洗礼《バプテスマ》によって、キリストと共に葬られ、死にあずかる者とされました」（ローマの信徒への手紙六・四）。洗礼は、私たちの生の只中におけるキリストの死の表現です。洗礼は、私たちに向かって、こう告げています。〈キリストが死に、そして葬られ給うたとき、まさにそこでわれわれも——われわれ踏み違えた者たち、罪人たちもまた——死んで葬られたのだ〉と。君は、洗礼を受けた者として、自分を、死んだ者とみなすことを許されています。罪の赦しとは、この〔君の〕死があのときゴルゴタにおいて起こったのだ、という事実に基づいているのです。洗礼は君にこう告げています〈あの死は、君の死でもあったのだ〉と。

神御自身が、イエス・キリストにおいて、人間の代わりになり給うたのです。私たちは、和解〈Versöhnung〉を〈取り替え〉〈Vertauschung〉として論じた私たちの説明〔第17講〕を、もう一度考えてみましょう。今や、神は、私たちに対する**責任**を引き受け給います。今や、私たちは神の所有であり、神は私たちを意のままに用い給うのです。私たち自身がそれに値しないということは、もはや私たちに全く関わりがありません。私たちは、今や、神がそのようにして下さるということによって生きることを許されています。それは、受動的な現存《エクシステンツ》を意味するのではなく、むしろ、極めて能動的な現存《エクシステンツ》です。もしも一つの比喩を用いてみたければ、次のような一人の子どものことを考えることができます。この子は、何かある対象物を描いているのですが、彼には、うまく描けません。すると、先生が、この子の席に坐って、その同じ対象物を描いてみせます。その子は、脇に立って、自分のノートに先生が美しく絵を描くのを、ただじっと眺めているだけです。すなわち、私たちに代わって私たちには不可能なことを成し遂げ給う神。これこそが義認なのです。私は、腰掛けから押し出されています。そして、今なお、何か私に反対して異議申し立てがなされるとしても、それは、もはや私にではなく、私に代わって坐ってい給う方に向けられるのです。そして、私を訴えねばならない者たち、悪魔やその一団、さらに愛する人間の仲間たちが、あえて私に敵対しようとしても、今や、あの方が、私に代わって立ってい給うのです。

これが、私の状況です。そのように、私は、無罪を宣告されて、本当に喜んでいることができるのです。数々の訴えが、もはや私には何の関わりもないのですから。イエス・キリストの義は、今や、私の義なのです。これが、もろもろの罪の赦しということであります。「〔問い〕君は、どのようにして神の前に義とされますか。〔答え〕ただイエス・キリストに対する真の信仰によってのみです」(『ハイデルベルク信仰問答』第六十問)。このように、宗教改革は、この事柄《ザッヘ》をとらえ、そして論じました。願わくば、そこから出てくる真理と生命の豊かさに再び達するように、神が私たちにも再び学ばせて下さいますように。

そうだとすれば、今や、私たちは、決して次のように言うべきではありません。「赦しによって《のみ》生きるということ、それだけでは実に不十分だ」と。このような異議申し立ては、すでにこの使徒信条に反対して上げられてきました。さらに宗教改革者たちに対しては、いっそう強く反対されてきました。何という愚かさ！　もろもろの罪の赦しということ、私たちがそれによって生きる唯一のもの——まさにこのことが、まるであらゆる力の中の力ではないとでも言うかのように。それによって、すべてのことが、あたかも語られてはいないとでも言うかのように！〈神が私たちに味方し給う〉ということを、私たちがまさに知るときにこそ、私たちは、真の意味で、責任を担う者なのです。なぜかと言えば、そこから、ただそこからのみ、本当の倫理が存在し、また私たちが善悪の基準を持つからです。それゆえ、〈赦しによって生きる〉ということは、いかなる場合にも受動性を意味しません。むしろ、それは、全き能動性におけるキリスト教的生を意味しています。

このキリスト教的生を、大いなる自由として述べようと、あるいは厳格な訓練として述べようと、〔また〕敬虔性として、あるいは真の世俗性として、〔また〕個人道徳として、あるいは社会道徳として、〔さらには〕大いなる希望の徴の下で、あるいは日毎の忍耐の徴の下で理解しようと——いずれの場合であっても、このキリスト教的生は、ただ赦しによってのみ生きるのです。ここで、キリスト者と異教徒とは区別され、キリスト者とユダヤ教徒とは区別されます。この鋭い山の尾根、すなわち、もろもろの罪の赦し・恵み〔という尾根〕を越えて行かないもの。それは、キリスト教的ではありません。これに従って、私たちは判定されるのです。〔つまり〕これに従って、裁き主が、いつの日か私たちに問いただし給うでしょう。〈君は、恵みによって生きてきたか。それとも、君は、自分のために神々を作り上げ、もしかしたら自分でも一人の神になろうとはしなかったか。君は、誇るべき何物も持たない忠実な僕《しもべ》であったか。それならば、君は、受け容れられている。なぜなら、そのときには、君も、たしかに憐れみ深い者であり、君に負い目のある者たちを赦したのだから。そのときには、君は、たしかに他の人たちをも慰めたのであり、一つの光だったのだから。そのときには、君の業《わざ》は、たしかに良き業《わざ》、〔つまり〕もろもろの罪の赦しから流れ出る業《わざ》だったのだから〉と。このような〔良き〕業《わざ》に対する問いこそ——私たちに向けられている——裁き主の問いなのです。

〔1〕バルトは、生前に刊行した『教会教義学』の最後の巻（一九六七年）では、〈礼典主義的〉な洗礼論について、それをいっそう明確に批判する立場を表明している（『和解論』Ⅳ「キリスト教的生〈断片〉」井上良雄訳、参照）。その中で、〈聖霊による洗礼〉が人間に対する神御自身の信実な御業《みわざ》であることを強調するとともに、教会における〈水の洗礼〉を神の信実に応える人間「自身の決断」による「従順・転換・希望についての拘束力ある告白」とみなして、キリスト教倫理の「第一歩」と規定している。この議論に続く「主の祈り」の講解による〈和解論の倫理〉の具体的展開が、すなわち、遺稿となった前掲の『キリスト教的生』（天野有訳）にほかならない。

24　身体《からだ》のよみがえりと永遠《とこしえ》の生命《いのち》

キリスト者は、前方に目を向け、自分の死にもかかわらず、イエス・キリストの復活について――それゆえまた、自分自身の生の完成について――聖霊の証しと聖なる晩餐の証しとを受ける。自分自身の生の完成に対するキリスト者の信仰は、〈人間がイエス・キリストにおいて神の代わりになることを許されたことによって、神の栄光への無条件の参与が人間に与えられている〉ということに基づいている。

「キリスト者は後方を顧みて」と、私たちは、前講の論題《ライトザッツ》で述べました。今や、「キリスト者は前方に目を向け」と言われています。このような〈後方を顧みること〉と〈前方に目を向けること〉とが、キリスト者の生（vita humana christiana）を形づくります。〔つまり〕聖霊を受け、教会《ゲマインデ》において生きることを許され、教会にあって、世の光たるべく召されている人間の生を形づくるのです。

人間は前方に目を向けます。今や、私たちは、いわば一八〇度の転回をするのです。すなわち、私たちの背後には、私たちのもろもろの罪があり、私たちの前方には、死・死亡・棺・墓・終焉があります。私たちがそれらを予期しているのだ、ということを全く真剣に受けとめない人。死ということが何を意味するのかということを、リアルに覚らない人。そこでギクリとしない人。もしかしたら人生の喜びを十分には持たないため、それが終わることに対する不安を知らない人。この生が神の一つの賜物であるということを、まだ理解したことのない人。百歳どころか三百歳も四百歳も、さらにそれ以上も年老いるまで生きた族長たちの生涯の長さを、全く羨ましく感じたことがない人。言いかえれば、この人生の美しさを少しも把握しない人。――そのような人は、〈復活〉が何を意味するのか、ということを理解できません。

なぜなら、この〔復活という〕言葉は、ゾッとさせる死の恐怖に対して応答しているのですから。〔つまり〕この人生が、いつか終わりを持ち、この終わりが私たちの現存《エクシステンツ》の地平〔の限界〕だという、恐怖に対する回答なのです。「生の最中《さなか》にありて死に取りまかれ……」〔賛美歌〕。人間の存在《ダーザイン》は、このような脅威の下にある存在です。このような終わりによって、〔つまり〕たえず私たちの現存《エクシステンツ》に対して上げられる異議――「君は〔もはや〕生きることができない！」――によって特徴づけられる脅威の下にある存在です。

〔この異議はさらに続きます。〕〈君は、イエス・キリストを信じている。しかし、ただ信じることができるだけで、見ることはできないのだ。君は、神の御前に立って喜びたいと願い、そして喜ぶことは許されている。しかし、君は、いかに自分の罪が朝毎に新たであるかということを、日毎に経験せざるをえないのだ。そこでは、平安があるが、しかし、ただ葛藤の中でのみ実証されるような平安にすぎない。そこでは、われわれは理解するが、同時に、かくも圧倒的に僅かな理解でしかない。そこには、生があるが、しかし、ただ死の影の中にある生にすぎない。そこでは、われわれは共にいるが、しかし、いつの日か互いに別れ別れにならなければならない。死が、そのすべての上に封印を捺しているのだ。それは、「罪の支払う報酬である」〔ローマの信徒への手紙六・二三〕。決算はなされる。棺と消滅が最後の言葉である。戦いは決せられる。しかも、われわれの敗北に終わる。それが、死である〉。

ところが今や、キリスト者は、前方に目を向けます。この生において、キリスト教的希望とは、何を意味するのでしょうか。それは、死後の生でしょうか。死から離れた一つの出来事でしょうか。ちょうど一羽の蝶のように、墓の上をヒラヒラと飛び去り、どこかに保存されて不死のままさらに生き続ける、一つの小さな霊魂でしょうか。そのように異教徒たちは、死後の生をイメージしてきたのです。しかし、それは、キリスト教的希望ではありません。「われは身体《からだ》のよみがえり（Auferstehung des Fleisches）を信ず」。聖書において〈肉体〉（Fleisch）とは、全く端的に人間、しかも、罪の徴《しるし》の下にある人間、打ちのめされた人間のことです。そして、この人間に対して約束されているのです。すなわち、「君は復活するであろう」と。復活とは、この生の継続ではありません。そうではなく、復活とは生の**完成**（*Lebensvollendung*）であります。この人間に対して、一つの〈然り〉が語られているのです。この〈然り〉に対して〈死の影〉（Schatten des Todes）は太刀打ちできません。

　復活において問題となるのは、私たちの生、あるがままの私たち人間なのです。私たちが復活するのです。他の何者も私たちの代わりになるのではありません。「わたしたちは変えられるだろう」（Iコリントの信徒への手紙一五章〔五一節〕）。ということは、〈今や全く別の生が始まる〉という意味ではありません。そうではなく、それは、「この朽ちるものは朽ちないものを着、この死ぬべきものは死なないものを必ず着ることになる」〔Iコリントの信徒への手紙一五・五三〕ということです。そのとき、「死は勝利に呑み込まれた」〔Iコリントの信徒への手紙一五・五四〕ということが啓示されるでしょう。それゆえ、キリスト教的希望は、私たちの生全体に関わっています。すなわち、私たちのこの生が完成されるのです。播かれたときには卑しいもの、弱いものであっても、光栄あるもの、力あるものに復活するのです。

　キリスト教的希望は、私たちをこの生から引き離すのではありません。それどころか、むしろ、神が私たちの〔この〕生をその中で見給う、まさにその真理の〈覆いが取り除かれること〉（Aufdeckung）なのです。キリスト教的希望とは、死の克服であり、彼岸への逃亡ではありません。〔キリスト教的希望において〕主たる問題は、この生の現実性（Realität）です。まさに終末論こそ――正しく理解されるなら――考えうるかぎりで並はずれた、最高に実践的なものなのです。終末において、あの光が上から私たちの生の中に射し込んできます。私たちは、この光を待ち望んでいます。ゲーテは詩を作りました。「われらは、君たちに命じる。希望せよ」と。もしかしたら、彼もまた、やはり、この光を知っていたのかもしれません。いずれにしても、キリスト教の使信は、確信を持ち、また慰めに満ちて、この光に対する希望を宣べ伝えるのです。

〈われわれの生が完成される〉というこの希望を、むろん、私たちは、自分で自分に与えることも、また思い込ませることもできません。この希望は、信じられなければならないのです――死にもかかわらず。死が何であるかを知らない人は、復活が何であるかということも知りません。〈光があるであろう〉〔創世記一・三〕ということ、そして〈この光がわれわれの未完成の生を完成するであろう〉ということ。このことを信じるためには、聖霊の証し、〔つまり〕聖書において私たちに宣べ伝えられ、聞かれた神の御言葉の証し、〔すなわち〕復活されたイエス・キリストの証しを必要としています。聖書において私たちに語りかける聖霊――この聖霊は、私たちに語りかけます。〈私たちは、この大いなる希望において生きることを許されているのだ〉と。

聖なる晩餐は、一般に理解されているよりも、いっそう強く復活節《イースター》から理解されるべきでしょう。それは、第一に、葬礼の食事ではなく、むしろ、小羊の婚礼の食事〔ヨハネ黙示録一九・九〕の先取りなのです。この聖餐は、喜びの食事であります。すなわち、この方――イエス・キリスト――の肉を食し、この方の血を飲むことです。それは、私たちの生の只中にあって、永遠《とこしえ》の生命《いのち》に至る食べ物であり飲み物です。私たちは、この方の食卓の客であり、それゆえ、もはやこの方御自身から分かたれることはありません。こうして、〔聖餐という〕この徴《しるし》において、この方の食事の証しは聖霊の証しと一つになるのです。この証しは、私たちに対して、リアルに語りかけます。〈君は死なないであろう。君は生きて、主の御業《みわざ》を宣べ伝えるであろう！〉と。君が！〔つまり〕私たちが主の食卓の客なのです。それは、単に一つのイメージではなく、むしろ、一つの出来事であります。「信じる者は永遠の命を持つ」〔ヨハネ福音書六・四七〕。

君の死は殺されているのだ。君は、実にすでに〔君の死を〕死んでいるのだ。君がそれに向かっている〔死の〕恐怖を、君は、すでに徹頭徹尾、背後にしているのだ。君は、この食卓の客として、生きることを許されている。君は、この〔食事の〕力によって、四十日四十夜、ゆったり歩むことを許されている〔列王記上一九・八〕。この力によって、そのようになるだろう。君がすでに飲んでおり、すでに食していることを、承認せよ。君の周囲にある、死に関わる一切のものは、克服されたものとして捨てておけ。君の苦悩を優しくいたわることを止めよ。そこから〔＝苦悩の種子から〕育った枝垂《しだ》れる柳の木で可憐な園など作ってはならない！「われらは悲しみによりて、己が十字架と苦悩を大いならしめる」〔のだから〕。

私たちは、これとは全く別の境涯へと召し出されています。「私たちは、キリストと共に死んだのなら、キリストと共に生きることを信じます」（ローマの信徒への手紙六・八）。このことを信じる人、その人は、すでに今ここで〔自分の〕完成された生を生き始めています。

キリスト教的希望は、すでに永遠《とこしえ》の生命《いのち》の種子であります。イエス・キリストにおいて、私は、もはや私が死にうる場所にはいません。イエス・キリストにおいて、私たちの肉体《フライシュ》は、すでに天にあります（『ハイデルベルク信仰問答』第四九問）。私たちが聖なる晩餐の証しを受けることを許されるとき、私たちは、今ここで、すでに、あの終末――神がすべてにおいてすべてであり給うあの終末――の先取りの中に生きているのです。

訳者あとがき

宮田光雄

カール・バルトは、二十世紀最大のプロテスタント神学者であり、その初期の『ローマ書』以来、日本の教会にも長らく大きな影響をあたえてきた。しかし、第二次大戦後、日本の教界に入ってきた『教義学要綱』は、井上良雄先生の名訳にもよって、新しいバルトの思想像を正確な姿で近づけてくれるものであった。この本では、バルトの信仰理解が実に「伸びやかに」示されており、まことに読みやすく、主著『教会教義学』の文字通り「要綱」として、一度は取り組むべき現代の古典の一つと言えよう。

1

もともと、これは、バルトがかつてナチ政権によって追われたボン大学に客員教授として招かれ、一九四六年夏学期に行なった講義である。バルトとしては、それまで十数年にわたり手掛けて執筆中だった主著『教会教義学』――その後も生涯を通して執筆しつづけ、ついに未完に終わった――の第Ⅲ巻「創造論」（第1分冊）を刊行し終えたばかりであった。この本来の仕事を中断して、戦後ドイツの再建ために、内容的には第Ⅳ巻「和解論」を先取りする講義をするというのは、彼にとっても、やはり〈勇気〉のいることだった。

ドイツを再訪したバルトは、ナチ政権下に苦難の日々を送った告白教会の仲間と再会し、また青春時代を空しく浪費させられ「微笑《ほほえ》むことをやっと習い覚えた」若い学生たちの「真剣な面持ち」と出会いえたことに喜びを感じたようだ。この学期はじめに放送されたラジオのメッセージの中で、彼は、当時のドイツ社会で極めて切実だった〈日毎のパン〉への祈りについても言及し、それには「人の生きるのはパンだけではなく、神の口から出る言葉にもよる」ことを忘れてはならない、と明言していた。この〈神の言葉〉をバルトは語りかけようと決意していたのだ。

まだ戦災から完全には復旧していなかった教室の座席は、大勢の学生たちで窓際から床《ゆか》まで満席だった。授業は、バルトがボン大学を追放される前と同じように、毎朝、彼がポケットから『ローズンゲン』を取り出し、その日の「ローズング」と「教えのテキスト」を朗読し、賛美歌を歌わせることから始められた。当時の聴講生の回想によれば、バルトは、「いずこにも豊かに、肉の糧を与えたまえ」という歌詞の入った賛美歌を好んで用いたという。「むろん、先生は、私たちのお腹がグウグウ鳴っていることをご存じだったのですから」と、この女子学生は記している（ボン大学福音主義神学部同窓会誌『プロ・ファクルターテ』から）。

＊

翌一九四七年、この『教義学要綱』を刊行したミュンヒェンのクリスチャン・カイザー出版社は、バルトの『ローマ書』（第二版）以来、彼の名前を世界的に有名にしたのみでなく、ドイツ教会闘争を支えつづけナチ政権によって弾圧された歴史をもつ。またチューリヒの福音主義ツォリコン出版社は、バルトがボン追放後、ドイツ国内での禁書措置によって出版が不可能になったため、スイスで独自に彼自身も協力して立ち上げた由緒ある出版社だった。さらに版元の許可を踏まえて――連合軍占領下にあったドイツの特殊事情のため――ほぼ同時に四つの出版社から刊行されることになったのである。

日本では、すでに一九五一年には、新教出版社によって刊行されて以来、最近では、「新教セミナーブック」として重版されつづけてきた（合計、23版）。私自身にとっても、この本は、巨大なバルトの世界を凝縮して示すものとして、手許から離せない愛読書の一つである。とくにバルトの神学的思考を貫く〈神の恵み〉の圧倒的な豊かさを示すのは、本書の「最後の審判」の講義であろう。この講解を井上先生の名訳で初めて読んだとき、文字通り〈目から鱗《うろこ》が落ちる〉ような衝撃を受けた日々のことを忘れるわけにはいかない。

一般に抱かれている〈最後の審判〉というのは、システィーナ礼拝堂におけるミケランジェロの有名な絵に描かれているような、恐怖を誘う〈審判者キリスト〉のイメージであろう。しかし、バルトによれば、それは「頭を上げて」待望すべき〈喜びの使信〉なのだと言う。来たりたもう方は、人間のためにすでに神の裁きに服したまい、すべての呪いを私たちから取り去りたもうた同じ方なのだから。「もしもミケランジェロや他の画家たちに、このことを見、また聞くことが、許されていたならば！」どんなによかったことであろうか、と。〈二重予定説〉の信仰の下に厳粛主義的なモラリズムの重圧を痛感せざるをえなかった人々にとって、これは、まさに〈解放のメッセージ〉として響くのではなかろうか。

2

この度、改訳版を出すことになったのは、以下のような事情からである。共訳者の天野有氏は、私にとってバルト理解を共有する若い友人かつ同志だったが、そのライフワークとも言うべき『バルト・セレクション』を完成することなく急逝された。遺稿の中には、ほとんど完成に近い『教義学要綱』草稿も残されていた。それを発見した小林望社長とも話し合い、私も協力して出版することを決心した。この草稿が論文調ではなく講義調に訳出されていたのは卓見であり、それを生かすべきだということになった。

もともと『教義学要綱』は、バルトの生涯の中では極めて稀なことだが、「厳密な下書き原稿なしに」〈生の声〉で行なわれた自由な講義の記録にもとづいていた。原書は、この講義の速記原稿にバルト本人が僅かな推敲・訂正を加えた形で刊行されたものである。ちなみにバルト晩年の最終講義（Das christliche Leben. KD. Bd. IV/4. Fragmente aus dem Nachlaß. Vorlesungen 1959-1961, 1976）も、その遺稿原稿からE・ユンゲルその他によって編集・刊行されている（『キリスト教的生』天野有訳）。私自身、一九六一年夏学期に、それをバーゼル大学で直接に聴講できたのだが、当時、しばしば教室中を笑いの渦で包んだバルトの繰り出すアドリブのユーモアは、刊行された本には、何一つ反映されていないので残念至極だった。

したがって、今回の改訳に当たっては、この天野訳草稿を踏まえながら、なお井上先生の名訳から残すべき文章も組み合わせて慎重に訳出するつもりで着手した。しかし、この作業は、なかなか時間と労力とを要し、計画は十分には達成することができなかった。とくに『教義学要綱』には、注意深く読むと、講義の際のバルトによるアドリブの発言〈時には、〈笑い〉と注記したくなるほど〉の片鱗も残っているように思われる。私自身の若き日のバーゼルでの体験も思い起こし、教室の雰囲気を多少でも反映させたいと不十分ながら努力した。

さらに井上訳も天野訳も、ともに原書としてはチューリヒ版を用いていた。しかし、私の手許にあったカイザー版と対比したところ、両書の原文の間に異同のあることが分かった。チューリヒ版には、大きな箇所では二、三行にわたる脱落がある。バーゼルのバルト文書館に問い合わせた結果、P・ツォファー館長の調査では、当時のバルト自身の訂正原稿は紛失していること、文章の比較ではカイザー版の方がバルトの文脈と意図とに沿っていること、異同が生じたのは当時の活版印刷の制作過程で起こりがちな Zeilensprung（見落としによる行の脱落）だろうということであった（本訳書では、重要な異同についてのみ「訳注」に記した）。

ちなみに、このチューリヒ版は、現在ではハンディな小型本として13版（二〇二〇年）を重ね、よく読まれているようだ。その他、たとえば英訳本（Dogmatics in Outline, SCM Press, 1949）の書評によれば、バルトのこの講義は、「預言者的」で「火を噴く」ような趣があり、英訳だけでも内容的には理解可能だが、バルトの力強い口調そのものを体感するにはドイツ語の原書を読むに限る、とさえ絶賛されている（この英訳本においてもチューリヒ版の脱落は、そのままである）。

たしかに、本書を読んでいると、どの回の講義でも、終わりに近づくと、バルト自身の高揚した気持ちが伝わってくるように感じられる。冒頭に短く示した主張に続いて、別の角度から、また別の言い回しを用いて、あたかも畳みかけるように、副文章が次々と連ねられる。本書の「はじめに」で彼自身が記しているように、当時の戦後ドイツの状況を眼前にして、人々に訴えるには〈読む〉代わりに〈語る〉ことこそふさわしい、と考えていたことがよく分かる。しかし、それを読者に理解しやすく翻訳することは、非常に困難だったことを告白しておかねばならない。

そのために、幾つかの工夫を試みている。たとえば〔　〕で挿入した説明句は、すべて訳者によるもの。また、原書にあるよりも段落を多く付けた（一行あけて示している箇所のみバルト自身による段落である）。さらに原書における隔字体は強調の際には傍点を付し、論題《ライトザッツ》を示す際にはゴチックで示した。引用符号は「　」ないし《　》で表記。それ以外の〈　〉は、理解しやすくするために訳者が付けたものである。

原書に頻出するバルト愛用の用語は、――形容詞や副詞に至るまで――なるべく統一的に訳すため、リストアップしているうちに用語一覧表のようなものまで出来上がってしまった。中には適当な訳語を見つけるために、和独辞典から広辞苑まで動員しなければならなかったものもある。小半日かかった苦心の一例。ausserordentlich の訳語。井上訳では「異常な」、天野訳では「尋常ならざる」、最終的に用いた拙訳では「桁外れの」！

以上、全体を通して、本訳書の文体や解釈、文章表現や言葉遣いについては、訳者としての私に全責任があることを明記しておきたい。

*

当初、井上先生の名訳への畏敬から改訳など思いも及ばなかった仕事に取り組みえたこと、人生の最後に使徒信条の内容を再確認できたこと、バルトの思考と信仰を肌で追体験しえたこと、すべて上よりの御導きによるものと痛感している。読みにくい訳者の筆記原稿をパソコン浄書稿に打ち直す仕事を引き受けられた佐々木洋子氏、訳注作成に必要な資料をPDFで送信して下さった一條英俊氏や東北大学図書館レファレンス係の方々の御協力に対しても改めて感謝したい。とくに改訳の決定・編集のすべての段階における小林社長の貴重な助言なしには、こうした形で完成まで辿りつきえなかったことは確実であり、深くお礼を申し上げる。

最後になったが、井上先生の名訳の初版刊行からちょうど七〇年目に当たることを思い起こし、感謝の記念としたい。

二〇二〇年　酷暑の夏

聖書箇所索引

聖書箇所索引

訳者
天野有（あまの・ゆう）
1955年静岡県生まれ。早稲田大学教育学部、西南学院大学神学専攻科、九州大学大学院を経て、ヴッパータール教会立神学大学修了。神学博士。西南学院大学神学部教授在職中、2018年逝去。著書はKarl Barths Ethik der Versöhnungslehre. Ihre theologische Rezeption in Japan und ihre Bedeutung für die kirchlich-gesellschaftliche Situation in Japan, Frankfurt am Main u.a. 1994. 訳書はカール・バルト『キリスト教的生』Ⅰ、Ⅱ、同『国家の暴力について』、『バルト・セレクション』1、4～6（いずれも新教出版社）など。

宮田光雄（みやた・みつお）
1928年高知県生まれ。東京大学法学部卒業。東北大学名誉教授。主な著書は『西ドイツの精神構造』（学士院賞）、『政治と宗教倫理』『ナチ・ドイツの精神構造』『現代日本の民主主義』（吉野作造賞）、『非武装国民抵抗の思想』『キリスト教と笑い』、『ナチ・ドイツと言語』『聖書の信仰』全7巻、『国家と宗教』『カール・バルト』、『ボンヘッファー』（以上、岩波書店）、『宮田光雄思想史論集』全8巻（創文社）、『十字架とハーケンクロイツ』『権威と服従』『《放蕩息子》の精神史』（新教出版社）ほか多数。

教義学要綱　ハンディ版

2020年10月31日　第1版第1刷発行
2022年 2 月10日　第1版第2刷発行

著　者……カール・バルト
訳　者……天野　有、宮田光雄

発行者……小林　望
発　行……株式会社新教出版社
〒162-0814 東京都新宿区新小川町9-1
電話（代表）03 (3260) 6148

印刷・製本……モリモト印刷株式会社

ISBN 978-4-400-30650-4　C1016